인간의
흑역사

인간의 흑역사

톰 필립스 지음
홍한결 옮김

HUMANS

윌북

인간의 욕심은
끝이 없고
똑같은 실수를
반복한다

진짜 큰 바보짓을 저질러본 모든 사람에게 이 책을 바친다.

당신은 혼자가 아니다.

차례

○

바보짓의 서막

옛날 아주 먼 옛날, 에티오피아 어느 강가의 너른 평원 위로 해가 둥실 떠오를 때, 젊은 암컷 유인원 한 마리가 나무 위에서 빈둥거리고 있었다.

그날 그가 무슨 생각을 하고 있었는지, 또 무슨 일을 하고 있었는지는 알 길이 없다. 아마도 먹을 것을 찾거나 짝을 찾을 궁리를 하고 있지 않았을까. 아니면 옆 나무를 살펴보며 이 나무보다 저 나무가 더 나은가 고민하고 있었을지도. 그는 그날 있을 어떤 사건으로 말미암아 자기가 자신의 종種에서 가장 유명한 개체가 될 줄은 꿈에도 몰랐을 것이다. 설령 우리가 과거로 돌아가 알려줄 수 있다 해도, 유명하다는 개념 자체를 이해하지 못할 것이다. 물론 자기가 에티오피아에 있다는 것도 알 리 없다. 오랜 세월이 지나 누군가가 지도에 선을 긋고 땅에 이름을 붙인 다음 서로 차지하려고 싸운다는 기발한 발상을 해내지만, 그건 수백만 년 후의 일이다.

그가 속한 유인원 무리는 당시의 다른 유인원 무리와 뭔가 달랐다. 골반과 다리의 생김새가 특이해 신기한 방식으로 돌아다닐 수 있었다. 그래서 차츰 나무에서 내려와 땅 위를 꼿꼿이 걷기 시작했으니, 이는 지금의 우리를 있게 한 중대한 사건이었다. 그 유인원은 전혀 몰랐겠지만, 그가 살던 시기는 엄청난 역사의 태동기였다. 인간의 위대한 여정이 막 시작되고 있었다.

그때 그는 나무에서 떨어져 죽었다.

그로부터 320만 년 후, 또 한 무리의 유인원이 (이제 몇 명은 박사 학위까지 갖추고) 땅을 파다가 그의 뼈 화석을 찾아냈다. 이때가 1960년대였고, 발굴자들이 당시 인기가 높던 리버풀 출신 밴드의 약 빤 노래Lucy in the Sky with Diamonds를 듣고 있었기에 화석 주인의 이름을 '루시'로 붙였다. 루시는 처음 발견된 종이었다. 종의 이름을 '오스트랄로피테쿠스 아파렌시스'라 붙였다. 루시는 인간과 유인원을 이어주는 '잃어버린 고리'로 각광받았다. 루시의 발견에 세계는 흥분했다. '루시'의 이름은 유명해졌고 유골은 미국 전역을 돌며 여러 해 전시되었다. 현재 루시는 에티오피아에 있는 아디스아바바 국립박물관의 인기 스타다.

하지만 루시가 유명해질 수 있었던 유일한 이유는, 냉정히 말해서, 어이없이 횡사했기 때문이다. 이는 그 후로 인류가 펼칠 온갖 바보짓의 예고편이 아니었을까.

이 책은 인간에 대한 책이다. 구체적으로 말하자면, 인간이 일을 말아먹는 재주가 얼마나 대단한지에 대한 책이다. 인간은 지금까지 이루어낸 자랑거리도 많지만(예를 들어 과학, 예술, 펍), 어이없고 참담

해서 고개를 절레절레 젓게 되는 오점도 그만큼 많다(예를 들어 전쟁, 환경오염, 공항의 펍).

독자 여러분도 최근에 한 번쯤은, 개인의 가치관이나 정치적 신조를 막론하고, 세상 돌아가는 모습에 이렇게 한탄한 적이 있을 것이다. "나 원 참, 세상이 어쩌다 이 꼴이 됐지?"

이 책은 그런 독자에게 좁쌀만큼이라도 위안이 되고자, 이렇게 말하려고 한다. 걱정 마시라, 인간 세상은 항상 그 꼴이었다. 그리고 우린 아직 살아 있지 않은가?

(솔직히 말하면 이 글을 쓰는 지금은 도널드 트럼프 대통령과 김정은 위원장이 핵 문제를 놓고 담판을 벌이기 몇 주 전이며, 회담이 정말 열리는 건지, 결과가 잘 나올지 어쩔지는 미지수다. 안타깝게도 원고 마감일이 그 전이라, 우리가 계속 살 수 있을지 현재로선 장담할 수 없다. 독자 여러분이 이 책을 읽고 있다면 최소한 그때까지는 우리가 살아 있는 것이니, 일단 그렇게 전제하고 글을 쓰도록 하겠다.)

위대한 지도자, 천재적 발명, 불굴의 도전 등 인류가 이루어낸 위업에 대한 책은 많다. 또 개인적 실패와 집단적 실패 등 실패한 사례에 대한 책도 많다. 그렇지만 이토록 처참하게, 파국적으로, 끝없이 반복되는 인간의 바보짓을 주제로 한 책은 별로 없다.

세상일이란 다 아이러니하지만, 인간이 그렇게 대규모로 죽을 쑤는 원인은 바로 동물과 구분되는 인간만의 특성, 인간을 위대하게 하는 바로 그 특성 때문인 경우가 많다. 즉, 인간은 세상에서 패턴을 읽어낸다. 그리고 알아낸 것을 다른 인간에게 전할 수 있다. 또한 아직 다가오지 않은 미래를 상상할 줄 알아서, '이걸 이렇게 바꾸면, 저게 저렇게 돼서, 살기가 좀 더 편해지겠지?' 이런 생각을 하곤 한다.

문제는 그중 어느 하나도 그리 잘하지 못한다는 것이다. 우리는 패턴이 없는 곳에서도 패턴을 읽는다. 우리의 커뮤니케이션 능력은 부족할 때가 많다고만 해두자. 우리는 이걸 이렇게 바꾸면, 이상한 게 덩달아 바뀌고, 또 다른 게 이상해지다가, 결국 이게 뭐야, 살려주세요…… 하게 된다는 예상을 하지 못한다. 이는 과거의 화려한 실적으로 증명된다.

인류가 아무리 눈부시게 발전하고 아무리 많은 난관을 극복했다 해도, 파국은 예고 없이 찾아온다. 역사 속에서 예를 찾아보자. 9세기 북유럽의 장수였던 '천하장사 시구르드'는 적장 '뻐드렁니 마엘 브릭테'의 목을 베어 말안장에 매달고 의기양양하게 귀환했다.

그러나 마엘 브릭테의 뻐드렁니가 말 타고 달리던 시구르드의 다리를 계속 긁었고, 그 상처의 감염으로 시구르드는 며칠 만에 죽고 만다.

천하장사 시구르드는 자기가 이미 죽인 적에 의해 죽임을 당한 불명예스런 주인공으로 전쟁사에 길이 남았다. 이 이야기의 교훈은 두 가지다. 첫째, 자만은 금물이다. 둘째, 적의 치아 위생에 유의하자. 이 정도일 것이다. 이 책의 중심 주제는 자만과 그로 인한 파멸이니, 옛사람들의 구강 위생에 더 관심 있는 독자에게는 양해를 구한다.

(한 가지 더 짚고 넘어간다면, 두 사람이 맞붙은 것은 다른 게 아니라 시구르드가 마엘 브릭테에게 각자 병사 40명씩 데리고 싸우자고 도전했기 때문이다. 도전을 수락한 마엘 브릭테 앞에, 시구르드는 병사 80명을 데리고 나타났다. 그러니 이 이야기의 또 한 가지 교훈은 철저하게 나쁜 놈은 되지 말자고도 할 수 있겠다. 흥미롭게도 이 또한 이 책에서 반복되는 주제이기도 하다.)

시구르드는 업적이 아닌 실패로 역사에 남은 수많은 사람 중 한 명일 뿐이다. 이 책에서는 열 개의 장에 걸쳐 인류사 전반을 훑으며 대실패의 사례를 하나씩 알아본다. 여기서 살짝 경고를 하자면, 남의 불행을 고소해하는 취미가 없으신 분은 이쯤에서 책을 덮기를 권해드린다.

인류의 발전사는 인간의 사고력과 창의력이 출발점이라고 할 수 있다. 그것이야말로 인간이 동물과 구분되는 이유이면서, 동시에 인간이 바보같이 꼬박꼬박 사고를 치는 이유이기도 하다.

제1장 '우리 뇌는 바보'에서는, 우리 선조들의 남다른 사고 방법을 알아보고, 우리 뇌가 세상을 이해하려다가 편법을 좀 쓰는 바람에 온갖 어이없는 판단을 내리게 된 경위를 살펴본다.

제2장 '아, 좋았던 환경이여'에서는 인류가 농경을 시작하면서 세상을 이리저리 건드리기 시작했던 시절로 돌아가, 심심하면 주변 환경을 엉망으로 만드는 인간의 재주에 대해 알아본다. 그리고 '이 강의 물길을 바꾸면 일어날 수 있는 최악의 사태는 뭘까?'와 같은 질문을 번번이 대충 넘어가는 인간의 버릇에 대해 생각해본다.

제3장 '생명은 살 길을 찾으리니'에서는 자연을 통제하려는 우리의 거듭되는 어설픈 시도를 살펴보고, 한번은 마오쩌둥이, 그리고 또 한번은 별난 셰익스피어 애호가가 새의 위력을 과소평가해서 서로 정반대 방향으로 재앙을 일으킨 이야기를 알아본다.

단순하던 인간 사회가 점점 커지고 복잡해지면서 우리는 누군가 결정을 대신 내려줄 사람이 필요하게 되었다. 제4장 '지도자를 따르라'에서는 사상 최악의 절대 권력자 몇 명을 살펴보고, 이어지는 제

5장 '대중의 힘'에서는 민주주의가 과연 그보다 나은지 알아본다.

인간은 늘 세상을 이리저리 주물렀지만, 본격적으로 화려하게 바보짓을 펼친 것은 세계 곳곳을 돌아다니고 다른 문명을 만나면서부터였다. 인간은 그때부터 그야말로 활개를 치며 파국을 자초하기 시작했다.

제6장 '전쟁은 왜 하나요'에서는, 인간은 아주 옛날부터 늘 쓸데없는 싸움을 벌여왔다는 것, 그리고 그중에서도 가장 어이없었던 전쟁들을 살펴본다. 이를테면 적군이 코빼기도 보이지 않은 전투에서 패배한 군대 이야기, 시차가 있다는 사실을 깜빡해 완벽히 짜놓은 작전을 망친 이야기 등을 알아본다.

제7장 '식민주의의 화려한 잔치'에서는 대항해시대의 영웅들과 함께 미지의 세계로 떠나, 식민주의란 정말 끔찍했음을 알아본다.

제8장 '바보와 현직 대통령들도 알 수 있을 만큼 쉽게 푼 외교 이야기'에서는 서로 다른 인간 사회가 탈 없이 교류하는 법에 대한 중요한 교훈을 알아본다. 역사상 최악의 정치적 결정을 내린 인물이라 할 만한 호라즘 제국의 황제 이야기를 반면교사로 삼아본다(남의 수염에 불을 붙인 것이 화근이었다).

최근 몇 세기 동안은 과학기술의 발전으로 전에 없던 혁신과 급속한 변화의 시대가 열렸고, 이와 함께 참신하게 망하는 방법들이 새로 출현했다. 바로 제9장 '신기술에 열광하다'의 주제다. 과학이 항상 성공하는 것은 아니란 사실을 살펴보고, 프랑스인만 볼 수 있다는 신비스러운 방사선, 그리고 20세기의 가장 파국적인 실수로 꼽히는 사건을 한 건도 아니고 두 건이나 혼자서 저지른 인물에 대해 알아본다.

현대 세계는 모든 것이 점점 빨리 바뀌어가니 참 혼란스럽다. 제10장 '미래를 못 내다본 실패의 간략한 역사'에서는 우리가 눈앞에 닥칠 참사를 예측하지 못한 일이 얼마나 부지기수로 많았는지 돌아본다.

그리고 마지막으로, '바보짓의 미래'에서는 다음 몇 세기 동안 인류는 또 어떤 바보짓을 할 것인지 경험을 바탕으로 추측해보고, 아마 우리는 우리가 배출한 쓰레기로 손수 만든 우주 감옥에 갇히게 되지 않을까 결론을 내려본다.

이 책은 역사에 대한 책이자, 착각과 실패에 대한 책이다. 그러니 우리가 역사를 얼마나 착각하는 경우가 많은지 밝혀둘 필요가 있다.

역사란 도통 알기 어렵다는 게 문제다. 과거에 일어난 일들 중 대부분은 누가 나서서 적어놓지를 않았다. 그리고 나서서 뭔가 적어놓은 사람들의 상당수는 착각했거나, 미쳤거나, 거짓말쟁이거나, 극단적 인종주의자였을 가능성이 다분하다(그 모두인 경우도 많다). 우리가 천하장사 시구르드의 이야기를 아는 것은 두 문헌, 즉 북유럽의 헤임스크링글라 신화와 오르크네잉가 신화에 나오기 때문이다. 하지만 그 내용이 정확한지 어떻게 알 수 있을까? 혹시 그 이야기는 고대 북유럽에서만 통하던 엄청 웃기는 농담인데 우리가 못 알아듣는 것일 수도 있지 않을까?

답은 모른다. 알 수가 없다. 역사학자, 고고학자, 그 외 여러 분야의 전문가들이 훌륭한 연구를 많이 했지만 확신은 불가능하다. 우리가 확실히 알고 있는 것의 수는 우리가 확실히 모르는 것의 수에 비하면 눈곱 정도나 될까. 하물며 우리가 모르면서 모르는 줄도 모르는 것은 그보다도 훨씬 많겠지만, 안타깝게도 역시 모르는 얘기니 뭐라고 확실히 말할 수 없다.

결론적으로 말하자면, 인간의 바보짓을 다룬 이 책에 바보짓이 안 들어 있을 가능성은 솔직히 거의 없다. 이야기의 진위가 불확실한 부분은 분명히 밝혀두도록 하겠다. 거의 확실한 부분은 어느 부분이고, 기껏해야 경험적으로 추측할 수밖에 없는 부분은 어느 부분인지 밝히면서 가겠다. '너무 그럴듯해서 의심스러운' 이야기는 가급적 다루지 않았다. 그리고 출처가 미심쩍은 이야기, 간단한 뼈대에다가 후대에 살을 너무 많이 붙인 듯한 역사적 일화도 다루지 않으려고 했다. 내가 제대로 했기를 바랄 뿐이다.

이제 루시 이야기로 돌아갈 때다. 320만 년 전에 나무에서 떨어진 우리의 루시. 루시가 나무에서 떨어졌다는 걸 어떻게 알 수 있었을까? 2016년, 미국과 에티오피아의 연구자들로 구성된 팀이 세계적인 과학 학술지 「네이처」에 논문을 실었다. 루시의 뼈 화석을 CT 촬영하여 3D 모델링을 통해 루시의 골격을 재현한 것이다. 그 결과 루시 뼈의 골절은 그 형태로 보아 생체에 나타나는 유형이며, 미처 아물 시간이 없었던 것으로 밝혀졌다. 다시 말해 루시는 살아 있을 때 골절을 당했으며 곧바로 죽었다는 결론이다. 연구팀은 다수의 정형외과 전문의들에게 의견을 물었고, 대답은 한결같았다. 높은 데서 떨어져 다친 환자에게 나타나는 골절 패턴이라고 했다. 그리고 팔의 골절 형태로 보아, 떨어지면서 무언가 붙들려고 한 듯했다. 지질 연구 결과 루시가 살던 곳은 평평한 삼림지대의 개울가로 나타났으므로, 절벽이나 높은 바위 따위는 없었을 것이다. 그렇다면 결론은? 나무에서 떨어진 것이다.

훌륭한 추론이었고, 여러 전문가들도 동의했다. 문제는, 몇몇 전문가는 동의하지 않았다는 것이다. 여기엔 루시를 발굴해낸 학자 도널드 조핸슨도 포함돼 있었다. 반대자들의 의견은 이랬다. "나 원 참, 뼈가 땅속에 320만 년 묻혀 있다 보면 당연히 그렇게 부러지는 거 아닌가요?" 정확한 인용은 아니지만 그런 뜻이었다.

그렇다면, 루시는 과연 나무에서 떨어진 것일까? 그랬을 수 있다. 아니 상당히 그랬을 법하다. 이 책에서 하고 싶은 말이 그것이다. 우리에겐 과학적 추론이라는 훌륭한 도구가 있지만, 그것은 틀릴 수도 있는 것이다. 우리가 아무리 자기 분야에서 세계적인 권위자이고 커리어의 정점에 올라 있고, 혁신적인 연구 결과를 세계 최고의 학술지에 게재하여 고생물학, 물리학, 컴퓨터공학, 의학, 법의학, 지질학 분야의 엄청난 최신 성과를 통합한 획기적인 방법으로 수백만 년 전의 사건을 파헤쳤다 해도 마찬가지다. 언제든 누군가가 나타나서 "하! 야, 그거 아니야" 할 수 있는 것이다.

일은 깨끗이 해결해놓았다 싶을 때 슬금슬금 꼬이기 마련이다.

천하장사 시구르드의 교훈을 잊지 말자.

우리
뇌는
바보

우리 머리는 교향곡을 작곡하고 도시를 계획하고
상대성이론을 생각해내지만,
가게에서 포테이토칩 하나를 살 때도 무슨 종류를 살지
족히 5분은 고민해야 겨우 결정할 수 있다.

인간이 세상에 본격적으로 민폐를 끼치기 시작한 것은 약 7만 년 전부터다.

우리 조상들이 아프리카를 떠나 지구 곳곳으로 퍼져나가기 시작한 것이 그 무렵이다. 처음엔 아시아로 건너갔고, 얼마 후 유럽으로도 건너갔다. 이것이 세상에 폐가 된 이유는, 그때 지구에 살던 인간이 우리 종 '호모 사피엔스'만 있던 게 아닌 데에 있다. 그때 지구에 돌아다니고 있던 인간이 정확히 몇 종이었는지는 논란거리다. 그럴 수밖에 없는 것이, 뼛조각이나 DNA 파편만 놓고 이게 별개의 종이냐, 아종이냐, 아니면 같은 종 내에서의 변종이냐를 결정한다는 것은 간단한 일이 아니다(혹시 고인류학자들을 만났는데 싸움을 붙이고 싶다면 이 주제가 딱이다). 하지만 분류를 어떻게 하든 간에 우리 말고 적어도 두 종류의 인간들이 함께 살고 있었던 게 확실한데, 그중 가장 유명한 종류가 바로 '호모 네안데르탈렌시스', 일명 네안데르탈인이다. 그들은 우리보다 10만 년도 더 전에 아프리카에서 옮겨와 유럽 일대와 아시아 각지에 살고 있었다. 그리고 별 탈 없이 잘 지내고 있었다.

그런데 딱하게도 우리 조상들이 등장하고 겨우 몇 만 년 만에, 즉 진화사 관점에서 보면 눈 깜짝할 새에, 네안데르탈인을 비롯한 우리 사촌들이 지구상에서 몽땅 자취를 감췄다. 인류사에서 앞으로 두고두고 반복될 패턴이지만, 우리 인간은 어디 짠 하고 나타나기만 하면 주변에 있던 세력이 다 씨가 마른다. 결국 네안데르탈인은 유전자 일부를 우리에게 전함으로써 우리 DNA에 흔적으로만 남았다(네안데르탈인과 현생 인류 사이에는 어느 정도의 종간 혼혈이 일어난 것이 분명하다. 예컨대 독자가 유럽이나 아시아 혈통이라면 독자의 DNA 중 1~4퍼센트는 네안데르탈인에서 유래했을 가능성이 높다).

현생 인류는 살아남고 친척뻘인 구인류들은 금방 멸종해버린 정확한 이유와 과정도 역시 큰 논쟁거리다. 그중 유력한 가설들은 이 책에서 계속 등장할 여러 주제와 상당히 닮아 있다. 어쩌면 우리가 이동하면서 질병을 옮겨 오는 바람에 그 질병에 내성이 없던 네안데르탈인들을 본의 아니게 절멸시킨 것인지도 모른다(사실 인류사의 상당 부분은 사람들이 돌아다니며 서로 질병을 옮긴 역사다). 또 어쩌면 기후가 우리에게 유리한 쪽으로 급변했는지도 모른다. 우리 조상들은 보수적인 네안데르탈인에 비해 더 큰 사회집단을 이루고 살았으며 훨씬 넓은 지역에 걸쳐 소통과 교역을 한 것으로 보인다. 그렇다면 혹한기에 활용할 수 있는 자원도 더 많았을 것이다.

아니면 우리가 그들을 다 죽였는지도 모르는 일이다. 그것도 우리 특기임은 틀림없으니까.

우리 뇌는 바보

아무래도 하나로 딱 떨어지는 설명을 찾기는 어려울 것이다. 하지만 그중 그럴싸한 가설들은 대부분 우리의 두뇌 또는 두뇌를 사용하는 방식과 관련된다. '우리는 똑똑했고 그들은 멍청했다'처럼 간단한 이야기는 아니다. 네안데르탈인이라고 하면 흔히 어기적거리는 돌대가리쯤으로 생각하지만 천만의 말씀이다. 그들도 우리만큼 뇌가 컸고, 도구도 만들 줄 알았으며, 불도 잘 쓰고 추상미술과 장신구도 만들면서 유럽에서 수만 년간 잘 살고 있었다. 그런데 어느 날 호모 사피엔스가 나타나 주인 행세를 하기 시작한 것이다. 어쨌든 우리가 네안데르탈인보다 유리했으리라 짐작되는 특징들은 대부분 사고 능력과 관련되어 있다. 그것이 적응 능력이었는지, 더 우수한 도구였는지, 더 복잡한 사회구조였는지, 아니면 집단 내부에서나 집단 간에 의사소통하는 방식이었는지는 몰라도.

우리 인간의 사고방식은 확실히 독특하다. 그건 분명한 것 같다. 우리 종은 이름부터 '호모 사피엔스', 즉 라틴어로 '현명한 사람'이지 않은가(인정하자. 우리 종의 특징을 겸손함으로 꼽는 경우는 본 적이 없다).

그리고 자부심을 가져도 될 만한 것이, 인간의 뇌란 참으로 놀라운 기계다. 우리는 주변 환경에서 일정한 패턴을 발견하고, 그것을 바탕으로 사물이 돌아가는 원리를 짐작하며, 그러면서 세상을 눈에 보이지 않는 부분까지 포함해 복잡하게 머릿속에서 모형화한다. 그리고 머릿속의 그 모형을 점점 키워나가다가 상상의 힘으로 도약을 감행한다. 세상을 어떻게 바꾸면 살기가 더 나아지겠다 하는 그림을 머릿속에 그리는 것이다. 우리는 그런 아이디어를 남들에게 전할 수 있고, 그러면 남들이 또 우리가 생각지 못한 방향으로 아이디어를 개선한다. 이런 식으로 지식과 발명을 집단적으로 공유하고 다음 세대에 물려준다. 이제 개인이 상상만 하던 아이디어도 사람들을 설득하여 함께 구현해나갈 수 있고, 한 사람의 힘으로는 불가능했던 혁신을 낳을 수 있다. 그리고 이런 과정을 오만 가지 형태로 반복하고 또 반복하여, 한때의 혁신이 전통이 되고 전통이 또 새로운 혁신을 낳다 보면, 결국 '문화' 또는 '사회'라고 하는 것이 생겨난다.

쉽게 말하면 이런 단계로 진행된다. 하나, 둥그런 물건이 모난 물건보다 비탈을 잘 구른다는 것을 발견한다. 둘, 도구를 써서 모난 물건을 둥그렇게 다듬으면 더 잘 굴릴 수 있음을 깨닫는다. 셋, 둥근 물건을 만들어 친구에게 보여줬더니, 친구가 똑같은 것을 네 개 갖다 붙여 수레를 만든다. 넷, 전차 군단을 만들어 왕의 위엄을 과시하고 백성들이 왕을 존경하면서도 까불지 않게 한다. 다섯, 고급 세단을 몰고 소프트 록 명곡 모음에 심취해 고속도로를 달리면서 길을 막는 화물 트럭에 쌍욕을 한다.

오해를 막기 위해 보충 설명을 하자면, 위의 서술은 바퀴의 발명 과정을 아주 부정확하게 과장한 것이다. 사실 바퀴의 발명은 인류사 전체로 볼 때 굉장히 늦게 이루어졌다. 인류 문명은 수천 년 동안 바퀴 없이 그럭저럭 돌아간 것이다. 고고학적 증거에 따르면 바퀴는 약 5,500년 전에야 메소포타미아에서 처음 등장했는데, 운반에 쓰인 것도 아니라 도공의 물레였다. 그로부터 또 수백 년이 지나서야 누군가가 '물레를 모로 세우면 물건을 굴리는 데 쓸 수 있다'는 기발한 생각을 한 것으로 보인다. 그리하여 긴 역사 끝에, 급기야 각종 자동차로 기행을 벌이는 TV 예능 프로그램이 출현하기에 이른 것이다. 앞의 서술은 설명을 쉽게 하기 위해서였으니 불편하셨던 바퀴

연구가가 있다면 사과드린다.

아무튼 이렇게 훌륭하면서도 참으로 희한한 것이 인간의 뇌여서, 꼭 최악의 타이밍에 어이없는 실수를 저지르곤 한다. 늘상 한심한 결정을 내리는가 하면, 터무니없는 것을 믿고, 코앞에 뻔히 있는 증거를 무시하거나 턱도 없는 계획을 세운다. 우리 머리는 교향곡을 작곡하고 도시를 계획하고 상대성이론을 생각해내지만, 가게에서 포테이토칩 하나를 살 때도 무슨 종류를 살지 족히 5분은 고민해야 겨우 결정할 수 있다.

인간의 머리는 어떻게 세상을 주름잡고 기상천외한 일들을 해내면서도 동시에 누가 봐도 어이없는 최악의 결정을 날마다 내릴 수가 있을까? 한마디로 우리는 어떻게 달나라에 사람을 보내면서, 옛날 애인에게 그런 한심한 문자를 보내는 것일까? 모든 것은 우리 뇌가 진화한 방식에 기인한다.

무슨 말이냐 하면, 진화라는 과정은 영리함과 거리가 멀다. 멍청할 뿐 아니라 아주 고집스럽게 멍청하다. 진화의 입장에서 중요한 것은 우리가 이래저래 죽을 수 있는 수천 가지 시나리오를 피하고 유전자가 다음 세대로 잘 넘어갈 때까지만 죽지 않고 사는 것, 그것뿐이다. 그렇게만 되면 성공이다. 안 되면 어쩔 수 없고. 다시 말해 진화는 한 치 앞도 내다보지 못한다. '지금 당장' 이익이 되는 특성은 무조건 선택된다. 그 결과 훗날 9대손쯤에서 너무 구닥다리 특성으로 고생하지 않을지 하는 것은 안중에도 없다. 미래를 내다보고 반영한다든지 하는 것도 물론 전혀 없다. 이를테면 "아, 이 특성은 지금은 좀 거추장스러워도 100만 년 후에는 후손들한테 진짜 유용하겠군. 좋아, 선택하자", 그런 경우는 없다. 진화의 원리는 앞을 내다

보는 것이 아니다. 그냥 먹을 것과 짝짓기에 굶주린 개체들을 인정 사정없는 세상에 무진장 많이 풀어놓고 누가 제일 덜 망하나 보는 것이다.

다시 말해 우리 뇌는 최고의 사고 기계를 목표로 세심하게 설계한 결과물이 아니라, 그저 요령과 땜질과 편법을 덕지덕지 모아놓은 것에 불과하다. 그 모든 것은 예컨대 우리의 먼 조상이 먹을 것을 찾는데 2퍼센트 더 유리했거나, 아니면 '앗, 조심해, 사자야!'라는 개념을 전달하는 데 3퍼센트 더 유리했기에 선택된 요령들이다.

그렇게 별 생각 없이 손쉽게 판단을 내리기 위한 요령 내지 편법을 조금 어려운 말로 '휴리스틱heuristic'이라고 한다. 이 휴리스틱이 없으면 우리는 생존할 수가 없다. 남들과 소통할 수도, 경험을 통해 배울 수도 없다. 알고 있는 원리 몇 개를 놓고 어떤 행동을 할지 일일이 추론해 결정할 수는 없지 않은가. '아침이면 해가 뜬다'는 상식을 깨닫기 위해 머릿속으로 대규모 무작위 대조 실험이라도 벌여야 한다고 생각해보자. 인간의 머리가 그렇게 되어 있다면 인간은 도저히 발전이 불가능했을 것이다. 해가 몇 번 뜨는 걸 보고 나면 그냥 "아, 아침엔 해가 뜨는구나" 하고 깨닫는 편이 훨씬 실익이 크다. 또 친구가 호숫가 풀숲에서 자주색 열매를 따먹었더니 배탈이 심하게 났다고 하면, 그 말을 믿는 편이 낫지 굳이 직접 시험해볼 필요가 없다.

그렇지만 여기서 문제가 시작되는 것도 사실이다. 우리 뇌가 사용하는 편법들은 유용하긴 하지만, 모든 편법이 그렇듯 엉뚱한 결과를 낳을 수도 있다. 그리고 세상일이란 '자주색 열매를 따먹을 것인가 말 것인가'보다 훨씬 복잡한 법이니 오류는 왕왕 일어난다. 까놓고 말해 우리 뇌는 바보 중의 상바보짓을 할 때가 적지 않다.

　우선 패턴 찾기 능력의 문제를 알아보자. 문제는 우리 뇌가 패턴 찾기를 워낙 좋아해 여기저기 모든 곳에서, 패턴이 실제로 있든 없든 패턴을 찾아낸다는 것이다. 가령 밤하늘의 별을 보며 "와, 저기 여우가 낙타를 쫓아간다" 하는 정도면 문제될 게 없다. 하지만 '범죄는 대부분 특정 인종이 저지른다'고 인식해버린다면…… 그렇다, 심각한 문제다.

　이런 패턴 찾기의 오류를 가리키는 용어만 해도 '상관 착각', '군집 착각' 등 넘쳐난다. 2차 세계대전 당시 런던 시민들은 독일군이 공포의 신무기 V1과 V2 미사일을 도시 곳곳의 특정 지점을 겨냥해 쏘고 있다고 철석같이 믿었다. 그래서 안전한 자리를 찾으려고 혈안이 되었고, 폭격을 안 맞는 것처럼 보이는 동네에 독일 스파이가 숨어 있다고 의심하기에 이르렀다. 이로 인한 문제가 심각해지자 영국 정부는 R. D. 클라크라는 통계학자에게 소문의 진위 여부를 조사하게 했다.

　조사의 결론은? 사람들이 인식한 '군집'은 머릿속 상상에 지나지 않았다. 없는 패턴을 있다고 착각한 것이다. 독일의 유도 미사일 기술이란 보잘것없는 수준이었고, 클라컨웰이란 동네는 나치 첩자들의 소굴이 아니었다. 독일은 미사일을 대충 런던 방향으로 마구 쏘았을 뿐이다. 사람들 눈에 패턴이 보인 것은 그게 우리 뇌의 특기이기 때문이다.

　전문가들도 똑같은 착각에 빠지곤 한다. 한 예로, 의료 종사자들 가운데 상당히 많은 수가 보름달이 뜬 밤이면 응급실이 항상 북새통이 된다고 철석같이 믿는다. 환자가 폭주하고 온갖 희한한 부상과 정신이상자가 발생한다는 것이다. 그런데 연구 결과 이는 사실이 아닌 것으로 밝혀졌다. 달의 상 변화와 응급실 환자 수 사이에는 상관관계가 없었다. 그럼에도 똑똑하고 경험 많은 의료인들이 그 둘 사이에 틀림없이 연관이 있다고 단언하곤 한다.

왜 그럴까? 이는 뿌리 깊은 믿음 때문이다. 달이 사람을 이상하게 만든다는 관념은 아주 옛날부터 있었다. 광기를 뜻하는 영어 단어 'lunacy'의 어원도 '달'이고, 늑대 인간 전설도 그런 믿음에서 유래한다(달의 상과 여성의 월경 주기가 연관되어 있다는 믿음도 관련이 있을 수 있다). 그리고 옛날에는 그게 실제로 어느 정도 맞는 이야기였을 수도 있다. 인공조명, 특히 가로등이 발명되기 전까지는 달빛이 사람들의 생활에 상당히 영향을 주었다. 어떤 설에 따르면 노숙자들이 보름달이 환하게 뜬 밤에는 잠을 잘 못 잤고 그중 정신 건강이 불안정한 이들이 불면으로 증상이 악화되었을 것이라고 한다(나는 맥주가 등장하는 가설을 좋아하니 내가 생각해낸 가설을 하나 제시하겠다. 사람들이 밤에 술 마실 때 달빛이 환하면 집에 가다 길을 잃을 일도, 강도를 당할 일도, 넘어져서 도랑에 코 박고 죽을 일도 적으니 더 안심하고 폭음했을 것이라는……).

어디서 유래했건 간에, 우리 문화 속에 오랫동안 전해 내려온 관념이다. 그리고 보름달이 광기를 낳는다는 이야기를 듣고 나면 실제로 그런 일이 있었던 경우는 기억에 더 확실히 남고, 그러지 않았던 경우는 잊히기 마련이다. 우리 뇌는 그렇게 본의 아니게 무작위 속에서 패턴을 창조한다.

이는 앞서 언급했듯이 우리 뇌가 사용하는 각종 편법 때문이다. 그중 중요한 것 두 가지가 '기준점 휴리스틱'과 '가용성 휴리스틱'으로, 둘 다 문제가 참 많다.

기준점 휴리스틱이란 뭔가를 결정할 때, 특히 사전 정보가 부족할수록 제일 처음 얻은 정보에 따라 결정이 크게 좌우되는 것을 가리킨다. 가령 정보가 부족한 상태에서 어떤 물건의 값을 추측하는 경우를 생각해보자. 집 사진만 보고 집값을 맞히는 문제가 있다고 하자. 그러면 사진을 보고 얼마나 고급 주택인지 가늠한 다음 대충 찍어보는 수밖에 없다. 그런데 질문과 함께 어떤 숫자가 제시되면 우리의 추정치가 많이 달라진다. 가령 "이 집의 가격이 4억 원이 넘을까요, 넘지 않을까요?" 하고 묻는 것이다. 그런데 잘 생각해보자. 사실 그 질문에는 아무런 유용한 정보도 들어 있지 않다(가령 그 동네다른 집들의 최근 매매가를 알려준 것도 아니다). 하지만 사람들은 6억원을 기준으로 질문받았을 때 2억 원을 기준으로 질문받았을 때보다 집값을 훨씬 높게 추정하곤 한다. 정보 가치가 전혀 없는 질문에판단이 좌우되는 것이다. 왜일까? 우리 뇌는 무엇이든 '기준점'이 주어지면 그것을 일단 덜컥 물고, 거기서부터 출발해 가감하면서 답을찾기 때문이다.

우리는 이 방법을 놀라울 정도로 많이 애용한다. 심지어 명백히무작위로 나온 숫자를 제시해도 우리 뇌는 그걸 기준점으로 잡고 거기에 이끌린 결정을 내린다. 이건 심각한 문제가 될 수 있다. 대니얼카너먼의 『생각에 관한 생각Thinking, Fast and Slow』에서는 2006년에경력 많은 독일 판사들을 대상으로 실시한 실험을 예로 들고 있다. 판사들에게 한 여성이 상점에서 물건을 훔쳐 유죄가 확정된 사건의내용을 상세히 들려주고 주사위 두 개를 굴리게 했다. 두 주사위는특수하게 제작되어 항상 합이 3 또는 9가 나오게 되어 있었다(판사들은 이 사실을 몰랐다). 그런 다음 피고인에게 내려야 할 징역 형량이 개월 수 기준으로 주사위의 합보다 높은지 낮은지 물었다. 이어서, 정확히 징역 몇 개월을 내려야 하는지 물었다.

이쯤 되면 독자도 결과를 짐작했을 것이다. 맞다. 주사위를 높은 숫자로 굴린 판사들은 낮은 숫자로 굴린 판사들에 비해 형량을 훨씬 길게 선고했다. 이 여성은 주사위가 던져진 결과에 따라 운이 나쁘면 감옥살이를 평균 3개월 더 하게 된다는 결론이 나왔다. 무척 불편한 실험 결과다.

한편 가용성 휴리스틱은, 우리가 모든 정보를 신중히 따지기보다는 무엇이든 제일 쉽게 떠오르는 정보를 기준으로 판단한다는 것이다. 다시 말해 우리는 가장 최근의 사건이라든지 더 극적이고 기억에 남는 사실을 기준으로 세계를 바라보려는 엄청난 편향성이 있다는 것이다. 반면 현실을 더 정확히 반영할 만한 평범하고 시시한 정보는 그냥 흘려보낸다는 것이다.

그래서 끔찍한 범죄를 보도하는 자극적인 뉴스를 보고 나면 범죄율이 실제보다 높다고 생각하게 되는 반면, 범죄율이 떨어지고 있다는 무미건조한 뉴스는 봐도 생각이 잘 바뀌지 않는다. 이는 (더 잦고 상대적으로 덜 충격적인) 자동차 사고보다 (드물고 더 충격적인) 비행기 사고를 무서워하는 사람이 많은 이유이기도 하다. 또한 대중도 정치인도 테러라고 하면 즉각적, 반사적으로 반응하지만, 훨씬 더 치명적이면서 동시에 평범한 위험 요소는 뒷전으로 취급하는 이유다. 2007년에서 2017년까지 10년 동안 미국에서는 테러보다 잔디 깎는 기계 때문에 죽은 사람이 더 많지만, 아직까지 미국 정부가 '잔디 깎는 기계와의 전쟁'을 선포했다는 얘기는 듣지 못했다.

우리 뇌는 바보

기준점 휴리스틱과 가용성 휴리스틱을 함께 쓰면 위급한 순간에 신속한 결정을 내려야 할 때라든가 일상생활에서 소소한 결정을 내리는 데는 아주 효과적이다. 하지만 현대사회의 복잡한 특성을 다 고려해 좀 현명한 결정을 내릴라치면 이 두 휴리스틱이 골칫거리가 된다. 우리 뇌는 가장 먼저 들은 것이나 가장 빨리 머리에 떠오르는 것에 자꾸 이끌리면서 늘 '안전지대'에 머무르려고 하기 때문이다.

우리가 위험성(리스크)의 판단을 잘못하는 이유도 이런 휴리스틱과 관련이 있다. 우리는 무엇을 선택해야 망할 가능성이 가장 적은지 판단하는 능력이 부실하기 짝이 없다. 사실 우리 머릿속에는 위험성 판단을 돕는 시스템이 두 개가 있다. 하나는 빠르고 본능적인 시스템, 또 하나는 느리고 신중한 시스템이다.

문제는 그 둘이 충돌할 때다. 뇌 한쪽에서는 "내가 이런저런 정보를 다 분석해봤더니 A안이 제일 위험한 듯해" 하고 소곤거리는데, 또 한쪽에서는 "그래도 B안은 너무너무 무서워!" 하고 고래고래 외치는 것이다.

독자는 '나 참, 그렇다고 내가 바보라는 거냐'라고 생각할지도 모르겠다. 의지를 발휘해 안전지대 밖으로 나가면 되는 것 아닌가? 본능의 목소리를 무시하고 이성의 목소리에 귀를 기울여 상황을 객관적으로 판단하면 되지 않나? 안타깝게도 '확증 편향confirmation bias' 이라는 것 때문에 쉽지 않다.

나는 이 책을 쓰려고 자료 조사를 하기 전부터 확증 편향이란 참 큰 문제라고 생각했다. 그런데 조사를 하면서 읽은 모든 자료를 보고 그 생각을 더 굳혔다. 바로 그게 확증 편향의 문제다. 요컨대 우리 뇌는 자기 오류를 깨닫는 것을 아주 질색한다. 확증 편향이란 우리가 자기 생각을 확증하는 정보만 레이저 유도탄처럼 집요하게 찾아가는 답답한 습관이다. 우리가 영 잘못 생각하고 있음을 시사하는 정보가 그득 쌓여 있어도 거기엔 눈길 하나 주지 않는다. 자기와 정치 성향이 비슷한 매체를 통해서만 뉴스를 보려는 경향이 이와 관련 있다고 할 수 있다. 심각하게는 음모론자를 절대 설득할 수 없는 이유가 여기에 있다. 사람은 자기의 믿음에 부합하는 증거만 선택적으로 취하고 다른 증거는 외면하니 그럴 수밖에 없다.

물론 이런 편향성도 아주 유용한 면이 있다. 복잡다단하게 돌아가는 세상의 법칙은 절대 간단명료하게 파악할 수가 없다. 누가 파워포인트 문서에 글머리표 땅땅 찍어서 요약해주지 않는다. 세상을 어떻게든 머릿속에 모형화하려면 쓸모없는 정보는 버리고 적절한 정보만 모아야 한다. 그런데 어떤 정보가 영양가 있는 정보인지 판별하는 일 자체가 사실 복불복이나 다름없다.

그러나 문제는 여기서 그치지 않는다. 자기가 완전히 틀렸을 가능성을 인정하지 않으려는 우리 뇌의 성향은 뿌리가 꽤 깊다. 아무리 그래도, 뭔가를 결정해 실행에 옮겼는데 누가 봐도 망한 결과가 떡하니 나오면 생각을 조금이라도 바꿔야 하는 게 순리 아닐까? 천만의 말씀. '선택 지지 편향choice-supportive bias'이라는 것이 있다. 한마디로 말해 우리는 어떤 행동을 일단 선택하고 나면 그것이 옳은 선택이었다는 믿음을 끝까지 놓지 않는다. 물에 빠진 사람이 널빤지를 붙잡는 모습과 다를 바 없다. 심지어 자신이 왜, 어떻게 그런 선택을 했는지 기억을 되짚으면서 자신이 옳았음을 입증하려고 한다. 작게는 우리가 새 구두를 사서 신고 아파서 절뚝거리고 다니면서도

'당당하고 매혹적인 패션'이라고 끝내 주장하는 것이 바로 이 때문이다. 심각하게는 정부 각료들이 외교 협상이 실패로 끝나가는 것이 분명한데 끝까지 순항 중이며 많은 진전이 있었다고 주장하는 것도 같은 이유다. 선택은 이미 내려졌으니 그것은 옳은 선택이어야만 하는 것이다. 우리가 내린 선택이니까.

심지어 경우에 따라서는 사람들에게 생각이 잘못되었음을 지적하면 오히려 잘못된 생각을 더 굳게 믿게 된다는 연구도 있다. 명백한 증거를 또박또박 짚어줘도 소용이 없다. 적이 공격해온다 싶으면 오히려 보루를 쌓고 더 끈덕지게 버티고 앉는 것이다. 그래서 페이스북에서 인종주의자와 논쟁을 벌여봤자, 또 언론계에 투신해봤자, 희망이 없다. 결국 허무하기만 하고 적만 양산되기 쉽다.

그렇다고 우리가 현명하고 사려 깊은 결정을 절대 못 한다는 이야기는 아니다. 할 수 있다는 사실도 분명하다. 독자가 지금 이 책을 읽고 있다는 게 그 증거 아니겠는가. 독자의 탁월한 선택에 찬사를 보낸다. 다만 내가 하고 싶은 말은, 우리 뇌는 현명한 결정을 가로막는 장벽을 잔뜩 세워 놓고 있다는 것이다. 그게 다 좋은 건 줄 알고.

우리는 혼자서도 이렇게 결정을 잘못하는데 남들과 함께 결정할 때는 문제가 더 심각해진다. 우리는 사회적 동물이라, 집단에서 혼자만 튀는 것을 아주아주 싫어한다. 그래서 사람들과 잘 어울려야 한다는 마음에 그나마 현명한 본능마저 억누르고 남들을 따라 하는 경우가 많다.

우리가 '집단 사고groupthink'에 빠지게 되는 이유다. 집단의 우세한 의견에 눌려 다른 의견은 일축되거나 아예 나오지 않는 것이다. 집단적 압력 속에서 누구도 "글쎄요, 그게 정말 최선일까요?"라고 말하지 못하는 것이다. 우리가 '에라, 모르겠다' 하고 대세에 따르는 습성도 마찬가지 이유다. 우리는 남들의 행동이나 생각을 보기만 해도 따라 하고 싶고 합류하고 싶어진다. 어린 시절 엄마가 "그럼 다른 애들이 다 다리에서 뛰어내리면 너도 뛰어내릴래?" 하셨을 때, 사실 솔직한 대답은 "아무래도 그래야 되지 않을까요?" 아니었을까.

그리고 마지막으로 이런 것도 있다. 잘나지도 않았으면서 잘난 줄 아는 습성이다. 오만인지 자만인지 아니면 푼수짓이라 해야 할지 알 수 없지만, 연구에 따르면 우리는 자기 능력을 말도 안 되게 과대평가한다. 학생들에게 본인이 나중에 반에서 몇 등을 하게 될 것 같냐고 물으면 대다수가 상위 20퍼센트 이내로 답한다. 평균보다 못할 것이라고 답하는 사람은 거의 없다(사실 가장 많이 나오는 답은 상위 10퍼센트에서 20퍼센트 사이다. 우리가 음식점에서 제일 싼 와인 다음으로 싼 와인을 주문하는 것과 비슷한데 방향만 오만한 쪽으로 뒤집힌 결과다).

'더닝 크루거 효과'라고 하는 유명한 인지 편향 현상이 있는데, 이 책을 대표하는 이론으로 삼아도 될 듯하다. 이는 심리학자 데이비드 더닝과 저스틴 크루거가 「무능에 대한 무지Unskilled and Unaware of It」라는 논문에서 제안한 효과로, 우리가 살면서 익히 알던 현상을 입증한 것이다. 즉, 어떤 일을 잘하는 사람은 자신의 능력을 과소평가하는 경향이 있고, 잘 못하는 사람은 자신의 능력을 엄청나게 과대평가한다는 것이다. 우리는 우리의 결점을 말 그대로 잘 모르니, 그 결점이 얼마나 심각한지도 당연히 모른다. 그래서 마냥 낙관하고 과신하다가 사고를 치고 일을 그르치기를 끝없이 반복한다(이 책을 읽다 보면 알겠지만, 우리 뇌가 저지르는 온갖 실수 중에서도 '과신'과 '낙관'이야말로 가장 위험하다).

이 모든 인지적 오류가 층층이 쌓여 인간 사회를 이루고 있으니, 우리는 똑같은 종류의 실수를 끝없이 저지를 수밖에 없다. 아래는 그러한 실수의 몇 가지 예다. 이 책의 나머지 장들에 대한 맛보기 정도로 생각하면 될 것이다.

우리는 세상을 이해하고 그 속의 패턴을 파악하고 싶어 하므로, 세상이 어떤 식으로 돌아간다고 스스로를 꽤 열심히 설득하지만, 실상 세상은 전혀 그렇게 돌아가지 않는 경우가 부지기수다. 이러한 괴리는 작게는 개인적 미신에서부터 크게는 완전히 부정확한 과학 이론까지 다양한 결과로 나타나며 우리가 정치 선전이나 '가짜 뉴스'에 그토록 쉽게 현혹되는 이유를 설명해준다. 그러다가 누군가가 세상의 이치에 대한 자신의 이론을 많은 사람에게 설득시키면 본격적으로 흥미진진한 일들이 벌어진다. 그렇게 해서 탄생한 종교나 이념이나 그 밖의 거창한 관념들이 인류사에 재미난 일들을 많이 만들어주었다.

인간은 또 위험 평가와 미래 대비에 아주 소질이 없다. 물론 미래를 예측한다는 것 자체가 엄청나게 어려운 일이기도 하다. 특히 날씨나 금융시장이나 인간 사회처럼 아주 복잡한 시스템의 미래를 예측한다는 건 더더욱 그렇다. 설상가상으로 인간은 뭔가 자기 마음에 드는 미래를 머릿속에 일단 그리고 나면(대개 자기가 가진 선입견과 일치한다), 그에 반하는 정보는 해맑게 무시하고 자기가 틀렸다고 하는 말은 귓등으로도 듣지 않는다.

우리는 이렇게 '소망적 사고wishful thinking'로 미래를 바라본다. 그 바탕에 깔린 강력한 원동력 중 한 가지는 물론 탐욕이다. 사람은 큰 돈을 벌 기회가 눈에 어른거리면 분별을 잃게 되어 있으니, 이익의 유혹이 너무 강하면 손익 분석을 제대로 하지 못한다는 게 증명되어 있다. 인간은 부를 거머쥐려고 바다를 건너고 산을 넘을 뿐 아니라, 그 과정에서 도덕이나 법 같은 것은 내팽개치기 일쑤다.

탐욕과 이기심은 또 한 가지 흔한 실수를 낳기 마련이니, 사람들이 모두 각자의 이익을 좇다 보면 결국 다 함께 망하게 되는 현상이다. 사회과학에서는 이런 종류의 실패를 가리켜 '사회적 함정' 또는 '공유지의 비극'이라고 부르는데, 이는 사람들 각자의 행동이 단기적으로는 문제가 없다 하더라도 많은 사람들이 장기적으로 그렇게 행동하면 공멸하게 되는 경우를 가리킨다. 이는 보통 공동의 자원을 남용하여 고갈시키는 형태로 일어난다. 어떤 수역에서 과도한 어획으로 물고기 씨가 마르는 현상을 예로 들 수 있다. 경제학에는 또 이와 관련해서 '부정적 외부효과'라는 개념이 있는데, 거래 당사자 양쪽은 이득을 보지만 거래 당사자가 아닌 제3자가 비용을 치르게 되는 경우를 말한다. 환경오염이 그 전형적인 예다. 예컨대 우리가 공장에서 만든 물건을 사면 우리도 좋고 생산자도 좋지만, 공장에서 흘려보내는 유독성 폐기물로 부근 주민은 피해를 입을 수 있다.

이는 모두 서로 연관된 동일 부류의 실수이며, 인간의 바보짓에서 굉장히 큰 비중을 차지한다. 자본주의 체제, 협동조합 체제 등 각종 시스템의 문제는 물론이고, 크게는 기후변화에서 작게는 식당에서 음식 값을 나눠 낼 때의 문제까지 다양한 문제가 여기에서 비롯된다. 우리는 모든 사람이 본인이 치러야 할 비용을 회피하면 안 된다는 걸 알지만, 남들은 다 회피하는데 나 혼자만 손해볼 수는 없고, 그래서 우리는 어깨를 으쓱하며 "내 문제 아닌데, 뭐" 하고 만다.

또 하나 아주 흔한 실수는 편견이라는 것이다. 다시 말해, 세상을

'우리'와 '남들'로 가르고 '남들'에 대해 뭐든 안 좋은 이야기가 있으면 철석같이 믿는 습성이다. 여기는 아예 우리의 모든 인지 편향이 총집합해 잔치를 벌이는 마당이라고 보면 된다. 우리는 세상을 실제로 있지도 않은 패턴에 따라 이리저리 가르고, 제일 처음 머리에 떠오르는 것을 기준으로 즉각적 판단을 내리고, 원래 갖고 있던 생각에 부합하는 정보만 선별적으로 취하고, 집단에서 튀지 않으려고 필사적인 노력을 하고, 별 이유 없이 우리가 잘났다고 확신하니 편견이 꽃필 수밖에 없다.

사실 이 책도 편견에서 자유롭지 못하다. 이 책이 표방하는 주제는 인류의 실패사이지만, 몇 사례를 제외하면 사실 거의 남성의 실패사다. 게다가 그 주인공은 대체로 백인 남성이다. 이렇게 된 것은, 실패할 기회 자체가 그들에게만 주어진 경우가 많았기 때문이다. 역사책이 늙은 백인 남자들의 행위를 주로 다루는 건 잘하는 일이라 할 수 없지만, 이 책은 주제가 주제인 만큼 어쩔 수 없지 않나 싶다.

마지막으로, 우리는 군중에 편승하려는 욕구 때문에 각종 유행과 열풍과 광풍에 까딱하면 휩쓸린다. 한 사회 전체가 이성을 내동댕이치고 광란의 집착에 일시적으로 휘몰리는 것이다. 여기에는 여러 가지 형태가 있을 수 있다. 순수하게 신체적인 형태로는 중세에 약 700년에 걸쳐 주기적으로 유럽을 덮쳤던 불가해한 춤바람, '무도광'을 예로 들 수 있다. 갑자기 춤을 추고 싶은 강렬한 충동이 수십만 명에게 전염병처럼 확산된 현상으로, 춤추다가 탈진해 죽는 사람들까지 있었다.

돈과 관련된 형태도 많았다. 군중 편승 욕구와 일확천금 기회라면 믿고 보는 습성이 돈 욕심과 결합해 벌어진 일들이다. 이렇게 해서 생겨나는 것이 실제 가치보다 평가 가치가 훨씬 높아지는 금융 거품이다. 본래 가치가 높지 않은 대상이라 해도 남들이 가치가 있다고 생각한다면 돈을 벌 수 있으니 너도나도 투자한다. 물론 거품은 꺼지기 마련이고, 많은 사람이 큰돈을 잃고 경제 전체가 몰락해버리기도 한다.

그런가 하면 집단적 공황이라는 형태도 있다. 그 시발점은 주로 우리의 공포를 조장하는 헛소문이다. 전 세계 어느 문화권에서건 역사적으로 마녀사냥 비슷한 광풍이 꼭 벌어졌다(유럽에서는 16세기에서 18세기까지 벌어진 마녀사냥에 약 5만 명이 희생된 것으로 추정된다).

이렇게 맛보기로 일부 살펴보았지만 이런 실수들은 인간 문명사 전체에 걸쳐 질리지도 않고 꼬박꼬박 반복된다. 그러나 인간이 그런 실수들을 본격적으로 저지르기 위해선, 먼저 문명을 발명해야 했음은 물론이다.

인류 역사에서 가장 기이한 광풍 Top 5

○

무도광

14세기에서 17세기까지 유럽 전역에서 사람들이 신들린 듯 갑자기 춤을 추는 묘한 현상이 빈번히 일어났다. 한 번에 많으면 수천 명까지 춤을 추곤 했다. 지금까지도 정확한 원인은 아무도 모른다.

○

우물에 독 풀기

위와 비슷한 시기에 누군가 우물에 독을 풀었다는 거짓 소문으로 집단 공황이 촉발되는 일도 잦았다. 보통 유대인이 혐의를 뒤집어썼다. 이는 폭동으로 이어져 폭도들이 유대인 거주 구역에 불을 지르기도 했다.

○

남근 도둑

사악한 세력이 남성의 성기를 훔쳐가거나 쪼그라들게 만든다고 믿는 공황 현상은 전 세계에서 나타난다. 중세 유럽에서는 마녀 때문이라고 믿었고, 아시아에서는 독을 넣은 음식, 아프리카에서는 주술사 때문이라고 믿었다.

○

웃음 전염병

1960년대부터 아프리카의 여러 학교에서 사람들이 걷잡을 수 없이 웃는 전염병이 돌았다. 탄자니아에서 1962년에 일어난 유명한 발병 건은 1년 반 동안 지속되었으며 집단 임시 휴교 사태를 빚었다.

○

적색 공포

1940년대와 1950년대에 미국을 휩쓴 반공 히스테리 열풍으로, 이른바 '도덕적 공황'의 고전적 사례다. 언론과 대중 영합적 정치인들이 미국 사회 곳곳에 공산주의자 간첩들이 침투했다는 과장된 주장을 퍼뜨리면서 촉발되었다.

아,
좋았던
환경이여

———

인간은 발길 닿는 곳마다
엉망으로 만들어놓는 존재다.

———

약 13,000년 전 고대 메소포타미아의 비옥한 초승달 지대에서, 인간은 큰 변화를 겪었다. 그것은 '라이프스타일'의 대대적인 변화였지만, 탄수화물 섭취를 줄이고 헬스클럽에 등록하는 정도가 아닌, 훨씬 더 큰 변화였다. 이전까지 인간은 먹을 것을 구하려면 돌아다니면서 찾는 수밖에 없었다. 하지만 이제 먹을 것이 눈앞에 생겨나게 하는 묘수를 발견했다. 즉, 인간이 작물을 심기 시작한 것이다.

농경의 시작은 단순히 식량 획득이 쉬워졌다는 것 이상의 의미가 있었으니, 사회가 근본적으로 바뀌고 주변의 자연환경도 대폭 변하는 계기가 되었다. 농경을 시작하기 전, 인간의 무리는 철 따라 먹을 것을 찾아 옮겨다니는 게 보통이었다. 하지만 벼나 밀을 심어서 키우려면 옆에 붙어서 계속 돌봐야 한다. 그러다 보니 한곳에 눌러앉게 되고, 마을이 생기고, 시간이 더 흘러 도시가 생겼다. 그에 따라 갖가지 문물도 함께 생겨났다.

농경이란 확실히 좋은 아이디어였는지 여러 다른 대륙에서도 수천 년 이내에 독자적으로 시작되었다. 최소한 메소포타미아, 인도, 중국, 중앙아메리카, 남아메리카에서는 농경이 발생했다. 하지만 농경의 시작은 인류가 그리 잘한 일이 아니었다고 하는 학설이 있다. 오히려 끔찍한 실수로 봐야 한다는 것이다.

　그 이유로는 우선, 농경과 함께 '부의 불평등'이라는 별난 개념이 탄생한 것을 들 수 있다. 남들보다 가진 게 월등히 많은 특권층이 등장하면서 남들을 이래라저래라 부리기 시작한 것이다. 농경은 또 전쟁이 본격적으로 시작된 이유로도 볼 수 있다. 마을이라는 게 생기고 나면 옆 마을이 습격해올 위험이 항상 있기 마련이다. 그리고 농경을 통해 인간은 새로운 질병과 접촉하게 된 데다가, 점점 큰 규모로 집단생활을 하다 보니 전염병이 퍼지기 쉬운 조건이 되었다. 농경사회 이전 사람들이 더 잘 먹고 일도 덜하고 더 건강했음을 시사하는 근거도 존재한다.

　이 이론에 따르면, 현대사회가 이리도 참담한 것은 수천 년 전에 누가 땅에 씨를 심었기 때문이다. 농경이 지속된 것은 농경으로 모든 이들의 삶이 더 나아졌기 때문이 아니라, 농경사회가 이전 사회보다 생존 경쟁에서 유리했기 때문이다. 즉, 농경사회는 자손 번식 속도가 빠른 데다가(농경은 더 많은 사람을 먹일 수 있고, 한곳에 머물러 살면 아이가 걸음마를 하기 전에 다음 아이를 또 낳을 수 있다), 집단적으로 점점 더 넓은 땅을 차지하면서 농사짓지 않는 이들을 다 밀어내게 된다. '농경은 끔찍한 실수였다' 설의 지지자인 저술가 재러드 다이아몬드가 1987년 「디스커버」에 쓴 표현을 빌면, '인구 제한이냐 식량 증산이냐, 라는 선택의 기로에서 우리는 후자를 선택했고, 그 결과 기아, 전쟁, 폭정을 떠안았다'. 한마디로 우리는 질보다 양을 선택한 것이다. 역시 인간답다.

세상이 이 꼴이 된 게 '다 농경 때문이다!'라고 막연히 사방에 손가락질을 하고 싶지만, 농경의 시작은 그 밖에도 더 직접적이고 스펙터클한 각종 참사를 빚어냈다. 농경에 착수하면서 인간은 주변 환경을 마음대로 바꾸기 시작했으니, 농사라는 게 그런 것일 수밖에 없다. 식물을 가져다가 본래 있을 곳이 아닌 어디 다른 곳에 꽂는 것 아닌가. 그러면서 주변 풍광을 변화시키게 된다. 필요 없는 것은 없애고, 그 자리에 필요한 것을 더 채워넣으려고 궁리하게 된다.

그런데 결과적으로 인간이란 그런 일이 낳을 여파를 잘 따져볼 줄 모른다는 게 확실하다.

지금 우리가 사는 세상은 조상들이 13,000년 전에 처음 씨를 심었던 시절과 천양지차로 달라졌다. 농업으로 강산이 바뀌었고 동식물 종이 대륙 간에 뒤섞였을 뿐 아니라, 도시화와 산업화와 인간의 무분별한 쓰레기 투기 습성으로 토양과 바다와 공기가 모두 변해버렸다. '대자연의 분노' 어쩌고 하는 훈계를 늘어놓을 생각은 없지만, 자연은 우리의 장난질을 눈감아주지만은 않는 것이 분명하다.

20세기 전반에 미국 중부의 평원에서 일어난 사태가 그 예다. 모든 일이 보통 그렇지만 처음엔 일이 잘 풀려나갔다. 미국은 땅을 서쪽으로 쭉쭉 넓혀나갔고, 사람들은 일종의 아메리칸드림을 실현해나가고 있었다. 정부는 정책적으로 서부 정착과 농경을 장려하며, 정착민들에게 대평원의 땅을 무상으로 나누어주었다. 그러나 20세기 초 무렵 이미 농경에 적합한 땅, 다시 말해 물 공급이 원활한 땅은 다 임자가 있었다. 자연히 사람들은 메마른 황무지를 개간하면서 농사짓는 데 큰 열의를 보이지 않았고, 정부는 이에 메마른 황무지의 경우 개인마다 주어지는 땅 면적을 두 배로 늘려주었다. 사람들의 반응은? '그럼 해볼 만하다'였다.

그렇게 땅이란 땅은 다 농토로 만들려고 밀어붙이는 것이 지금은 그리 좋은 생각 같지 않지만, 당시 사람들이 보기엔 괜찮은 생각이었다. 그 이유는 많다. 일단 새 나라의 농토를 일구어 목가적 꿈을 이룬다는 낭만적 요인이 있었고, 또 점점 불어나는 인구가 먹고살 양식이 필요하다는 현실적 이유도 있었다. 여기에다 수상쩍은 과학 이론까지 가세했으니, 그것은 차라리 종교에 가까웠다. 내용인즉슨 '쟁기질하는 곳에 비 내린다', 즉 농사를 시작하기만 하면 비구름이 몰려와 사막이 비옥한 초지로 탈바꿈한다는 것이었다. 이 이론에 따르면 미국의 농토를 확장하는 데 유일한 장애물은 의지 부족이었다. 밭을 만들면 비가 온다니, 야구장을 지으면 전설의 선수들이 돌아온다는 옛날 케빈 코스트너 영화도 아니고……

그런데 사람들은 그 말을 정말로 믿었다. 게다가 이 이론이 나돌던 19세기 중반, 공교롭게도 개척자들이 어딘가에 이주하면 바로 비가 내릴 때가 많았다. 하필 그 무렵이 역사적으로 유달리 강우량이 많던 시기였다. 물론 비가 많이 오는 시절은 영원히 계속되지 않았다.

그러다가 1차 세계대전이 일어나자 미국의 방대한 농토 개간은 대성공인 듯했다. 유럽은 식량 생산이 중단되었지만 미국은 부족한 식량을 다른 나라에 공급할 여력이 충분했다. 농산물 값은 금값이었고, 비는 잘 내렸고, 정부는 밀 농사에 보조금을 후하게 보태주었다. 자연히 농부들은 밀을 심고 초원을 계속 개간해 경지를 넓혀나갔다.

아, 좋았던 환경이여

그러나 전쟁이 끝나자 밀값은 폭락했다. 밀 농사꾼이 밀로 돈이 안 벌리니, 선택은 하나였다. 밀을 더 심는 것. 농부들은 경작 기계를 사들여 더욱더 넓은 땅을 파 헤집었다. 밀의 생산이 늘면서 값은 더 떨어졌고…… 그다음은 생략한다.

그러다가 갑자기 비가 안 내리기 시작했다. 흙이 바짝 말랐고, 가뭄 때 표토를 지탱해주던 풀뿌리들이 이제는 자취를 감추고 없었다. 흙은 먼지가 되었고, 바람에 먼지가 일어나 거대한 먼지구름이 생겨났다.

이 공포의 먼지폭풍이 일어나면 해를 완전히 가리고 대기를 뿌옇게 뒤덮어, 단 1~2미터 앞도 보이지 않았다. 이른바 '더스트 볼Dust Bowl'이라 불린 재앙이었다. 더스트 볼이 절정에 이르렀던 시기에는 여름철에 하루가 멀다 하고 먼지폭풍이 일어났고, 바람이 잦아든 후에도 먼지구름은 하늘에 그대로 떠 있었다. 며칠 동안 해가 보이지 않을 때도 있었다. 먼지폭풍은 놀라울 정도로 먼 거리를 이동해, 수천 킬로미터 떨어진 워싱턴 D.C.와 뉴욕의 하늘까지 뿌옇게 만드는가 하면, 동부 해상 수백 킬로미터 밖의 선박들까지 엷은 먼지로 뒤덮기도 했다.

가뭄과 먼지폭풍은 거의 10년간 이어졌다. 경제적 피해가 막심했고, 수백만 명의 이재민이 발생했다. 상당수 이재민은 영영 돌아오지 못하고 더 서쪽으로 가서 캘리포니아 등지에 정착했다. 비가 다시 내리기 시작한 후에도 땅의 일부는 예전처럼 회복되지 않았다.

미국이 겪은 '더스트 볼' 재앙은, 인간이 환경을 제멋대로 바꾸다가 의도치 못한 결과가 초래될 수 있음을 보여주는 유명한 사례로 남았다. 그러나 그 밖에도 대규모의 지구공학geoengineering에서 미세 플라스틱 입자에 이르기까지, 또 산림 파괴에서 강의 무분별한 개발에 이르기까지, 그러한 사례는 널려 있다.

아랄해의 경우를 살펴보자.

아랄해는 이름과 달리 바다가 아니다. 방대한 함수호salt lake로서, 세계에서 몇 손가락 안에 꼽히는 대형 호수였다. 문제는 그게 옛날 이야기라는 것.

아랄해의 현재 면적은, 계속 늘었다 줄었다 하지만 약 6,800제곱킬로미터 정도다. 한때 아일랜드 정도의 면적(남한 면적의 약 3분의 2—옮긴이)이던 것이 이제 10분의 1 크기로 줄어들고, 호수 물의 약 80퍼센트가 사라졌다. 이제는 단일한 호수가 아니라 조그만 호수 네 개쯤으로 나뉘었다. 네 개'쯤'이라고 한 것은 호수 하나가 거의 말라가고 있기 때문이다. 현재 아랄해는 생명이 사라진 죽은 바다나 마찬가지다. 물가에서 한참 떨어진 주변 땅에는 오래전에 난파한 배들만 흉한 몰골을 드러낸 채 녹슬어가고 있다.

이쯤 되면 궁금해진다. 도대체 어떻게 하면 거대한 호수가 송두리째 사라질 수 있을까?

호수로 흘러들던 두 강의 물길을 다른 곳으로 돌리면 그렇게 된다. 도대체 왜 그랬을까? 주변 사막에서 목화를 재배하면 기막히게 좋겠다 싶어서였다. 목화 재배는 소련 정부가 1960년대부터 그곳에서 추진한 사업이었다. 목화가 정말 많이 필요했던 모양이다. 그래서 대대적인 공사를 벌여 우즈베키스탄에서 아랄해로 흘러 들어오는 아무다리야강, 그리고 카자흐스탄에서 아랄해로 흘러 들어오는 시르다리야강의 물길을 다른 곳으로 돌렸다. 그리하면 키질쿰 사막의 메마른 평야를 목화밭으로 만들어 소련의 목화 수요를 충족할 수 있으리라는 심산이었다. 소득이 아주 없었던 것은 아니다. 투르크메니스탄, 카자흐스탄, 우즈베키스탄의 사막에 물을 대서 농토로 만드는 사업은 어느 정도 효과를 봤다. 다만 낭비가 엄청났다. 사막이란 워낙 메마른 땅이라 물을 쑥쑥 빨아들이니 기껏 흐름을 바꾼 강물의 75퍼센트는 밭까지 가닿지도 못했다(게다가 목화 재배에 고엽제를 쓰는 바람에 영아 사망률과 기형아 출산율이 치솟기도 했다).

어쨌든 이 시도가 중앙아시아의 목화 산업에는 득이 되었을망정, 아랄해와 그 주변 지역에는 막심한 피해를 안겼다. 호수로 흘러드는 물을 막으면 호수 물이 곧바로 줄어들 것이라는 생각을 아무도 하지 못했던 모양이다. 아니면 그래도 상관없다고 생각했는지도.

아랄해의 물은 1960년대부터 줄기 시작했고, 1980년대 말부터는 그 속도가 점점 가속화되었다. 이전에 아랄해에 유입되던 수량에서 빗물이 차지하는 비중은 5분의 1에 불과했고, 나머지는 강물로 유입되고 있었다. 그런데 이제 강물이 거의 흘러들지 않으니 증발로 사라지는 물을 보충할 방법이 없었다. 수위가 떨어지면서 섬과 지협이 생겨나더니, 2000년대에 들어 호수는 둘로 갈라져 작은 북쪽 호수와 큰 남쪽 호수로 나뉘었고, 남쪽 호수 한가운데에는 커다란 섬이 떡하니 생겨났다. 물이 계속 줄면서 섬은 점점 커졌고, 급기야 반으로 나뉜 남쪽 호수는 동서 간에 가느다란 물길만으로 이어진 상태가 되었다. 그러다 결국은 그 물길도 끊겼고, 2014년 여름에 찍은 위성 사진에는 동쪽 호수가 완전히 말라 모랫바닥만 남은 것으로 나타났다. 그 동쪽 호수는 현재 기상 변화에 따라 나타났다 사라졌다 하고 있다.

그런데 문제는 물이 줄어든 게 다가 아니다. 호수 물이 증발하면

물속에 있던 물질은 다 어디로 갈까. 어디 가지 않는다. 그리고 그 물질 대부분은 소금이다. 물은 줄었으나 소금은 그대로 남아, 호수 물이 점점 짜지면서 생명이 살 수 없는 환경이 되었다. 염도가 약 10배로 높아지면서 호수에 살던 생물들은 거의 절멸하기에 이르렀고, 활발하던 어업이 몰락하면서 6만 명이 실업자로 내몰렸다. 그뿐만이 아니다. 인근 공장과 농장에서 내뿜는 공해 물질이 점점 가중되면서 바짝 마른 호숫바닥 위에 쌓여갔다. 그 다량의 유독 물질과 소금이 먼지바람에 실려 수백만 인구가 사는 옛 호숫가 마을과 소도시에 직격탄으로 떨어졌고 주민들의 호흡기 질환과 암 발병률이 치솟았다.

아랄해의 운명이 끝난 것은 아니다. 최근 막대한 돈을 들여 물을 일부 끌어오는 노력으로 북쪽 작은 호수의 상황은 다소 개선되었다. 그러나 남쪽 호수는 거의 손을 놓은 상태. 결국 아랄해는 인간이 주변 환경을 대대적으로 변화시키고도 별 탈 없으리라 낙관하는 습성을 여실히 보여주는 사례가 되었다.

이상하게도 아랄해에 흘러들던 두 강 중 하나는 이전부터 수모가 잦았다. '가장 빈번히 물길이 바뀐 강'이라는 세계 기록 타이틀이 있는지 모르겠지만, 있다면 아마 아무다리야강의 차지가 될 법하다. 지난 수백 년에 걸쳐 자연 변화에 의해, 또 인간의 변덕에 의해 아무다리야강은 아랄해로 유입되었다가 카스피해로 유입되면서, 혹은 둘 다로 유입되면서 수로 변경을 거듭했다. 서기 2세기에는 사막으로 흘러들어 증발하다가 언젠가부터 아랄해로 흘러들었던 것으로 보인다. 13세기 초에는 몽골 제국이 과격하게 개입한 결과(이에 대해서는 뒤에 나오는 장에서 상술하겠다) 강물의 일부가 카스피해로 흐르게 되었고, 17세기 전 어느 시점에 다시 아랄해로 복귀했다. 소련이 탄생하기 한참 전인 1870년대에 러시아 제국은 아무다리야강의 물길을 다시 카스피해로 돌리는 방안을 심각하게 고민했는데, 담수가 함수호로 흘러드는 게 낭비라고 생각했기 때문이다. 아무리 무식이 죄는 아니라지만……

인간이 환경을 마구 변화시키다가 큰코다친 역사의 시작은 애당초 농경에서 비롯되었지만, 이제는 농경만의 문제가 아니다. 농업보다 공업의 폐해가 여러모로 더 심각해진 가운데, 뒷일은 아랑곳 않고 쓰레기를 마구 내버리는 인간의 고질적 습성이야말로 막심한 재앙을 낳고 있다.

그러한 재앙의 한 예는 1969년의 어느 따뜻한 여름날, 쿠야호가강에 불이 난 사건이다.

맞다. 강이란 원래 불이 나는 곳이 아니다. 혹시 강이 무엇인지 잠시 헷갈리는 독자를 위해 설명하자면, 강이란 자연적으로 흐르는 큰 물줄기를 말하며, 물이란 일반적으로 불에 잘 타는 물질이 아니다. 강은 여러 가지 작용을 해서, 상류에서 하류로 물을 운반하고, 세월의 흐름을 빗대어 표현하는 수단이 되기도 하며, 삼각주를 형성해 중학생들에게 지구과학 시간에 외울 거리를 안겨주기도 하지만, 불에 활활 타는 재주가 있다는 이야기는 못 들어보았을 것이다.

그런데 쿠야호가강은 용케 불에 활활 탄 것이다. 더군다나 처음 있는 일도 아니었다. 오하이오주 북부 공업지대를 굽이돌다가 클리블랜드를 가로지르는 쿠야호가강은, 19세기에 클리블랜드 시장이 '도심을 관통하는 개방 하수'라고 일컬을 만큼 오염도가 워낙 극심해 이전에도 101년간 자그마치 13회나 불이 난 전력이 있었다. 1868년, 1883년, 1887년, 1912년(이때는 화재로 인한 폭발로 5명이 사망), 1922년, 1930년에도 불이 났다. 1936년에는 불이 워낙 크게 나서 닷새간 불길이 잡히지 않았다. 그렇다. 강물에 난 불이 말이다. 1941년과 1948년에도 불이 났고, 급기야 1952년에는 쿠야호가강 사상 최악의 화재가 일어났다. 강물 위에 5센티미터 두께로 덮인 기름막에 불이 붙어 큰 불길이 치솟았다. 다리 하나와 조선소 한 곳이 전소되는 등 150만 달러의 피해를 냈다.

1952년에 비하면 1969년 화재는 상대적으로 작은 사고였다. 산업 시설에서 배출된 각종 기름과 폐기물이 엉겨 강 위에 빙산처럼 둥둥 떠다니다가 또 불이 붙었고, 5층 건물 높이로 불길이 치솟는 등 무시무시한 광경을 연출했지만, 클리블랜드 소방서가 이제 '강불'을 끄는 데 도가 텄는지 30분 만에 진화했다. 시민들도 이런 일에 이골이 났는지 이 강불 사건은 지역 일간지 「클리블랜드 플레인 딜러」의 어느 구석 지면에 다섯 문단짜리 기사로 소개되는 데 그쳤다.

그러나 클리블랜드 시민들이 "으이그, 또?" 정도로 넘겼던 이 1969년의 화재가 미국 전역에는 충격으로 다가왔다. 이전 쿠야호가강 화재 이후로 시대가 많이 변했던 것이다. 때는 1960년대, 각종 혁명적 발상의 전환이 사회를 뒤흔들고 있을 때였으니, 이를테면 '전쟁은 좋지 않다', '인종차별은 나쁘다', '무분별한 환경 파괴는 좀 자제해야 하지 않을까' 같은 것이었다.

그래서 몇 주 후에 이 화재 소식을 접한 「타임」은 '미국의 하수 처리 시설과 낙관의 대가'라는 제목의 기사를 실어 전국 하천의 실태를 다루었다. 기사에서 쿠야호가강을 이렇게 묘사한다. "거품이 부글거리는 암갈색 기름덩이 강물은 흐른다기보다 꾸역꾸역 나아간다. (…) 찌꺼기투성이 하수가 잔물결을 이루며 호수로 흘러 들어

간다."「타임」의 기사는 전 국민의 이목을 끌어모았고, 상황 개선을 촉구하는 목소리가 전국에 확산되었다. 이에 큰 공헌을 한 것은 기사에 실린 사진의 위용이었다. 배 한 척이 강을 뒤덮은 화염에 휩싸여 있고 소방관들이 불을 끄려고 분투하는 광경을 포착한 사진이었다. 이는 사실 1969년이 아닌 1952년 화재 때 찍은 사진이었으니, 1969년 화재는 워낙 신속하게 진압되어 사진기자들이 현장에 나타나기도 전에 상황이 종료되었던 것이다. 사진은 1952년 당시에는 국민적 관심을 끌지 못했으나, 이번에는 기막힌 효과를 발휘했다. 말 그대로 타이밍이 주효했던 것.

1800년대부터 오하이오주의 산업체들은 생산 과정에서 나온 부산물이건 주산물이건 할 것 없이 태연하게 쿠야호가강에 투척했다. 이에 대해 언론과 정치인 그리고 대중은 꼬박꼬박 "이거 계속 이렇게 놔두면 문제 아닌가?"라는 우려의 목소리를 냈지만 그때마다 꼬박꼬박 아무것도 하지 않고 지나갔다. 2차 세계대전 종전 후에 몇 가지 미온적 조치가 실행되긴 했지만, 주안점은 강에 불이 나지 않게 하는 것보다는 선박이 안전하게 통행하도록 하는 데 있었다.

그러나 쿠야호가강이 인간의 환경 파괴 방치를 상징하는 미국의 대표 사례처럼 된 것은 약간 억울한 면도 없지 않다. 클리블랜드시는 마지막 화재가 일어나기 바로 전해에 강을 깨끗이 정화하기 위한 법을 마침 통과시킨 상태였다. 그래서 시의 관료들 가운데는 쿠야호가강이 더러운 미국 하천의 대명사처럼 된 것에 불편한 심기를 비치는 이들이 적지 않다. "이미 하천 정화에 필요한 조치들을 실시해나가고 있었는데, 그만 불이 나버린 것"이라고 어느 담당자는 볼멘소리를 했다.

사실 당시 미국에서 불이 난 강은 쿠야호가강뿐만이 아니다. 쿠야호가강 화재를 기준으로 1년 전인 1968년에는 버펄로강에 불이 났고, 몇 달 후인 1969년 10월에는 미시건주의 루지강이 화염에 휩싸였다. 19세기에도 쿠야호가강 외에 여러 차례 불이 난 미국의 강은 또 있었으니, 시카고강은 불이 워낙 자주 나서 주민들이 화재 때마다 독립기념일 불꽃놀이를 보듯 모여서 구경하곤 했다. 만약 '불 잘나는 강 어워드, 북미 부문' 수상자를 가린다면 이 강이 되어야 할 것이다.

　어쨌거나 화염에 휩싸인 강의 보도 기사는 대중에게 확실히 충격을 주었고, 범국가적 조치를 촉발하는 계기가 되었다. 당시 레이철 카슨의 1962년 저서『침묵의 봄Silent Spring』등의 고발로 시동이 걸렸던 환경운동은 추진력을 더 얻게 되었다(제1회 지구의 날도 쿠야호가강 화재가 난 다음 해에 제정되었다). 의회도 행동에 나서지 않을 수 없었고, 1972년 '청정수질법'을 통과시키기에 이른다.

　미국 전역의 하천 상태는 점차 개선되어갔고, 이제 강에 불이 나는 일 같은 건 없게 되었다. 이 책에서 해피 엔딩으로 끝나는 사례가 드문데, 이 경우는 인간이 그나마 적절하게 조치해 사태를 개선한 예에 든다. 그리고 아무리 트럼프 행정부라고 해도 설마 기업들이 하천을 마음대로 오염시키지 못하는 것이 안타까워 수질 규제를 풀려고 시도하기야 하겠는가. 응? 아, 실제로 그런 시도를 했다고 한다…….

　강이 활활 탄 사건은 자연환경을 훼손하는 인간의 재주를 꽤 극적으로 보여준 사례라 하겠지만, 그것은 역시 한 예에 불과하다. 세계 도처에 널린 사례가 인간이 발길 닿는 곳마다 엉망으로 만들어놓는 존재임을 잘 보여준다. 멕시코만의 거대한 '데드존dead zone'에 대해 들어보았는지? 데드존이란 생명이 살 수 없는 죽음의 해역이다. 미국 남부의 농토에서 비료가 섞여 바다로 흘러든 물에 해조류가 대규모로 번성하면서 확산되었다. 해조류가 바닷물에 녹아 있는 산소를 모두 빼앗아가 해조류 외의 생명은 다 죽게 되는 것. 역시 인간은 대단하다.

인간은 뒷일을 생각하지 않고 필요 없는 물건을 무작정 버리기 바쁘니, 그 결과 마을 전체가 전자폐기물로 뒤덮인 중국 광둥성의 꾸이위는 또 어떤가? 오래된 노트북 컴퓨터나 얼마 쓰지도 않은 스마트폰 등 전 세계에서 버린 전자기기들이 50제곱킬로미터 넓이의 땅에 산처럼 쌓여 있는 광경을 보라. 꾸이위 주민들은 재활용으로 생계를 꾸린다. 재활용이란 물론 좋은 일이다. 문제는 최근까지 꾸이위가 지상 지옥을 방불케 했다는 것이다. 시꺼먼 연기가 곳곳에 피어오르고, 기기를 염산으로 씻을 때 흘러나오는 독성 중금속이 토양과 인체로 스며들어 가고, 플라스틱 타는 냄새가 진동하는 환경에서 주민들이 살았다(결국 중국 정부는 최근 몇 년 전부터 사태 수습에 나서 보건 및 안전 기준을 강화했고, 그 결과 공기 질이 많이 개선되었다고 「사우스 차이나 모닝 포스트」는 전했다).

아마도 인류 최고의 역작은 '태평양 거대 쓰레기 지대'가 아닐까 싶다. 바다 한가운데에 우리가 버린 쓰레기 더미가 광대한 섬을 이루어 돌아다니고 있다는 이야기는 언뜻 시적으로 들리기까지 한다. 면적이 텍사스주 정도(남한 면적의 7배—옮긴이)에 이르는 이 쓰레기 섬은 북태평양 환류에 갇혀 대양을 끝없이 순환하고 있다. 대부분이 미세 플라스틱 입자와 어로 장비 파편으로 이루어져 육안으로는 잘 보이지 않지만, 해양 생물들에게는 막심한 피해를 주고 있다. 과학자들의 최근 추산에 따르면 인류는 플라스틱을 널리 사용하기 시작한 1950년대부터 지금까지 83억 톤이 넘는 플라스틱을 생산했다고 한다. 그중 63억 톤을 버렸고, 그것이 지구 표면을 돌아다니고 있는 것이다. 이것이 인간의 위엄이다.

그러나 인간이 본의 아니게 환경을 파괴해 자멸한 사건 중에서도 가장 처절한 예를 들자면, 이스터섬의 이야기를 해야 할 것이다.

거석상의 비극

1722년에 처음 이스터섬에 상륙한 유럽인들(혹시 아직 발견되지 않은 신대륙이 있을까 해서 찾아나선 얼치기 네덜란드 탐험대)은 놀라움을 금할 수 없었다. 어떻게 이렇게 철저하게 고립된 폴리네시아의 작은 섬에서, 현대적 기술도 없고 주변에 나무도 없는 환경에서, 높이가 20미터에 이르고 무게가 90톤에 달하는 정교한 거석상들을 곳곳에 세울 수 있었을까?

궁금해하던 것도 잠시, 네덜란드인들은 곧 유럽인의 전매특허를 선보이기 시작했다. 즉, 일련의 오해 끝에 원주민들을 무더기로 쏘아 죽였다. 그 후 수십 년에 걸쳐 유럽인들이 이 섬에 찾아와, 자기들이 새로 '발견'한 땅에서 항상 하던 짓들을 어김없이 벌여나갔으니, 이를테면 치명적인 질병 옮겨오기, 원주민 납치해 노예 삼기, 선심 쓰는 척하고 뒤통수치기 등이었다(뒤에 식민주의를 다룬 장을 참고).

이후 몇 세기 동안 백인들은 어떻게 '미개한' 주민들이 사는 섬에서 그 신비한 거석상들을 세웠는지 설명하기 위해 각종 가설을 생각해냈다. 가설은 주로 머나먼 대륙에서 누가 바다를 건너왔다거나 외계인의 소행이라거나 하는 것이었다(백인 생각으로는 불가능해 보이는 것들을 유색인종이 어떻게 해냈느냐의 수수께끼를 풀 때 '외계인 소행'설은 매우 그럴듯하고 편리한 단골 해법이다). 물론 정답은 '폴리네시아인들이 만들어 세웠다'이다.

폴리네시아인들은 현지 이름으로 '라파누이'라 하는 이 섬에 처음 상륙했을 무렵, 이미 태평양을 수천 킬로미터 항해하고 여러 섬에 정착하는 등 세계적으로 손꼽힐 만한 문명을 보유하고 있었다. 한편 당시 유럽인은 길 잃고 헤매던 몇몇 바이킹을 제외하면 원래 살던 동네를 벗어나지 못하던 수준이었다.

라파누이에는 고도의 문명이 피어났고, 집단 간 협력, 집약적 농업, 계층화된 사회, 직장 출퇴근 등 오늘날 우리가 문명과 발전의 상징이라고 생각하는 헛짓거리들을 기본적으로 다 하고 있었다. 폴리네시아어로 '모아이'라고 불린 거석상은 폴리네시아 문화권에 공통적으로 존재했던 최고의 예술 양식이었다. 모아이는 라파누이 사회에서 영적으로, 또 정치적으로 중요한 의미가 있었다. 조상의 얼굴을 묘사한 상징물로서 조상을 기리는 역할도 했고, 석상의 건설을 명령한 이의 권위를 상징하는 역할도 했다.

그렇다면 이제 모아이가 어떻게 세워졌느냐가 아니라 섬의 나무가 다 어디로 사라졌느냐가 수수께끼가 된다. 라파누이 주민들이 모아이를 정확히 어떤 방법으로 운반해 세웠는지는 몰라도, 그 작업엔 커다란 통나무가 많이 필요했을 것으로 보이기 때문이다. 그리고 이런 거석상을 세울 만큼 강성했던 문명이, 어쩌다가 근근이 먹고사는 농부들과 허름한 카누들만 남아 네덜란드 탐험대를 맞은(그리고 그들에게 당한) 것인가?

답은 이렇다. 라파누이인들은 운이 나빴던 데다가 바보짓을 벌여 자멸하고 만 것.

일단 운이 나빴던 것이 라파누이섬은 지리적, 생태적으로 삼림 파괴에 유달리 취약했다. 재러드 다이아몬드(앞서 등장했던 '농업은 인류 최악의 실수' 설의 주창자)가 라파누이 문명을 집중 조명한 저서 『문명의 붕괴Collapse』에서 설명하듯, 이스터섬은 폴리네시아 지역 의 다른 섬들에 비해 후미진 곳에 위치한 데다가 좁고 평탄한 지형 에 춥고 건조한 기후였다. 한마디로 나무를 베면 자연적으로 보충되 기 힘든 조건이었던 것이다.

그리고 바보짓을 했던 것이, 라파누이인들은 더 좋은 집을 짓고 더 좋은 카누를 만들고 석상을 운반하는 설비를 더 좋게 개선하려고 열을 올린 나머지 나무를 계속 베어내기만 하고 나무가 다시 자라나 지 않으리라는 생각은 하지 못했다. 그러다가 별안간 나무가 한 그 루도 남지 않게 된 것이다. 전형적인 '공유지의 비극'이었다. 나무 한 그루를 벤 한 사람은 잘못이 없었을지라도, 결국 모든 사람의 잘못 으로 상황은 회복 불능이 되어버렸다.

숲이 사라지자 라파누이 사회는 막심한 타격을 입었다. 나무가 없 으니 고기잡이할 카누도 만들 수 없었고, 토양이 비바람에 깎여나가 황폐해지면서 산사태가 일어나 마을이 파묻혔으며, 추운 겨울을 나 려니 그나마 남은 초목마저 긁어모아 불을 때야 했다.

상황이 악화되면서 날로 희소해지는 자원을 놓고 집단 간에 경쟁 이 거세졌다. 이는 비극적이면서도 묘하게 익숙한 수순으로 이어진 듯하다. 절박한 인간은 사회적 지위를 갈망하거나 사기 충천이 필요

아, 좋았던 환경이여

하거나 자신이 큰 실수를 하지 않았다는 위안이 필요할 때, 왕왕 그러는 습성이 있으니까. 즉, 그들은 하던 일을 계속했다. 오히려 더 강하게 밀어붙였다. 라파누이인들은 점점 더 큰 석상을 만드는 데 사활을 건 것으로 보인다. 왜 그랬느냐고? 그러게 말이다. 인간이란 해결이 난망해 보이는 문제에 부닥쳤을 때 원래 잘 그런다. 섬에서 최후로 제작된 석상은 아예 채석장 밖으로 나가지도 못했다. 다른 석상들도 놓일 자리까지 가다 말고 길가에 나뒹굴었다. 일이 갑자기 엎어진 것이다.

폴리네시아인들은 절대 필자나 독자보다 덜 똑똑한 사람들이 아니었다. 미개하지도 않았고 환경에 무지하지도 않았다. 혹시라도 '와, 환경이 파탄날 위기에 처한 사람들이 문제를 외면하고 문제의 발단이 된 일을 더 벌였다니, 바보 아냐?' 하고 생각하는 독자가 있다면…… 음, 주변을 좀 둘러보시죠? 실내 난방 온도 좀 적당히 맞추고 쓰레기 재활용도 좀 잘 하시고요.

『문명의 붕괴』에서 재러드 다이아몬드는 이런 질문을 던진다. "마지막 야자수를 벤 이스터섬 주민은 뭐라고 하면서 그 나무를 베었을까?" 정말 좋은 질문이 아닐 수 없다. 그리고 답하기 쉽지 않은 질문이다. 아마 "인생 뭐 있나!" 정도가 아니었을까.

하지만 더 좋은 질문은 마지막에서 두 번째 나무나 마지막에서 세 번째, 네 번째 나무를 벤 사람이 무슨 생각을 하면서 베었느냐가 아닐까? 우리 인류사 전반을 예리하게 통찰해볼 때, 그 정답은 '내 문제도 아닌데 뭐' 정도가 아닐까 추측해본다.

인간의 바보짓으로 영영 볼 수 없게 된 명소 Top 7

○

파르테논 신전

고대 그리스 건축의 정수. 1687년 오스만 제국이 베네치아와 전쟁 중에 화약 창고로 쓰다가 베네치아군이 제대로 한 발을 쏘는 통에 태반이 날아갔다.

○

아르테미스 신전

고대 세계 7대 불가사의 중 하나. 기원전 356년 헤로스트라투스라는 관심 종자가 사람들의 관심을 받으려고 불태워버렸다.

○

벙깍 호수

캄보디아의 수도 프놈펜의 가장 크고 아름다운 호수였으나, 모래로 메우고 그 위에 고급 아파트를 짓기로 결정했다. 현재는 그냥 물웅덩이가 됐다.

○

바미안 석불

아프가니스탄 중부에 보존되어 있던 높이 50미터가 넘는 웅장한 석불. 2001년 탈레반 정권이 '우상숭배'라는 이유로 박살내버렸다.

○

노물

중미 국가 벨리즈의 가장 중요한 마야 유적지로, 거대한 마야 피라미드가 자리하고 있었다. 2013년에 건설업자가 근처 도로 포장에

아, 좋았던 환경이여

쓸 자갈을 구해 가려고 피라미드를 부쉈다.

○

슬림스강

캐나다 유콘의 거대한 강이었는데 2017년 단 나흘 만에 완전히 사라졌다. 원인은 기후변화로 강의 젖줄이던 빙하가 녹아버렸기 때문.

○

테네레 나무

지구상에서 가장 고립된 장소에 서 있는 나무로 유명했다. 사하라 사막 한가운데 홀로 선 반경 400킬로미터 내의 유일한 나무였는데, 1973년에 술 취한 트럭 운전사가 용케 들이받아 쓰러뜨렸다.

생명은
살 길을
찾으리니

동식물을 제 뜻대로 통제할 수 있으리라는
인간의 과신은 번번이 큰 화를 초래했다.

인간은 수천 년 전 농경을 시작하면서 작물 재배 말고 또 다른 일에도 착수했다. 이로써 세상은 알 수 없는 묘한 방향으로 변해가게 되었으니, 바야흐로 인간이 가축을 기르기 시작한 것이다.

사실 인류 최초의 가축은 농경이 시작되기 수천 년 전에 이미 등장했다는 설이 유력하지만, 이는 계획적이라기보다 우연적 사건이었으리라 보인다. 그 주인공은 개로, 4만 년 전에서 1만 5천 년 전쯤 유럽, 시베리아, 인도, 중국 또는 기타 지역에서 가축화가 이루어진 듯 보인다(추측이 이렇게 두루뭉술한 이유는 개의 DNA가 좀 난장판이기 때문이며, 이는 같은 개이기만 하면 상대를 거의 가리지 않고 교미하는 개의 습성에서 연유한다). 그 계기는 어느 용감한 수렵꾼이 갑자기 "좋아, 늑대 한 마리를 친구로 삼아보자. 그럼 내 말을 아주 잘 들을 거야!" 하면서 나선 것일 수도 있겠지만, 그보다는 늑대가 스스로 길들여져 가축화되었을 가능성이 높다. 다시 말해 개의 기원에 관한 가장 그럴듯한 설은, 그냥 늑대가 사람들을 따라다니다가 개가 되었다는 것. 인간은 먹을 게 있었고 남은 음식을 자꾸 내버렸으므로 충분히 쫓아다닐 만했을 것이다. 세월이 흐르면서 그 늑대들은 인간과 함께 사는 생활에 점점 적응해갔다. 한편 인간도 자기를 잘 따르는 늑대가 곁에 있으면 꽤 쓸 만하다는 사실을 깨달았을 것이다. 위험으로부터 지켜주고 사냥도 해오는 데다, 털이 복슬복슬한 게 촉감도 좋았으니까.

그러다가 농사를 본격적으로 시작하고 나자, 인간은 식물뿐 아니라 동물도 비슷한 식으로 해볼 수 있지 않을까 하는 생각을 하게 되었다. 그러면 귀찮게 사냥하러 다닐 필요가 없을 테니까. 약 11,000년 전 메소포타미아에서 염소와 양이 가축화되었다. 그로부터 500년 후에는 오늘날의 터키 땅에서, 이어서 오늘날의 파키스탄 땅에서 소가 가축화되었다. 돼지도 약 9,000년 전 중국과 터키 두 곳에서 가축화되었다. 6,000~5,500년 전에는 유라시아 스텝 지대의 카자흐스탄 부근에서 말이 가축화되었다. 한편 페루에서는 약 7,000년 전 기니피그가 가축화되었다(이건 좀 덜 대단해 보이지만 그래도 멋지다).

가축을 키우면 좋은 점이 많다. 단백질 공급원을 확보하고, 털로 옷을 만들어 입고, 배설물은 거름으로 쓸 수 있었다. 물론 앞의 장에서 알아보았듯이 다 좋기만 한 건 아니었다. 좁은 공간에 가축을 몰아넣고 기르니 동물을 통해 인간이 병에 옮기 쉬웠다. 또 말과 소를 소유하기 시작하면서부터 부의 불평등이 생겨난 것으로 보이며, 말과 코끼리를 전투에 사용하면서 전쟁은 훨씬 더 치열해졌다.

그뿐이 아니다. 인간은 가축을 사육하면서 자신이 자연의 지배자

생명은 살 길을 찾으리니

이며, 동물이건 식물이건 자기 뜻대로 부릴 수 있다는 인식을 확실히 갖게 되었다. 지금부터 알아보겠지만, 동식물을 제 뜻대로 통제할 수 있으리라는 인간의 과신은 번번이 큰 화를 초래했다.

가령 1859년 오스트레일리아에 살면서 고향이 그리웠던 남자, 토머스 오스틴의 이야기를 해보자. 오스틴은 영국인으로, 10대 때부터 식민지 오스트레일리아에 이민 와 살았다. 이제 40대인 오스틴은 부유한 지주이자 목양업자로, 면적 120제곱킬로미터에 이르는 넓은 땅을 빅토리아 부근에 소유하고 있었다. 야외 스포츠 애호가였던 그는, 영국인들의 전통 스포츠를 자기 땅에 정성스레 재현해놓았다. 경주마를 키워 훈련시키고, 땅의 상당 면적을 야생동물의 보금자리이자 사냥터로 만들었다. 그의 사유지는 오스트레일리아 상류층 사이에서 워낙 명소가 되어 영국 에든버러 공작이 오스트레일리아를 방문할 때마다 꼬박꼬박 들르기도 했다. 훗날 오스틴이 사망했을 때 실린 부고 기사는 그를 이렇게 치켜세웠다. "그만큼 완벽히 옛날 영국 지방 유지답게 살았던 사람은 오스트레일리아에서도 영국에서도 찾아볼 수 없을 것이다."

그렇게 지구 반대쪽 나라 오스트레일리아에서 전통적 지방 유지의 삶을 살리라 결심했던 그는, 모든 수완을 동원해 그곳에 영국의 환경을 조금이나마 재현해놓으려 했다. 이것이 바로 그가 역대급 사고를 치게 된 계기였다.

오스틴은 영국의 고전적인 사냥감들을 좀 풀어놓으면 사냥이 훨씬 흥미로워지리라 생각했다(캥거루는 아마 성에 차지 않았던 모양이다). 그래서 조카에게 꿩, 자고새, 토끼, 지빠귀 등을 보내달라고 했다. 거기에 영국산 토끼 24마리를 받은 것이 화근이었다. "토끼 몇 마리 들여온다고 별 해가 될 리는 없고, 사냥감으로 유용할 뿐 아니라 고향의 향취를 조금이나마 느끼게 해줄 것"이라고 그는 말했다.

토끼가 사냥감으로 유용하리라는 판단은 옳았지만, "별 해가 될리 없다"는 것은 어마어마한 오판이었다.

오스트레일리아에 토끼를 들여온 것은 오스틴이 최초가 아니었지만, 대재앙을 낳은 주된 원인은 그가 들여온 토끼였다. 토끼의 특징은 엄청난 번식 속도다. 오스틴이 처음 토끼를 들여오고 두어 해 후인 1861년에 이미 사태는 심상치 않은 조짐을 보였으니, 오스틴은 한 편지에 "내게 영국산 야생 토끼가 수천 마리 있다"고 자랑을 늘어놓았다.

오스틴이 토끼를 들여오고 10년 후, 빅토리아에서는 매년 토끼 200만 마리를 쏘아죽였지만 토끼 수는 계속 늘기만 했다. 토끼 군단은 매년 약 130킬로미터를 이동하여 곧 빅토리아 전역에 퍼졌다. 1880년에는 뉴사우스웨일스(남동부)에 나타났고, 1886년에는 사우스오스트레일리아(남부)와 퀸즐랜드(북동부), 1890년에는 웨스턴오스트레일리아(서부), 1900년에는 노던테리토리(북부)에 출현했다.

1920년대에 오스트레일리아의 토끼 수는 100억 마리로 추산된다. 국토 1제곱킬로미터당 1천 마리가 넘는 토끼가 있었던 것. 오스트레일리아 땅은 말 그대로 토끼로 뒤덮였다.

토끼들은 번식만 문제가 아니라 먹어치우는 양이 어마어마했다. 온 나라의 초목을 싹쓸이하여 많은 식물이 멸종 위기에 내몰렸다. 먹이 경쟁이 치열해지면서 다른 동물마저 멸종 위기에 처했고, 흙을 붙들어주던 풀뿌리가 사라지면서 토양이 허물어졌다.

1880년대 말에는 누가 봐도 사태가 심각한 수준이었고, 당국은

생명은 살 길을 찾으리니

거의 자포자기한 상태였다. 무슨 조치를 취해도 토끼 수는 폭발적으로 증가했다. 뉴사우스웨일스 주정부는 「시드니 모닝 헤럴드」에 다소 절박해 보이는 광고를 냈는데, 그 내용은 '토끼를 효과적으로 박멸하는 아직 알려지지 않은 수단이나 방법을 제보하는 개인 또는 단체에 25,000파운드의 포상'을 약속하는 것이었다.

그 후로 수십 년간 오스트레일리아인들은 총을 쏘고, 덫을 놓고, 약을 치는 등 온갖 수단을 동원해 토끼를 잡았다. 토끼 굴을 불태우거나 훈증 소독하기도 하고, 족제비의 일종인 페럿을 굴속에 풀어 몰아내기도 했다. 1900년대에는 토끼가 웨스턴오스트레일리아 지역에 퍼지지 않도록 길이 약 1,500킬로미터가 넘는 울타리를 치기도 했다. 그러나 토끼는 땅굴을 파고 울타리를 타고 넘을 줄도 알았기에 소용이 없었다.

이 유명한 토끼 사태가 전하는 교훈을 인간은 너무나 뒤늦게야 깨달았다. 즉 생태계란 어마어마하게 복잡해 한번 건드리려면 단단히 각오해야 한다는 것. 동식물은 우리가 이곳에서 저곳으로 옮기고 싶다고 해서 마음대로 할 수 있는 존재가 아니다. 어느 위대한 철학자도 말하지 않았는가. "생명은 틀을 깨고 나가기 마련입니다. 영역을 넓혀나가고 장벽을 뚫고 나가죠. 고통을 무릅쓰고, 위험마저 무릅쓰면서요. 그런데…… 뭐 그렇다는 말입니다." 그래 맞다, 영화 〈쥬라기 공원〉에서 말콤 박사가 한 말이다. 이 사람, 위대한 철학자임이 틀림없다.

애당초 오스트레일리아에 토끼를 들여온 것도 대실수였지만 이를 바로잡기 위해 취한 대책 역시 대실패였다. 오스트레일리아 과학자들은 수십 년간 토끼를 생물무기로 퇴치하려고 시도했다. 이는 토끼에게 질병을 옮겨 절멸시킨다는 것으로, 가장 유명한 예는 1950년대의 점액종증 전염 시도다. 그 방법은 한동안 효과를 보아서 토끼 개체수가 급감하기도 했으나, 효과는 오래가지 않았다. 점액종증은 모기를 매개로 옮겨지는 바이러스 질환이기에 모기가 없는 지역에서는 효과가 없었고, 살아남은 토끼들이 병에 내성이 생기면서 토끼 개체수는 다시 늘기 시작했다.

그러나 과학자들은 굴하지 않고 생물무기 연구를 계속했다. 1990년대에는 토끼 출혈병 바이러스의 연구가 이루어졌다. 질병 실험이란 큰 위험이 따르기에 남해의 한 섬에서 진행했다. 실험 중에 바이러스가 통제를 벗어나 본토에 퍼지기라도 하면 큰일이니까. 그런데 왠지 느낌이 안 좋지 않은가?

그렇다. 1995년, 바이러스가 통제를 벗어나 본토에 퍼졌다. 역시 생명은 틀을 깨고 나갔으니, 이번에는 파리가 매개체가 되었다. 그러나 사고로 누출된 이 토끼 살상용 바이러스는 제 효과를 내는 듯했고, 과학자들은 안도의 미소를 지었다. 토끼 출혈병 바이러스가 실수로 확산된 후 20년에 걸쳐 사우스오스트레일리아의 토끼 개체수는 다시 줄어들었다. 초목은 복구되었으며, 멸종 직전에 몰렸던 여러 동물종의 개체수가 다시 급증했다. 토끼 출혈병 바이러스가 다른 부작용이 없기를 바랄 뿐이다.

오스트레일리아의 토끼 사태는 한 예일 뿐, 그 밖에도 동물이든 식물이든 원래 있던 곳에 두는 게 좋다는 교훈을 남긴 사례는 수없이 많다.

나일퍼치는 길이가 1.8미터에 이르는, 농어과의 먹성 좋은 포식성 물고기다. 이름에서 짐작되듯 본래 서식지는 나일강이다. 하지만 동아프리카를 식민 지배하던 영국인들은 야무진 꿈을 꾸었다. 나일퍼치를 아프리카에서 가장 큰 호수 빅토리아호에 풀어놓으면 아주 좋을 것 같았다. 빅토리아호는 이미 물고기가 풍부해 어부들이 더 바랄 게 없었지만, 그들은 이곳을 더 좋은 어장으로 만들 수 있다고 생각했다. 당시 빅토리아호에 가장 많이 살던 어종은 수백 종의 시클리드로, 아름다운 색깔 때문에 관상어로 많이 이용되는 물고기다. 그러나 영국의 식민 관료들은 시클리드를 '쓰레기 물고기'라 부르며 질색했다.

그리고 빅토리아호에 더 크고 멋진 물고기가 살면 훨씬 좋으리라 생각했다. 아주 훌륭한 어장이 될 듯했다. 많은 생물학자들이 그러면 안 된다고 경고했지만, 식민 당국은 아랑곳 않고 1954년에 나일퍼치를 빅토리아호에 풀었다. 그러자 나일퍼치는 나일퍼치답게, 호수의 물고기들을 깡그리 먹어치우기 시작했다.

훌륭한 어장을 만든다는 한 가지 목표는 이루었다. 어업이 활황을 이루었고, 나일퍼치는 상업적 어로와 취미 낚시의 대상으로 엄청난 인기를 누렸다. 그러나 어업 시장은 500퍼센트 성장해 수십만 명의 일자리를 만든 반면, 빅토리아호의 어종 수는 급감했다. 총 500종이 넘는 어류가 멸종했는데, 그중 200종 이상은 불쌍한 시클리드 종류였다.

인간의 통제를 벗어나 걷잡을 수 없이 퍼지는 것은 동물만이 아니다. 아시아에 흔한 덩굴식물인 칡은 1930년대에 미국에 널리 도입되었는데, 그 목적은 앞에서 우리가 이미 살펴본 문제, '더스트 볼'을 해결하기 위한 것이었다. 공무원들은 빠르게 자라는 칡이 토양을 지탱하여 유실을 막는 데 제격일 것이라고 보았다. 칡은 그 역할을 톡

특히 해냈다. 그러나 칡은 다른 풀과 나무를 뒤덮어 죽이는 재주도 엄청났다. 집이건 자동차건 닿는 것은 뭐든 뒤덮어버렸다. 칡은 미국 남부 전역에 확산되어 '남부를 집어삼킨 덩굴'로 불리게 되었다.

한편 칡도 좀 억울할 수 있는 게, 칡이 무슨 신화에 나오는 나무 괴물처럼 우악스럽게 퍼져나가는 것도 아니고, 최근 연구에 따르면 사람들 생각만큼 땅을 많이 차지하지도 않는다고 밝혀졌다. 어쨌거나 80년 전에는 미국 땅에 없었던 칡이 이제는 어마어마하게 많아진 것은 사실이며, 미국 정부는 여전히 칡을 '유해 잡초'로 지정하고 있다.

하지만 이제는 우리가 칡에게 좀 미안해야 할지도 모르겠다. 침입종으로 구박받던 칡이 이제 또 다른 침입종에게 당하고 있기 때문이다. 2009년 무렵 일본칡벌레라는 노린잿과의 벌레가 태평양을 용케 건너와 애틀랜타에 상륙했다. 그때 이 벌레는 미국 땅이 칡 천지인 것을 보고 얼마나 반가웠을까. 일본칡벌레는 3년 만에 칡의 약 3분의 1을 먹어치웠다. 칡이 줄어들면 잘된 것 아닌가? 그렇게 간단한 문제가 아니었다. 칡벌레는 콩도 갉아먹는데, 칡벌레가 퍼져나간 지역은 콩 농사가 주요 수입원인 곳이 많았다. 이렇게 한 가지 문제가 우연히 해결되고 나면 그 해결책이 더 큰 문제가 되는 경우가 종종 있다.

인간은 엉뚱한 곳에 새로운 종을 도입하려는 버릇을 버리지 못한다. 심지어 세상에 없던 종을 새로 만들기도 한다. 그 한 예로 1956년, 브라질 과학자 워릭 이스테방 커Warwick Estevam Ker는 탄자니아에서 아프리카 여왕벌을 들여와 유럽 벌들과의 이종교배를 시도했다. 두 벌의 형질을 합치면 브라질 환경에 더 적합한 벌이 탄생

생명은 살 길을 찾으리니

하리라는 기대에서였다.

아니나 다를까 교배 실험을 1년쯤 진행하다가 일이 터지고 말았다. 상파울루 남쪽 근교 히우클라루에 위치한 커의 실험실에서 일하던 양봉 기술자가 어느 날 사고를 쳤다. 탄자니아산 여왕벌 26마리가 탈출했고, 바로 뒤이어 여왕벌을 따르는 유럽산 벌 떼도 탈출해 브라질 도처에 집을 지었다. 여왕벌들은 만나는 수벌마다 족족 짝을 지어 변종을 낳았다. 이른바 '아프리카화'된 이 벌들은 급속히 확산되어 결국 남미, 중미에 이어 미국까지 점령했다. 이 벌들은 기존의 벌보다 몸집이 작고 독도 적었지만, 벌집을 훨씬 더 극성스럽게 방어하는 습성이 있었다. 그래서 잘못 건드리면 기존의 벌보다 최고 10배 많은 침 세례로 응수했다. 그 침 공격에 1,000명에 이르는 사망자가 발생했고, 이 벌들은 급기야 '살인벌'로 불리게 되었다. 벌들 입장에서는 좀 억울할지도 모른다. 자기들은 집을 지키려 한 것뿐인데 살인벌이라니……

인간의 생태계 복잡성에 대한 무지, 그리고 자연의 미묘한 평형을 훼손해 큰코다치는 버릇은 다음 두 사례를 보면 더 잘 알 수 있다. 멀리 떨어진 두 나라에서 수십 년의 시차를 두고 광적인 독재자와 별난 문학 애호가가 서로 정반대의 실수를 하여 각각 엄청난 사태를 초래한 사건이다. 두 사람의 실수는 같은 원인으로 묶을 수 있다. 새의 위력을 과소평가한 것.

참새 소탕 작전

마오쩌둥이 주도한 '제사해 운동除四害運動'은 성공했지만 역사상 최악의 피해를 낳은 공공보건 정책으로 꼽을 만하다. 제사해 운동은 네 가지 유해 동물을 박멸하는 운동으로, 범국민적 협동으로 애초 목표를 엄청나게 초과 달성했다. 그리고 적어도 네 목표 중 두 목표 는 전 국민의 건강 개선에 크게 공헌했다. 넷 중 둘이 성공이라니 꽤 괜찮은 것 아닌가 싶을지 모르겠다.

문제는 그중 네 번째 목표가 수천만 명의 사망자를 낳았다는 것 이다. 이번에도 원인은 생태계의 복잡성과 예측 불가능성을 깨닫지 못 한 데 있었다. 인간은 '가만 있자, 여기는 한 종을 새로 도입하고, 저 기는 두어 종을 제거하면 좋겠군' 하는 식의 생각을 자꾸 한다. 그럼 모든 게 더 좋아지겠지 하면서. 그렇게 하다 보면 '의도치 않은 결과' 가 일어나고, '연쇄 반응'과 '연계 고장'이란 단짝 친구들이 자동으로 따라오면서 사태는 걷잡을 수 없이 확산된다.

1949년 말, 마오쩌둥이 이끄는 공산당이 집권했을 당시, 중국은 보건 문제가 심각했다. 콜레라, 흑사병, 말라리아 등 전염병이 창궐 했다. 봉건시대를 벗어난 지 이제 수십 년밖에 안 된 농업 국가를 현 대적 산업 강국으로 탈바꿈한다는 마오쩌둥의 목표를 이루려면 뭔 가 조치를 취해야 했다.

그중에는 당연하고 적절한 조치들도 있었다. 전 국민 예방접종, 위생 개선이 그랬다. 문제는 마오쩌둥이 국난의 책임을 동물들에게 돌리면서 시작됐다.

모기는 말라리아를 퍼뜨리고 쥐는 흑사병을 퍼뜨린다는 데는 이 론의 여지가 없었다. 그래서 모기와 쥐를 잡는 범국민적 운동을 기 획했다. 그런데 마오는 거기서 그치지 않았다. 제사해 운동이 아니라 제이해 운동이었으면 딱 좋았을 듯한데, 거기에 두 동물을 더 추가한 것이다(전문가들 의견은 묻지도 않고). 마오쩌둥은 파리도 성가신 놈들이므로 박멸해야 한다고 했다. 네 번째 유해 동물은? 참새였다.

참새는 곡식을 쪼아 먹으니 나쁜 놈이었다. 1년에 참새 한 마리가 먹어치우는 곡식의 양이 4.5킬로그램에 달했다. 인민을 먹여 살릴 소중한 곡식이 그만큼 사라지는 것이다. 참새 100만 마리를 잡으면 인구 6만 명을 더 먹여 살릴 수 있다는 계산이 나왔다. 아무도 부정할 수 없는 논리였다.

제사해 운동은 1958년에 출범했고, 엄청난 기세로 진행되었다. 전국에 벽보가 붙어 남녀노소 누구나 의무적으로 유해 동물을 최대한 많이 잡도록 독려했다. "새는 자본주의의 대표 동물"이라고 했다. 사람들은 파리채에서 소총까지 다양한 무기를 들고 소탕에 나섰고, 학교에서는 아이들에게 참새를 새총으로 쏘는 훈련을 시켰다. 주민들은 거리로 몰려나와 깃발을 흔들며 원수 같은 참새와 치열한 전쟁을 벌였다. 둥지를 부수고 알을 깨기도 하고, 냄비와 솥을 연신 두드려 나무에 내려앉지 못하게 하기도 했다. 그러면 참새는 날다 지친 나머지 떨어져 죽곤 했다. 상하이에서 운동 개시 첫날에 잡힌 참새가 20만 마리에 달한다고 추산된다. 「인민일보」에는 이런 글귀가 실렸다. "승전의 그날까지 그 어느 전사도 물러나서는 안 될 것이다."

전쟁은 승리로 끝났다. 적어도 내건 목표를 완수했다는 점에서는 그랬다. 인간 대 유해 동물의 싸움에서 인간이 압승을 거둔 것이다. 제사해 운동의 결과로 쥐 15억 마리, 모기 1,100만 킬로그램, 파리 1억 킬로그램, 참새 10억 마리가 소탕된 것으로 추산한다.

그러나 뭔가가 잘못되었음이 곧 드러났다. 그 10억 마리의 참새들이 곡식만 훔쳐 먹었던 게 아니었다. 참새들은 해충도 잡아먹었다. 특히 메뚜기가 참새의 밥이었다.

10억 마리의 천적이 갑자기 사라지자 중국의 메뚜기들은 매일매일이 잔칫날이었다. 여기저기서 곡식을 조금씩 쪼아 먹는 참새와 달리 메뚜기 떼는 거대한 공포의 구름을 이루어 중국의 논밭을 통째로 싹쓸이했다. 1959년 마침내 전문가(참새 소탕 작전은 위험하다고 일찍이 경고했던 조류학자 정줘신)의 의견이 받아들여졌고, 공식 유해 동물 명단에서 참새가 빠지고 대신 빈대가 들어갔다. 그러나 때는 이미 늦었으니, 참새 10억 마리를 박멸하고 나서 '어, 이게 아니네, 취소' 하고 다시 되돌릴 수는 없었다.

물론 1959년에서 1962년까지 중국을 덮친 대기근은 참새 소탕뿐 아니라 여러 잘못된 결정이 동시다발적으로 이루어진 게 원인이었다. 당의 주도에 따른 전통적 자급 농업에서 고부가가치 상품작물 재배로의 전환, 소련 생물학자 트로핌 리센코의 유사 과학 이론에 기반한 파괴적 농경 기법 도입, 농산물을 몰수해 지역사회 내에서의 소비를 막은 중앙정부의 정책 등이 모두 제각기 몫을 했다. 게다가 고위직이든 하위직이든 우수한 실적을 보고한 공무원들에게 포상이 주어지다 보니 국가 지도자들은 모든 게 잘되고 있고 식량 수급이 넉넉하다는 착각에 빠져 있었다. 그래서 홍수와 가뭄 등 기상 악조건이 몇 년간 이어지던 끝에 별안간 식량 비축분이 바닥나고 만 것이다.

그러나 참새 박멸과 그로 인한 메뚜기 떼의 창궐이 대재앙을 낳은 주요 원인이었음은 분명하다. 당시 대기근으로 인한 사망자 수는 적게는 1,500만 명에서 많게는 3,000만 명으로 추산된다. 무려

생명은 살 길을 찾으리니

1,500만 명의 인간이 죽었는지 안 죽었는지조차 확실치 않다니 더 오싹해질 따름이다.

이 참사가 남긴 교훈은 자명하다. 뒷일을 아주 확실하게 장담할 수 없다면 자연을 함부로 건드리지 말고, 장담할 수 있어도 웬만하면 건드리지 말자. 앞으로라도 명심하면 좋겠지만…… 그럴 것 같지 않다. 2004년, 중국 정부는 사스SARS 바이러스 확산을 막고자 사향고양이에서 오소리까지 각종 포유동물을 집단 살처분하라고 명령했다. 역시 인간은 과거의 실수로부터 배우는 능력이 모자라는 것일까.

공원의 셰익스피어

유진 시펠린이란 사람도 마오쩌둥과 비슷한 실수를 저질렀는데, 다만 그 방향이 반대였다. 그리고 마오쩌둥의 경우는 공공보건이라는 목표와 독재자의 명령이 맞물려 빚어진 실수였다면, 시펠린의 경우는 그저 엉뚱한 발상이 빚어낸 실수였다. 인간이 초래한 자연재해라 해야 할 시펠린의 생태계 파괴는 오늘날까지도 이어지고 있다.

1890년, 어느 쌀쌀했던 이른 봄날 그가 저지른 행위로 인해 각종 질병이 퍼졌고, 매년 수억 달러 규모의 농작물 피해가 지금도 일어나고 있으며, 비행기 사고로 62명이 목숨을 잃었다. 그저 셰익스피어에 대한 팬심을 과시하려던 것치고는 피해가 막심했다.

시펠린은 뉴욕시에 사는 부유한 제약업자였다. 직업부터가 큰 사고를 칠 가능성이 높은 분야였지만, 문제는 그의 직업이 아닌 취미 활동이었다. 그는 당시 유행하던 두 가지 풍조에 열렬히 빠져 있었으니, 셰익스피어 작품에 대한 절대적 추앙과 외래 동식물 도입이었다.

그 무렵 서구 문화권에서는 셰익스피어 부흥 운동이 한창이었고, 셰익스피어는 대중문화계에서 지금으로 말하면 비욘세급의 인기를 구가하고 있었다. 한편 프랑스의 어떤 이론에 기반을 둔 '순화협회馴化協會, acclimatization society'라는 단체가 서구권에 확산되기 시작했다. 이 단체는 부유한 이들이 좋은 일을 하기 위해 자발적으로 꾸린 모임으로, 외래 동식물종을 자국에 도입하는 게 목적이었다(당시는 그게 큰 참사를 낳을 수 있다는 인식이 없었다).

시펠린의 실수는 그가 뉴욕에 본부를 둔 미국순화협회의 회장이었고, 셰익스피어라면 자다가도 번쩍 깰 정도로 좋아했다는 두 사실에서 비롯되었다. 그는 발랄하면서 엉뚱한 계획을 생각해냈다. '영문학사 최고의 시인인 셰익스피어를 기리려면, 그의 작품에 언급된 모든 새를 미국에 데려다놓는 것보다 더 좋은 방법이 있을까!' 미국순화협회는 작업에 착수했다.

처음엔 몇 차례 실패에 봉착했다. 종달새, 멋쟁이새, 노래지빠귀 등이 낯선 환경에 정착하지 못하고 몇 년 만에 모두 죽고 말았다. 하지만 이에 굴하지 않고 1890년 3월 6일, 유진 시펠린은 일꾼들을 대동하고 센트럴파크에 서서, 유럽찌르레기 총 60마리가 든 새장의 문을 열었다.

물론 셰익스피어를 탓할 일은 아니지만, 셰익스피어가 『헨리 4세』 제1부 1막 3장에서 조금만 다른 수사를 썼더라도 사태의 양상은 완전히 달랐을 것이다.

생명은 살 길을 찾으리니

아니,

그보다 찌르레기 한 마리에게 말을 가르쳐

'모티머' 한마디만 하게 만든 다음 그에게 주리라.

그의 화를 계속 돋울 수 있도록.

셰익스피어가 찌르레기를 언급한 것은 딱 이 대목뿐이다. 그 외 어떤 작품의 어떤 곳에도, 찌르레기는 코빼기도 나오지 않는다. 하지만 그 한 번의 언급도 우리의 유진 시펠린에게는 소중했나 보다.

첫 60마리의 찌르레기를 방사한 이듬해인 1891년, 시펠린은 40마리를 더 방사했다. 미국 땅에 처음으로 풀린 찌르레기들은 처음엔 싹수가 좋아 보이지 않았다. 뉴욕의 혹독한 겨울을 몇 해 겪고 나니 100마리 중 32마리만 남았다. 찌르레기도 이전 선배들의 불행한 전철을 밟을 듯했다. 그러나 찌르레기는 억척스럽고 적응력이 뛰어난 새다. 낯선 환경에 어떻게든 적응하고 깡패짓으로 살아남는 재주가 있다. 아이러니하게도 찌르레기 몇 마리의 무리가 비바람을 피해 지낸 곳은 미국 자연사 박물관 처마 밑이었으니, 미국 자연사를 보존하려고 지은 건물이 본의 아니게 미국 자연사를 뒤흔드는 데 기여하게 된 셈이다. 그 찌르레기 무리는 수가 점점 늘더니, 계속 늘고, 또 늘었다.

1890년대 말에 찌르레기는 이미 뉴욕시에 널린 새가 되었다. 1920년대에는 이미 미국 땅 절반에 퍼져나갔다. 1950년대에는 캘리포니아에도 출현했다. 오늘날 북미 대륙 전역에는 2억 마리의 찌르레기가 살고 있다. 멕시코에서 알래스카까지 어디서나 이 지겨운 새를 흔하게 볼 수 있다.

찌르레기는「뉴욕 타임스」에 따르면 "북미에서 경제적으로 피해가 크고 해롭기로 으뜸인 새"이고,「워싱턴 포스트」에 따르면 "북미에서 가장 미움받는 새라 해도 과언이 아니다". 찌르레기는 최대 100만 마리에 이르는 거대한 무리를 지어 이동하면서, 밀밭이든 감자밭이든 다 싹쓸이하고 곡물 창고를 거덜내는 등 어마어마한 농작물 피해를 일으킨다. 난폭한 습성으로 토착종 새들을 둥지에서 몰아내는가 하면, 진균 감염에서 살모넬라까지 각종 질병을 인간과 가축에 모두 퍼뜨린다. 온 천지에 똥을 싸대는 데다가 그 냄새도 고약하다.

워낙 크게 떼를 지어 날아다니니 항공 교통에도 위험을 초래한다. 1960년 보스턴에서는 약 1만 마리의 찌르레기 떼가 로건 공항에서 이륙하는 비행기에 날아 들어가 엔진을 고장내고 비행기를 추락시켰다. 이 사고로 탑승객 72명 중 62명이 사망했다.

찌르레기는 유해 동물이자 건강에 해를 끼치고 북미 농업에 막대한 경제적 피해를 입히고 있다. 북미 대륙은 애당초 찌르레기가 살지도 않던 곳이니, 이게 다 어느 사람 좋은 중상류층 사업가가 취미에 너무 몰두했기 때문이다. 그 취미가 조깅이나 수제 맥주 만들기나 수채화 그리기였으면 얼마나 좋았을까.

그래도 좋은 점을 찾자면, 해충은 찌르레기 덕분에 좀 줄지 않았을까?

생명은 살 길을 찾으리니

인간이 엉뚱한 곳에 풀어놓은 그 밖의 동물 Top 5

○

고양이

고양이를 누가 싫어하느냐고? 뉴질랜드에서 고양이는 천덕꾸러기다. 뉴질랜드에는 포식성 포유동물이 없었던지라, 고양이를 들여온 후 토착 동물들은 큰 위험에 처했다. 특히 날지 못하는 통통한 앵무새 카카포는 심각한 멸종 위기다.

○

사탕수수두꺼비

남미 토착종인 사탕수수두꺼비는 누군가가 토끼처럼 좋은 의도로 오스트레일리아에 들여왔다. 목표는 사탕수수딱정벌레라는 해충을 박멸하는 것. 그런데 웬걸, 잡아먹으라는 사탕수수딱정벌레는 안 잡아먹고 나머지 온갖 것을 싸그리 다 잡아먹었다.

○

동부회색청서

미국에 서식하던 동부회색청서를 영국과 아일랜드에 들여오자, 녀석이 곧바로 대장 노릇을 하며 토착종인 붉은청서를 못살게 구는 바람에 붉은청서는 멸종 위기다.

○

흰줄숲모기

유난히 성가신 데다가 질병을 퍼뜨리기도 하는 모기(여느 모기와 달리 밤낮을 가리지 않고 피를 빤다)로, 대륙을 이동한 방식이 특이하다. 1985년 배에 실린 폐타이어에 몸을 싣고 일본에서 미국으로 왔다.

○

가물치

먹성 좋은 육식성 물고기로, 땅을 기어다니기도 하고 물 밖에서도
며칠간 살 수 있다. 아무리 아시아 물고기를 미국에 들여오고 싶었
어도 왜 꼭 이런 괴물을…… 탈이 날 게 안 봐도 뻔하다.

생명은 살 길을 찾으리니

지도자를
따르라

나서서 남에게 명령하길 좋아하는 사람은
어디에나 있었다.
그게 언제부터 취미를 넘어 직업이 되었는지는 모르겠지만.

○

마을이 읍이 되고 읍이 도시가 되면서 인간 사회는 점점 더 복잡해졌고, 그 과정에서 한 가지 문제가 생겼다. 바로 많은 인원이 복잡한 일을 수행하려고 할 때 필연적으로 대두되는 문제로, 문명의 발생도, 저녁 회식 장소의 결정도, 이 문제를 피할 수는 없다. 누군가 결정할 사람이 있어야 한다는 것.

인간 사회에서 위계라는 게 처음 어떻게 생겨났는지는 알 수 없다. 인간의 본성이 본성이니만큼, 아마 나서서 남에게 명령하길 좋아하는 사람은 항상 있었을 것이다. 하지만 언제부터 그 일이 취미를 넘어 직업이 되었는지는 불분명하다.

다만 앞서 말했듯, 인간이 농경을 시작한 지 얼마 안 되어 불평등이라는 걸 발명해냈음은 분명하다. 재주도 참 좋다. 그런데 그걸 어떻게 알 수 있느냐, 바로 초기 정착 사회의 집 크기를 보면 알 수 있다. 처음엔 집 크기에 큰 차이가 없어서, 거의 평등한 사회였다고 볼 수 있다. 그러나 농경이 시작된 후 수천 년에 걸쳐 서서히 특권층이 등장한다. 이들은 남들보다 집이 훨씬 크고 멋졌다. 아메리카 대륙에서는 이러한 불평등이 점점 확대되다가 농경 시작 2,500년 후쯤 최고조에 이른 뒤로 그대로 유지된 듯하다. 그러나 구대륙(유럽, 아시아, 아프리카)에서는 불평등이 끝없이 확대되었다. 왜 그런 차이가 있었을까? 한 가지 설은 구대륙에는 말, 소와 같은 사역 동물이 있었기 때문이라는 것. 동물을 운반과 경작에 씀으로써 사유재산을 더 쉽게 형성하여 자손에게 물려줄 수 있었다는 이야기다. 어쨌든 그렇게 하여 상위 1퍼센트가 탄생했다.

그러다가 어느 시점에서 이 특권자들은 그저 남들보다 조금 더 잘사는 것에 그치지 않고 남들을 통치하기에 이른다. 초기 도시국가에서 통치자라 할 만한 사람은 영적 지도자나 종교적 지도자 정도였다. 그런데 약 5,000년 전, 이집트와 수메르에서 뭔가 새로운 방식이 등장했으니, 그것은 곧 인류가 가장 애호하는 통치 형태, 전제군주제였다. 수메르의 유물 중에는 친절하게도 역대 왕들(여왕 1명 포함)을 모두 재위 순서대로 기록한 석판이 있다. 그들은 인류 역사상 최초의 왕들이라고 볼 수 있다. 하지만 이 석판의 기록은 허풍이 심해, 첫 번째 왕인 알룰림은 자그마치 28,800년간 재위한 것으로 되어 있다. 그 말대로면 아직도 22,000년은 더 재위해야 한다는 것이니, 믿어주고 싶어도 믿기가 어렵다.

인류는 도대체 왜 딱 한 사람을 우두머리로 삼아 모든 결정 권한을 몰아주는 방식을 좋아할까? 사실 선택의 여지가 없었는지도 모른다. 처음 통치자가 된 이들은 무력이나 다양한 형태의 강압으로 그 자리를 차지했을 테니까. 혹은 전쟁과 관련이 있는지도 모른다.

지도자를 따르라

이집트의 파라오 왕조는 이집트의 무력 통일과 함께 출범하고, 수메르의 왕은 도시국가 간 분쟁이 고조되던 시기에 처음 등장한다. 수메르 왕조는 수백 년 정도 이어지다가 기원전 2334년에 이웃 나라의 사르곤 왕에게 정복당하고, 사르곤 왕은 세계 최초의 제국을 세우기에 이른다. 멕시코의 오아하카 골짜기에 그 역사의 흔적이 잘 남아 있다. '산 호세 모고테'라 불리는 마을은 약 3,600년 전 농경이 시작될 무렵 생겨났는데 처음엔 조그만 마을이었고 위계가 없는 평등한 사회였다. 그 후 약 1,000년 동안 이웃 마을들과의 사소한 싸움이 점점 치열해지고 부와 불평등이 확대되다가 약 2,400년 전 산 호세 모고테는 족장 통치 사회로 바뀌기에 이른다. 이 무렵 오아하카 골짜기는 전쟁의 혼란에 빠지고, 산 호세 모고테 주민들은 산 위로 터전을 옮겨 방벽을 짓는다.

'지도자가 먼저냐 전쟁이 먼저냐'는 닭과 달걀의 문제와 비슷하지만, 어쨌든 그 둘이 항상 함께 등장하는 것만은 틀림없어 보인다. 그리고 일반 주민들이 '그런 것 다 싫고 조그맣고 평등한 마을에서 계속 살고 싶다'고 해도 그럴 수 있는 선택권이 있는 것은 아니다. 전쟁에 관심 많은 독자들은 뒤에 전쟁 이야기가 나오니 기대하시고, 일단 여기서는 지도자 이야기를 해보자.

천만다행히 우리는 그래도 개화된 시대에 살고 있다. 하지만 역사상 나라의 지도자 노릇을 했던 이들의 면면을 보면 그럴 만한 자질이 없는 경우가 더러 눈에 띈다. 그런데 생각해보면 그럴 수밖에 없다. 나라를 다스리고 싶어 한다는 것부터가 일단 사람이 좀 이상한 것 아니겠는가. 평범한 사람은 아침에 무슨 양말을 신을지도 정하기 어려운데, 온 나라 백성이 신을 양말을 정해주고 싶어 하는 그 마음은 도대체 뭘까?

물론 지도자도 유형이 다양하고, 나라의 지도자가 되는 방법도 다양하다. 절대 권력만 해도 종류가 많다. 세습 왕조가 있고, 왕권신수설에 따른 통치도 있고, 무력으로 정권을 뺏은 경우가 있는가 하면, 각종 독재자도 있다. 아, 물론 민주적 선거라는 것도 있다. 민주주의의 흑역사는 다음 장에서 살펴보기로 하고, 이 장에서는 역사상 최고로 무능했거나 끔찍했거나 아니면 그냥 황당했던 절대 권력자들을 몇 명 살펴보자.

첫 주인공은 중국 최초의 황제 진시황제다. 탁월한 선견을 갖추고 잔학하면서 확실하게 매사를 밀어붙여 인류사에 큰 영향을 미친 인물이다. 그러나 딱하게도 망상과 과욕으로 말미암아 고전적인 악당의 최후를 맞은 인물이기도 하다.

진시황은 전국시대 일곱 왕국을 한 나라로 통일하는 위업을 이루었으니, 그 탁월한 외교술의 비결은 모든 나라를 싸그리 정복해버리는 것. 이런 일은 역사상 최초였으니, 이때가 기원전 222년 로마가 이제 겨우 이탈리아 반도를 넘어 영토를 넓히고 제국을 건설할 궁리를 하고 있을 때였다. 진시황은 이 무렵 중국이라는 방대한 제국을 세워 로마 제국보다 훨씬 오래 지속될 긴 역사의 서막을 연 것이다.

그뿐 아니라 진시황은 일련의 개혁을 시행하여 현대적 국가 체제의 기틀을 마련한다. 제후들의 세력을 축소하고 중앙집권 관료제를 확립했으며 화폐, 서체, 도량형을 통일했다. 또한 방대한 도로망과 기초적 우편제도 등 정보와 물자의 원활한 교류를 위한 인프라를 구축했다. 만리장성 축조를 시작한 것도 그였다.

그럼 잘못한 게 뭐였을까? 진시황은 이 모든 일을 추진하는 과정에서 반대하는 목소리를 철저히 짓눌렀다. 통치 이념에 반하는 사상을 탄압하고, 반대자들을 처형하고, 농민들을 토목공사에 강제 동원해 노비처럼 부렸다. 여기까지는 인류사에서 벌어진 여러 일들을 생각할 때 그리 놀랄 일이 아닌지도 모른다.

그러나 좀 더 놀라운 일은 따로 있으니, 그것은 진시황이 그 모든 역대급 권력과 광대한 연락망을 동원해 벌인 개인 사업이다. 이른바 '불로초' 찾기 대작전.

야심 많은 진시황은 불로불사에 집착했고, 막강한 황제로서의 위세를 총동원하면 영생의 비밀을 손에 쥘 수 있으리라 굳게 믿었다. 그는 전국에 수배령을 내리고 의사, 군인, 상인 등 온갖 심부름꾼을 동원해 방방곡곡 외딴 벽지까지 불로초를 찾아나섰다. 이 개인 사업은 중대한 국가 시책과 다름없이 추진되었다. 전국 각지에서 황궁에 정기적으로 경과 보고를 올리게 했고, 약초와 영약을 채취해 황제가 친히 검사할 수 있도록 올려보냈다. 이를 위해 전국의 의원들을 모두 국가에 등록시켰다. 어찌 보면 중앙화된 보건 제도의 출발이었다고 볼 수도 있다. 하지만 그 결과는 어찌 보면 실패였다.

어떻게 된 일이었을까? 그가 몸소 검사한 영약의 상당수에는 수은이 들어 있었던 것으로 보인다. 그에 따른 건강 악화로 죽고 만 것이다(그리고 죽기 전 수은중독으로 정신이상을 일으켰을 가능성도 높다. 막강한 권세와 위세를 떨친 절대 권력자에게 역시 걸맞는 최후랄까).

진시황의 사망 무렵 민심은 이미 완전히 돌아섰기에 온 나라가 곧바로 반란에 휩싸였고, 얼마 후 그의 후계자도 축출되고 만다. 그가 세운 나라 중국은 오늘날까지 세계적 강국으로 알려져 있지만, 그의 왕조는 오래 이어지지 못했다.

불로불사의 영약도 찾지 못했음은 물론이다.

그럼 이번엔 같은 중국에서 17세기 정도 뒤인 1505년, 명나라 정덕제의 이야기를 해보자. 정신연령이 떼쓰는 아이 수준인 사람에게 나라를 맡기면 안 되는 이유를 알아보는 첫 사례로 좋을 듯하다.

황제가 국정에는 전혀 취미가 없고 호랑이 사냥이나 어마어마하게 많은 후궁들과 잠자리를 하는 일에만 관심이 있었던 사실은 일단 제쳐두기로 하자. 이상적인 황제라고는 할 수 없지만, 그런 황제도 있는 걸 어쩌겠는가.

그보다 더 기이한 행동은 자신의 '분신'을 창조해 일인이역 놀이에 빠진 것. 그 분신은 주수라는 용맹한 장수였다. 정덕제는 이 주수에게 북방에 출격해 전투를 수행할 것을 명했고, 그러고는 자기가 주수가 되어 황제의 명을 충실히 따랐다. 주수가 싸우러 나가면 우연의 일치인지 황제는 여러 달 동안 자리를 비우곤 했다.

정말 기이하다고밖에 할 말이 없다.

그러나 기이하기로 치면 그건 약과였다. 그는 궁궐 마당에 시장을 실제와 똑같이 차려놓게 하고는, 재상과 장군들에게 모두 상인 복장을 하게 했다. 그리고 자신은 평민 복장을 하고 시장을 돌아다니며 물건을 사는 놀이를 했다. 신하들로서는 이 무슨 헛짓거리이고 굴욕인가 싶었지만, 조금이라도 뚱한 표정을 짓다가 황제에게 걸리면 파직되는 것은 물론 더 험한 꼴도 당했다.

그런가 하면 등불 축제를 앞두고 엄청난 양의 화약을 궁궐 안에 쌓아놓으라고 한 일이 있었다. 그런데 화약이 폭발해서…… 그다음은 생략한다(그는 화재에서 목숨을 건졌지만, 뱃놀이하다 물에 빠져 얻은 병으로 29세에 사망했다).

지도자를 따르라

세습 제도의 한 가지 문제는, 통치라면 질색하는 사람이 통치자 자리에 앉게 되는 일이 허다하다는 것이다. 정덕제도 그런 경우였지만 바이에른 왕국의 국왕 루트비히 2세도 마찬가지였다. 그러나 '광인왕 루트비히'는 그런 부류의 통치자치고는 별 폐해를 끼치지 않았다. 그저 국정에 조금도 관심이 없었을 뿐이다. 그의 관심사는 오로지 주변을 엄청나게 멋지게 꾸미는 일이었다.

　역사 속 왕들의 정신이상 사례를 읽다 보면, '미치광이 왕'으로 꼽히는 이들에게 뭔가 공통점이 있다는 생각을 하지 않을 수 없다. 다시 말해, 역사가들은 '광기'나 '기벽'이라는 개념을 '동성애 성향'을 가리키는 암호처럼 쓰고 있지 않나 하는 생각이 든다. 가령 스웨덴의 크리스티나 여왕이 대표적인 경우다. 그녀는 결혼을 거부하고, 남장을 선호하며 머리를 잘 빗지 않는가 하면, 심상치 않은 동성 친구가 있었다. 결혼 압박에 시달리다가 결국 왕위를 버리고 남장 차림으로 스웨덴을 떠나 로마에 가서 살았다. 로마에 입성할 때 아마존 여전사 복장으로 말을 타고 갔다고 전해진다.

　물론 역사적 인물의 실제 성적 지향에 대해선 그저 추측만 가능하다(그리고 서구 사회에서 동성애자라는 성 정체성의 인식이 명확히 자리 잡은 것도 150년 정도밖에 안 되었음을 상기할 필요가 있다). 그럼에도 루트비히 2세는 그냥 확실히 동성애자였다고 결론지어도 큰 무리가 아닐 듯하다.

　루트비히는 정치나 군사 문제에는 털끝만큼도 관심이 없는, 수줍음 많고 창의적인 몽상가였다. 1864년, 비교적 어린 19세의 나이에 왕위에 오른 그는, 공적인 자리에 얼굴을 비치지 않고 재위 기간 내내 예술 후원에 힘썼다. 그런데 또 그 방면에 재주가 꽤 좋았다.

극예술에 재원을 쏟아부어 일류 배우들을 발굴하고 뮌헨을 유럽의 문화 중심지로 만들었고, 작곡가 바그너의 열렬한 팬으로서 물심양면으로 개인적 지원을 아끼지 않았다. 그 덕분에 사람들에게 재수 없다며 추방당할 뻔했던 바그너는 말년에 명곡들을 써낼 수 있었다. 그러나 뭐니 뭐니 해도 루트비히의 업적이라면 성城이다.

루트비히는 바이에른 왕국 곳곳에 동화처럼 아름다운 성을 짓고자 했다. 그는 건축가 대신 무대 미술가들에게 설계를 맡기고 거금을 쏟아부어 점점 더 화려하고 대담한 왕궁들을 차례로 지어나갔다. 린데르호프 성, 헤렌킴제 성, 노이슈반슈타인 성이 모두 그의 작품이었다. 특히 그가 어릴 적 살던 고향 부근, 알프스 산맥의 험준한 절벽 위에 솟아 있는 노이슈반슈타인 성은 그림 같은 절경을 자랑한다.

바이에른의 재상과 고관들은 골치가 이만저만 아픈 게 아니었다. 루트비히가 국왕으로서의 의무를 딱히 소홀히 한 것은 아니었다. 업무를 얼른 끝내고 좋아하는 취미 생활로 돌아가려고 서류 처리를 늘 서두르곤 했다. 그러나 예술 사업에 돈을 쓰느라 막대한 부채를 졌고, 공공 석상에 나가는 것을 질색했으며, 군사 문제라면 기병대의 훈남들에게나 좀 관심이 있는 정도였던 것 같다.

그리고 후계자 문제도 있었다. 여느 왕처럼 루트비히도 결혼하여 후사를 보라는 압박에 시달렸다. 결국 자기처럼 바그너 애호가인 여공작과 약혼했지만, 결혼 날짜가 다가올 때마다 계속 연기를 거듭하다가 결국 파혼하고 말았다. 그 뒤로 다시는 결혼할 생각을 하지 않았다.

왕실의 부채가 늘어가고 성 축조 계획이 점점 더 화려해지는 것을 보다 못한 정적들이 결국 행동에 나섰다. 왕이 미쳤다고 선언하는 고전적인 코스를 밟았는데, 사실 루트비히 가문에 정신질환 내력이 있다고 볼 근거가 없진 않았다(그의 고모 알렉산드라 공주는 자기 몸속에 유리로 된 피아노가 들어 있다는 망상에 시달렸다. 그래도 문학가로 잘만 활동하긴 했지만). 그러나 모사꾼들의 회유로 루트비히의 진단서에 서명한 저명한 의사 4명 가운데 루트비히를 직접 진찰한 사람은 아무도 없었고, 루트비히를 만나보기라도 한 사람은 단 1명뿐이었다(그것도 12년 전에). 루트비히가 제대로 나라를 다스릴 수 있는 상태가 아니라며 의사들이 제시한 근거 가운데는, 그가 하인에게 자기 마실 커피에 우유를 넣지 못하게 했다는 엄청난 사실도 있었다.

어쨌거나 계략은 먹혀들었다. 루트비히와 절친한 여남작이 우산을 휘둘러대며 집행 관리들의 접근을 막아준 것도 잠시, 루트비히는 퇴위되어 끌려갔으니, 그가 갇혀 지낼 (아니 '치료받을') 곳은 뮌헨 남쪽 외곽의 어느 성이었다. 이 모든 과정이 뭔가 구리다는 의심이 증폭된 것은 사흘 후였다. 루트비히가 자신의 주치의와 함께 얕디얕은 호수에 빠져 죽은 채 발견된 것이다. 참으로 의문스러운 죽음이 아닐 수 없다.

그러나 어찌 보면 최후의 승자는 루트비히였다. 그가 그리도 거금을 들여 지은 성들은 세계적 명소가 되었다. 특히 노이슈반슈타인성은 바이에른을 대표하는 상징물이 되었다. 루트비히의 성들은 매년 수백만 명의 관광객을 끌어모아 독일 바이에른주의 경제에 큰 효자 노릇을 하고 있다. 모략가들이 루트비히를 퇴위시켜 그의 계획을 중단시키지만 않았다면, 바이에른이 얼마나 더 부유해졌을지 누가 알겠는가. 이 이야기에서 바보짓의 주인공은 불쌍한 몽상가 루트비히가 아니라, 바로 모략가들이다.

독자가 혹시 노이슈반슈타인 성이란 이름을 못 들어봤다 해도, 그 모습은 수없이 많이 보았을 것이다. 성의 망루와 첨탑 등 멋들어진 외관은 디즈니 애니메이션 〈신데렐라〉와 〈잠자는 숲속의 공주〉에 나오는 성의 모델이 되었고, 두 작품은 세계 최대 엔터테인먼트 회사 디즈니를 상징하는 대표작이 되었다. 성 위로 별똥별이 날아가며 요술가루를 뿌리는 디즈니의 로고 속에서, 루트비히의 꿈은 오늘날도 살아 숨 쉬고 있다.

재능과 열정이 통치 쪽과는 영 거리가 멀었던 지도자 중 루트비히는 사실 약과에 속한다. 예쁜 성을 짓는 취미는 그래도 왕의 직무와 연관이 아주 없진 않으니까. 하지만 왕이 애호한 취미가 소매치기라면 어떨까. 직무 연관성이 상당히 적어 보인다.

파루크는 2차 세계대전 중 중대한 회의 석상에서 윈스턴 처칠의 손목시계를 훔친 것으로 유명하지만, 그의 기행이 그뿐이었다면 역사는 그를 다르게 기억했을 수도 있다. 나쁘게 보면 좀 '괴짜왕' 정도로, 좋게 보면 역대 최고의 '장난왕' 정도로 역사에 남았을지도 모른다. 그러나 그게 다가 아니었다.

이집트의 사실상 마지막 왕이었던 파루크는 상상하기 어려운 막대한 부를 소유하고 있었음에도 물건 훔치기를 너무나 좋아했다. 고관대작들 물건도 훔치고, 평민들 물건도 훔쳤다. 이집트 최고의 소매치기로 꼽히는 사람을 감옥에서 풀어주고 소매치기 비법을 직접 전수받았다. 서거한 이란 국왕의 유해가 테헤란으로 이송되던 중 이집트에 잠깐 머물렀을 때, 파루크는 관 속에서 보검과 기타 귀중품을 훔쳐갔다(당연히 이 사건은 외교 문제로 번졌다).

파루크가 그리 훌륭한 국왕감이 못 된다는 사실을 극명히 드러낸

일은 이런 절도 행각만이 아니었다. 파루크는 그 외에도 엄청난 식성, 호화 파티, 사치스러운 생활로 유명했다. 왕위에 오를 때는 잘생긴 10대 소년이었던 그는 몸집이 급속히 불어 몸무게가 130킬로그램에 이르렀으니, 그 모습을 가리켜 '온몸이 배'라고 칭한 이도 있었다. 자신의 공무용 차인 빨간색 벤틀리가 너무나 좋았던 나머지, 이집트 국민은 누구도 빨간색 차를 가질 수 없도록 금지했다. 그는 방대한 양의 B급 포르노를 소장하고 있었다. 도박에 상습적으로 돈을 쏟아부으며 모리배, 사기꾼, 부패 관료들을 곁에 끼고 살았다. 한번은 사자에게 공격당하는 악몽을 꾸다 깨어나 카이로 동물원에 가자고 하더니 동물원의 사자들을 보자마자 쏘아 죽였다.

여기까지만 했어도 어쩌면 그냥 넘어갈 수 있었을지 모른다. 하지만 그는 그 밖에도 여러 사람이 등을 돌릴 만한 일을 숱하게 했다. 영국은 1922년에 마지못해 이집트의 독립을 인정했지만 여전히 대규모의 주둔 병력을 철수하지 않아 이집트 국민들의 불만을 샀고, 파루크의 신하들 사이에는 왕실이 서방의 꼭두각시 역할을 한다는 인식이 높아져갔다. 또 영국은 영국 나름대로 파루크가 꼭두각시 역할을 제대로 하지 않아 짜증이 차츰 치솟고 있었다(이런 식의 문제에 대해서는 뒤에 식민주의를 다룬 장에서 자세히 살펴본다).

2차 세계대전이 도래하면서 파루크는 민심을 완전히 잃게 되었으니, 그 계기는 처칠의 시계를 슬쩍한 일 때문이 아니라 그 밖의 여러 자잘한 일들 때문이었다. 예컨대 독일군의 폭격을 피하려고 알렉산드리아 전체가 암전 상태였을 때, 그는 궁궐에 환히 밝힌 불을 끄지 못하게 했다. 또 아돌프 히틀러에게 서한을 보내 나치가 침공해주면 고맙겠다고 했으니, 영국을 쫓아낼 수 있으리라는 이유에서였다.

파루크는 민심 이반에도 불구하고 겨우 정권을 유지해 전쟁이 거의 끝나갈 무렵에는 뒤늦게 추축국에 맞서 참전을 선언했으나, 얼마 버티지 못했다. 그는 1952년 군사 쿠데타로 폐위되었고(생후 6개월 된 그의 아들이 왕위를 물려받아 1년 미만 재위한 후 왕정이 폐지된다), 여생을 모나코와 이탈리아에서 보내며, 「타임」지에 따르면 '여색을 점점 더 추잡하고 집요하게 탐했다'. 그러다가 망명한 왕의 전형적 말로를 맞았다고 해야 할까, 45세의 나이에 심장마비로 사망했다. 로마의 레스토랑에서 푸짐한 식사를 마치고 시가를 피우다가 죽은 것이다. 참고로 처칠은 시계 절도 건을 웃어넘기지 않았으며, 화를 내며 돌려달라고 요구했다.

그래도 시대가 바뀌면서 통치자들이 옛날보다는 좀 나아지지 않았을까? 현대에 들어서도 옛날 못지않게 황당하고 무능한 지도자들은 숱하게 많다. 가령 투르크메니스탄을 구소련 지배기부터 독립기를 거쳐 2006년 본인의 사망 직전까지 20년 이상 통치한 사파르무라트 니야조프의 예를 살펴보자. 독재자란 아무리 천하의 바보라도 개인숭배 체제를 구축할 수 있음을 훌륭히 증명하는 인물이다.

니야조프는 종신 대통령으로서 나라를 완전히 제멋대로 다스리면서 온갖 엽기 행각을 일삼았다. 그는 자신을 '투르크멘바시'라 부르도록 했다. 그 뜻은 '튀르크멘인의 지도자'. 수도 아시가바트에서 개 키우는 것을 금지했는데, 개 냄새가 싫다는 이유에서였다. 또 턱수염, 남자들의 장발, 금니를 금지했다. TV에 나오는 방송인들에 대한 이런저런 평가를 일삼았고, 뉴스 앵커의 화장을 금지했는데, 화장을 하면 남자와 여자를 구분하기 어렵다는 이유였다. 오페라와 발레와 서커스를 금지했고, 공연 중 립싱크, 결혼식 등 행사에서 음악

지도자를 따르라

틀기, 심지어 자동차 안에서 라디오 듣는 것까지 금지했다.

아시가바트에 자신의 황금 조각상을 거대하게 세웠는데, 조각상은 항상 해를 바라보며 돌아가게 만들었다. 그리고 이런저런 것에 자기 이름 붙이기를 엄청 좋아했다. 2002년에는 '1월'을 '투르크멘바시'로 개칭했고, '4월'은 자기 어머니 이름을 따서 '구르반솔탄'으로 개칭했다. 큰 도시 하나의 이름도 '투르크멘바시'로 바꾸었다. '빵'을 자기 어머니 이름으로 바꾸고 아시가바트의 국제공항은 '사파르무라트 투르크멘바시 국제공항'으로 개명했다. 멜론을 좋아해 멜론을 기념하는 공휴일을 제정하고, 멜론의 이름도 바꾸었다. 뭘로 바꾸었느냐고? '투르크멘바시'.

'루흐나마'라고 불리는, 시와 자서전, 이상한 역사 이야기와 자기계발서가 합쳐진 책을 썼다. 이 책을 싫어하는 사람은 벌로 고문형에 처했다. 책의 내용을 운전면허 시험 필수 과목으로 포함시켰다. 쿠란과 루흐나마 이외의 책은 읽을 필요가 없다고 하며 수도를 제외한 지역의 도서관을 모두 폐쇄했다. 루흐나마의 거대한 모형을 수도에 설치해, 회전하면서 일정 시간 간격으로 음성 낭독이 흘러나오게 했다. 천국에 가려면 루흐나마를 꼭 읽어야 한다고 믿었다(책은 대필 작가가 썼을 가능성이 있다).

그는 기이한 건물을 짓는 데 엄청난 돈을 썼다. 사막 위의 얼음 궁전, 거대한 피라미드, 900억원짜리 모스크 등을 지었고, 모스크의 이름은 '투르크멘바시의 정신'이라 했다. 황량한 산 위에 거대한 콘크리트 계단을 만들고 모든 공무원은 매년 한 번씩 계단을 오르내리며 37킬로미터의 코스를 걷게 했다. 2004년에는 전국의 의료인 15,000명을 해고하고 그 자리를 군인들로 채웠다. 수도 이외 지역의 병원을 모두 폐쇄하면서 아픈 사람은 수도로 와서 치료받으라고 했다. 그리고 히포크라테스 선서를 투르크멘바시에게 맹세하는 선서로 대체했다. 밀수하다 적발된 마약을 압수해 자기가 챙겼다고 하며, 깜깜한 사저 안에서 가상의 적을 향해 권총을 쏘며 놀았다고 한다. 언론의 자유란 일절 허용하지 않았고, 반체제 인사들을 탄압했으며, 정당과 종교 교단을 포함해 모든 단체는 '공명정대부'라는 정부 부서에 등록하게 했다. 공명정대부 청사 앞에는 정의의 여신 조각상을 거대하게 세웠는데, 아무리 봐도 투르크멘바시의 어머니와 똑 닮은 얼굴이었다.

니야조프의 이 황당한 장기 독재는 여기서 무슨 교훈을 도출하기도 참 어렵다. 그냥 본인이 혹시라도 이 사람 비슷한 짓을 하고 있다 싶으면, 당장 그만두자.

그러나 아무리 투르크멘바시가 형편없는 독재자였고 그 밑에서 20년간 고생한 투르크메니스탄 국민들이 불쌍하다 해도, 그를 '개탄스러운 절대 권력자' 중 으뜸으로 꼽기에 많이 부족하다. 그보다 더 악하고 어쩌면 더 무능하기까지 한 지도자가 인류사에는 많았다. 하지만 절대 권력이라는 것이 어디까지 맛이 갈 수 있는지 극명하게 보여주는 사례로, 오스만 제국 황제들의 3대에 걸친 삽질만 한 것은 없을 듯하다.

황금빛 새장

세계사를 통틀어 17세기 전반 오스만 제국처럼 형편없는 군주에 연속으로 시달린 곳은 유례가 없을 것이다. 그중 둘은 이름에 '광인'이라는 수식어를 붙여 부르니, 그것만 봐도 훌륭한 군주였을 리가 없다. 그리고 그나마 '광인'이라고 부르지 않는 한 사람은 다른 둘보다 사실상 더 미쳤다고 봐도 이상하지 않다.

둘은 형제였고 하나는 그 둘의 삼촌이었다. 여기엔 뭔가 유전적 요인이 있지 않았나 하는 생각도 든다. 그러나 한편으로는 '황제들 하는 짓이 다 그렇지'라는 생각도 든다. 어쨌건 일부러 정신 상태가 불안정한 사람들을 통치자로 뽑으려고 해도 이보다 더 잘하기는 힘들었을 것이다.

이 시절 이스탄불의 톱카프 궁전은 참으로 위험천만한 곳이었다. 더군다나 그곳에서 술탄의 아들로 살려면 목숨을 거의 내놓다시피 해야 했다. 문제는 형제들이었다. 특히 술탄이 서거하고 형제들이 술탄 자리를 놓고 싸우는 상황이 되자 문제는 심각해졌다.

당시 군주제 국가들이 흔히 그랬지만, 오스만 제국도 황위 계승을 놓고 피 터지게 싸우는 게 지난 몇 세기 동안 거의 전통이었다. 그리고 이러한 다툼은 장기간의 내란으로 번지기 일쑤였다. 제국 영토를 넓히기에도 바쁜데 이런 집안싸움은 누가 봐도 백해무익이었으므로, 황태자는 형제간의 싸움을 미연에 방지하기 위해 조치를 확실히 해놓는 게 보통이었다. 그 방법이란…… 형제들을 다 죽이는 것.

이 형제 살해의 관행은 한 가지 단점이 있었으니, 여차하면 오스만 제국의 황통이 끊길 위험이 항상 있다는 것. 다시 말해 술탄이 후사를 남기지 않고 죽었는데 형제도 다 죽고 없다면 큰일이다. 메흐메트 3세의 경우도 살짝 문제가 되었다. 메흐메트 3세는 1595년 즉위하면서 무려 19명의 아우를 살해했으니, 이건 누가 봐도 좀 심했다. 그래서 메흐메트 3세의 뒤를 이은 아흐메트 1세 때부터는 타협

책을 시행했으니, 이는 곧 '카페스' 즉 '새장'으로 불리는 밀실에 형제들을 가둬놓는 것이었다.

카페스는 여자들의 거처인 하렘과 나란히 위치해 있으며, 새장이라고 하기엔 꽤 호화롭고 우아한 탑 형태의 건물이었다. 하지만 여러모로 새장이라 부를 만했으니, 나갈 수 없다는 점에서 특히 그랬다.

어쨌든 아흐메트 1세는 1603년에 황위에 오르면서 예상과 달리 전통을 깨고, 아우 무스타파를 살게 해주었다. 당시 아흐메트는 열세 살, 무스타파는 열두 살의 어린 나이였다는 사실도 그런 결정을 내린 한 가지 이유였을지 모른다(아흐메트는 그다음 해에야 아들을 보게 된다). 또 무스타파는 그때 이미 몸이 상당히 허약했던 것으로 보인다. 아흐메트가 그런 무스타파에게 동정심을 느꼈을 수도 있다. 어찌 보면 아흐메트는 꽤 착한 술탄이었는지도 모른다.

여하튼 무스타파는 죽지 않고 밀실에서 살게 되었고, 아흐메트 1세는 술탄 자리에 올랐다. 그렇게 별 탈 없이 세월이 흐르다가, 1617년 아흐메트가 티푸스로 죽는다.

그 무렵 아흐메트는 아들을 여럿 두고 있었으며, 그중 1명이 황위를 계승하는 것이 원칙이었다. 그러나 아들들이 모두 어리고 궁내의 이런저런 음모도 작용하여(아흐메트가 가장 총애했던 후궁 쾨셈이, 자기 아들들이 이복형의 즉위로 인해 살해되는 것을 원치 않았던 것이 컸다), 권력 실세들은 황위 승계자를 바꾸기로 했다. 즉, 맏아들 오스만의 승계가 아닌 형제간 승계로 결정했다. 그리하여 무스타파는 무스타파 1세가 되었다.

그러나 그의 통치는 순탄치 않았다.

무스타파는 술탄을 할 만한 인물이 못 되었다. 본인도 술탄 노릇

할 생각이 없었던 듯하고, 더군다나 생애 첫 12년은 형이 자기를 죽일 거라는 공포 속에서 살고, 그다음 14년은 갇혀 살며 아편과 여색에 빠져 있었으니 상태가 좋을 리 없었다. 환관 실세들은 그가 사회에 나오면 정신을 좀 차리지 않을까 기대했지만 오산이었다.

무스타파가 통치와 관련해 하는 일이라고는 시도 때도 없이 낄낄 웃기, 재상들 턱수염 잡아당기기, 중대사를 고하는 신하들의 터번 벗기기가 전부였던 듯하다. 그는 밖에서 사냥하다 만난 농부 등, 아무나 데려다 높은 관직에 덜컥 임명하곤 했다. 거의 벌거벗다시피 한 여종 둘을 데리고 궁궐을 돌아다녔으며, 물고기에게 금화와 은화를 자꾸 먹이려고 했다.

그렇게 3개월 정도 지나자 다들 더는 지켜볼 수 없었다. 무스타파 1세는 결국 폐위되고 14세의 오스만이 뒤를 이었다. 무스타파는 이번에도 용케 죽음을 면하고 밀실로 되돌아갔다.

그러나 무스타파의 이야기는 여기서 끝이 아니었으니, 어리지만 조숙한 오스만 2세가 워낙 야심찬 개혁가였던 것이 문제였다. 오스만은 전통의 굴레에 매이지 않았다. 아니 '거의' 매이지 않았다고 하는 게 맞겠다. 전통을 너무 무시하면 섭섭할까 봐 그랬는지 재위 중에 아우 1명을 죽였다. 오스만 2세의 큰 실수는 제국군 최정예 부대 '예니체리' 대원들의 화를 돋운 것이었다. 오스만은 그들에게 자신이 지휘했던 전투의 패배 책임을 묻고, 벌로 그들이 이용하는 카페를 폐쇄하고 흡연 및 음주를 금지했다. 더 나아가 예니체리를 아예 해체하고 시리아에 신식 군대를 창설하려고 했다.

예니체리가 군사적으로 무능하다는 오스만의 생각은 지당했는지도 모른다. 하지만 예니체리들은 황제의 이런 움직임을 두고만 보고 있지 않았다. 결국 오스만 2세는 휘하 군인들의 손에 죽음을 당해 오스만 제국 역사상 최초로 시해당한 술탄이 되고 만다(교살 및 '고환 짓누르기'라는 독창적인 방법으로 살해되었다).

이렇게 되자 술탄 자리를 계승할 사람이 아무도 없게 되었고, 밀실에 들어가 있는 무스타파를 다시 불러낼 수밖에 없었다. 무스타파의 상태는…… 좋지 않았다.

4년 더 갇혀 있는다고 정신 건강이 더 좋아지리라고 누가 생각했겠냐마는, 역시나였다. 무스타파는 곧바로 생난리를 쳤다. 신하들이 카페스에 와서 또 술탄이 되었다고 아뢰자, 바리케이드를 치고 들어앉아 나오지 않았다. 술탄이 되기 싫다는 이유였으니 이해가 안 가는 건 아니다. 결국 줄에 몸이 묶여 지붕의 구멍을 통해 들어올려졌다. 그러자 이제 거의 온종일 궁궐 안을 뛰어다니며 조카 오스만 2세를 찾아 헤맸다. 오스만이 아직 살아서 벽장 같은 곳에 숨어 있다고 믿었던 것이다. 오스만을 찾아내기만 하면 오스만이 다시 술탄이 되고 자기는 술탄을 하지 않아도 되리라는 생각이었다.

17개월 동안 이런 소동이 계속된 끝에(그 와중에도 무스타파는 길에서 만난 당나귀 수레꾼을 큰 모스크의 책임자로 임명하는 업적을 용케 남긴다), 다들 더는 봐줄 수가 없다는 결론에 이르렀다. 심지어 무스타파의 모친조차 그를 다시 한번 퇴위시키는 안에 찬성했다. 단 그를 죽이지 않고 선처해주면 좋겠다는 단서를 달았다.

놀랍게도 다들 그러자고 했다. 무스타파는 술탄으로 두 번 재위하고 한 번도 살해당하지 않은 진기록을 세우고, '새장'으로 되돌아가 그곳에서 여생을 보냈다.

새로 즉위한 무라트 4세는 황궁의 세도가들이 보기에 두 가지 장

지도자를 따르라

점이 있었으니 첫째, 미치지 않았고 둘째, 열한 살짜리 아이였다. 모후가 된 쾨셈도 대단히 수완 좋은 세도가였으며, 허수아비 술탄 대신 섭정을 하며 몇 년간 권세를 누렸다. 그러다가 무라트 4세가 좀 크고 나서 보니, 정신이상은 아니라 해도 무지막지하게 나쁜 놈이었다.

이미 상태가 좋지 않은 제국을 물려받은 무라트는 권위를 좀 확실히 내세워야겠다고 생각했다. 이복형 오스만이 군인에게만 이것저것을 금지한 조치가 약하다고 생각했는지, 무라트는 아예 온 백성에게 흡연과 음주, 거기에다 커피까지 금지했다.

터키에서 커피를 금지한다는 것이 얼마나 백성들의 대대적인 원성을 살 일이냐 하면, 프랑스에서 치즈를 금지하는 것과 같다고 보면 된다. 아니면 미국에서 총기 금지하기, 또 영국에서 남의 나라 흉보는 일 금지하기쯤 된다고 할까. 그러나 무라트는 강경했다. 그는 커피 마시는 행위를 어찌나 혐오했는지 밤중에 민간인으로 변장하고 거리를 순찰하곤 했다. 커피 마시는 자를 발견하면 그 자리에서 처형했다.

살벌한 커피 금지법을 손수 집행하다 싫증이 나면 그 밖의 온갖 이유로 사람들을 처형했다. 이상한 음악을 연주했다는 이유, 말소리가 너무 크다는 이유, 황궁에 너무 가깝게 도보로 또는 배를 타고 지나갔다는 이유, 아니면 그냥 여자라는 이유 등 그야말로 아무 기준이 없었다. 특히 여자라는 이유로 많이 죽였다. 그는 여자를 끔찍이 혐오했다.

집권 말기에 들어 무라트는 처형 따위는 하지 않았다. 처형을 하려면 뭔가 막연하게라도 명목이 있어야 했다. 이제는 그냥 고주망태가 되어 칼 한 자루만 들고 돌아다니면서 운 나쁘게 자신과 마주치는 사람을 모조리 죽였다.

　추정에 따르면 무라트는 17년의 재위 기간 중 5년 동안 약 25,000명을 직접 처형했을 가능성이 있다. 그렇다면 매일 13명 이상을 처형한 꼴이다. 거듭 강조하지만 이 사람은 이름에 '광인'이라는 수식어가 붙지 않는 사람이다.

　아, 그는 또 오스만의 손에 죽지 않고 살아 있던 나머지 형제들도 대부분 살해한 것으로 보인다.

　그래서인지 그가 1640년에 사망하자(온 백성에게 음주를 금지하고 자기는 간경화로 죽었다) 그의 남은 형제는 이브라힘 하나뿐이었다. 이브라힘은 사실상 25년 평생을 밀실에 유폐되어, 죽을 운명만 기다리며 공포에 떨며 살았다. 그것은 괜한 공포가 아니었다. 실제로 무라트는 죽기 전 병상에서 이브라힘의 살해를 명령했으니, 이브라힘이 황제가 되느니 차라리 황실의 대가 끊기는 선택을 한 것이었다. 이브라힘이 죽음을 면한 유일한 이유는, 아들들이 싸울 때 엄마가 늘 그러듯, 둘의 모친 쾨셈이 개입해 이를 막았기 때문이다.

　그러나 무라트라는 폭군이 영영 사라진 것에 사람들이 안도한 것도 잠시, 이브라힘은 그런 안도가 오판임을 바로 보여주었다. 카페스에 들어갈 때는 정신이 멀쩡했는지 몰라도, 나올 무렵엔 확실히 정신이상이었던 것이다.

　이브라힘 역시 삼촌 무스타파가 그랬던 것처럼 처음엔 카페스에서 나오지 않으려 했다. 무라트가 자기를 죽이려는 계략이라고 철석같이 믿었기 때문이다. 그는 신하들이 무라트의 시신을 가져와 직접 보여주자 그제야 안심했다.

지도자를 따르라

이브라힘을 겨우 구슬려 밖으로 나오게 한 후, 쾨셈은 (아들이 상태가 좋지 않다는 판단에서였는지) 그에게 통치보다는 첩들과 노는 것이 어떠냐고 제안했다. 불행히도 이브라힘은 모친의 제안을 극단적으로 잘 받아들이고 만다.

그는 다른 괴벽도 많았지만(모피에 집착해 항상 모피 코트를 입었으며, 궁궐의 모든 방을 엄청난 양의 모피로 장식하도록 했다), 무엇보다 섹스에 집착하여 도무지 만족할 줄을 몰랐다. 황제 대신 통치하느라 바빴던 쾨셈에게 그런 상황은 나쁘지 않았다. 쾨셈은 이브라힘에게 여종을 수없이 공급해주고 최음제에 항상 취하도록 만들었다. 혹시라도 그가 섹스에 지치거나 욕구를 잃어서 딴생각이 들면 통치를 시도할지도 모르니 미연에 가능성을 막은 것이었다.

이브라힘의 성적 괴벽은 솔직히 말해 도저히 눈 뜨고 봐줄 수 없을 정도로 추잡했다. 몰다비아 공국의 디미트리에 칸테미르 공작이 훗날 남긴 기록에 따르면, "그는 툭하면 궁궐 마당에 여자들을 모두 모아놓은 다음, 다들 벌거벗으라고 하고 한 마리 종마처럼 '히힝' 하고 울면서 여자들을 덮쳐 능욕하는 가운데 여자들에게는 발버둥치며 저항하도록 명했다".

이게 다가 아니다. 칸테미르에 따르면, 어느 날 이브라힘은 행차 중 암컷 들소 한 마리를 보고 그 성기에 집착을 보였다. 어느 정도였냐 하면, 암소 성기의 주형을 떠서 황금으로 주물을 만들라고 한 다음, 신하들을 제국 방방곡곡에 파견해 그것과 닮은 성기를 보유한 여자를 찾아오게 했다.

참 대단하다.

여기엔 한 가지 유의할 점이 있다. 칸테미르의 서술은 객관성이 떨어질 수도 있다. 물론 칸테미르는 콘스탄티노플에서 거주하면서 공부해 터키어를 할 줄 알았으며, 글을 쓴 시점은 사건 후 몇십 년이 되지 않았을 때였다. 그렇지만 그가 이 언급을 한 것은 『오스만 제국 흥망사』라는 책에서였고, 책을 쓴 시점은 몰다비아 공국을 다스리던 그가 오스만 제국 대신 러시아 제국에 충성을 맹세한 이후 전투에서 참패하여 자리에서 축출되고 추방된 직후였으니, 아무래도 맺힌 게 좀 있었을지 모른다. 그가 '망해가는' 것으로 본 오스만 제국은 그럭저럭 200년을 더 갔다.

암소 사건이 계기가 되었는지 아닌지는 모르지만, 이브라힘은 아르메니아에서 이상적인 여자를 결국 찾아냈다. 이브라힘은 그녀에게 '각설탕'이란 이름을 붙이고 그 누구보다 총애하기 시작했다. 이 대목에서 상황은 걷잡을 수 없는 방향으로 치닫는다. 어느 날 각설탕이 이브라힘에게 한 첩의 부정을 일러바쳤고 이브라힘은 격분한 나머지 이를 비웃는 자기 아들의 얼굴을 칼로 그었다. 그리고 문제의 첩이 누구인지 알아내지 못해 280명의 첩 가운데 2명만 남기고 모두 자루에 묶어 보스포루스 해협에 빠뜨려 죽였고 그중 1명만이 목숨을 건졌다. 이 일이 있고 얼마 후, 각설탕이 세를 불리는 것에 불안해진 쾨셈은, 여자들끼리 수다나 떨자며 저녁 식사에 초대해서는 냉큼 죽여버렸다(이브라힘에게는 각설탕이 갑작스런 병으로 죽었다고 했다).

이 무렵은 이브라힘의 방종에 사실상 모든 사람이 등을 돌린 상태였고, 그가 여색과 모피에 빠져 사치를 일삼는 통에 국고는 바닥을 보이고 있었다. 아들도 몇 명 있었기에 황실의 대가 끊길 우려는 없었다. 심지어 쾨셈도 심각성을 인정하고 그를 퇴위시키는 음모를 승

지도자를 따르라

인했다. 그리하여 예니체리가 20여 년 만에 또다시 반란을 일으켰다. 폭도들은 대재상의 사지를 찢어 죽이고, 이브라힘을 붙잡아 카페스에 다시 가두었다. 이브라힘은 성장기의 대부분을 보냈던 그곳에서 비참한 마지막 나날을 보냈다. 그리고 열흘 후, 모사꾼들은 일을 빨리 끝내버리기로 하고 그를 살해했다.

유혈이 낭자하고 여성혐오가 판치는 이 시기 오스만 제국의 역사는 실로 악몽과도 같아, 때로는 전혀 믿기지 않을 정도다. 그런가 하면 역사란 무엇이 실제이고 무엇이 그 모든 정변과 살인을 정당화하기 위한 선전인지 구분하기 어려울 때가 많으니, 이 시기의 역사도 그런 경우다.

이 시기의 세계 역사는 그저 미치광이 남자 몇 명과 안정을 도모하던 여성 권력자 몇 명의 이야기가 전부가 아니다. 당시 세계 전역에서는 신기술이 개발되고 경제가 급변하면서 어제의 벗이 오늘의 적이 되고, 국경이 새로 그려지고, 곳곳에서 전쟁이 끊이지 않았다. 오스만 제국도 예외가 아니었다. 17세기 후반, 오스만 제국은 관행적 형제 살해와 내란의 시대에 종지부를 찍고, 화폐경제를 새로이 도입했으며, 봉건적 전제군주제에서 현대적 관료제로 통치 형태를 사실상 개혁하면서 불안정하던 시대를 마침내 벗어났다. 그러니 이 시기 오스만 제국은 쇠락의 길로 접어들기는커녕, 전반적으로 위기를 꽤 잘 극복한 셈이다!

하지만 그랬다고 해서 그 시절 죄 없이 살해된 수많은 사람들에게 위로가 될 것 같지는 않다.

절대 나라를 맡기지 말았어야 할 지도자 Top 5

○

빌헬름 2세

독일 황제 빌헬름 2세는 자신이 외교계의 금손이자 협상의 달인이라고 생각했다. 그러나 실제로 잘하는 것이라고는 만나는 나라마다 모욕하는 것이 다였으니, 그 재주로 1차 세계대전 발발에도 기여했다고 할 수 있다.

○

제임스 6세/1세

스코틀랜드, 잉글랜드, 아일랜드를 최초로 함께 통치한 왕이며 충실한 성경을 편찬하기도 했으니 최악의 왕까지는 아닐지 모르겠다. 하지만 마녀사냥에 워낙 집착한 나머지, 고문을 직접 감독하고 마녀사냥 무용담을 책으로 쓰기까지 했다.

○

크리스티안 7세

덴마크 국왕 크리스티안 7세는 여러 면에서 형편없는 왕이었지만, 그중에서도 가장 왕답지 않았던 그의 행동으로는 집착적, 발작적 자위행위를 꼽아야 할 것 같다.

○

표트르 3세

러시아의 표트르 3세는 장난감 병정에 아주 푹 빠진 황제였다. 장난감 놀이에 너무 바빠 예카테리나 황후(후에 남편을 폐위하고 스스로 황위에 올라 예카테리나 '대제'가 된다)와 여러 해 동안 첫날밤을 보내지

지도자를 따르라

않았다. 한번은 자기 장난감을 갉아먹은 쥐 한 마리를 군법 회의에 회부하기도 했다.

○

샤를 6세

프랑스 국왕 샤를 6세라고 하면 자기 몸이 유리로 되어서 언제 깨질지 모른다는 망상에 시달렸던 것으로 가장 유명하다. 죽기 얼마 전 잉글랜드의 꾀에 넘어가 잉글랜드 왕실이 프랑스의 왕위를 계속 잇는다는 조약을 맺음으로써, 수백 년간 이어진 전쟁의 계기를 제공했다.

대중의

힘

절대 권력자들이 어마어마한 스케일로
막장짓을 벌이곤 했기에,
역사상 여러 나라에서 그 폐단을 줄이고자
'민주주의'라는 것을 시도하곤 했다.

○

절대 권력자들이 이렇게 어마어마한 스케일로 막장짓을 벌이곤 했기에, 역사상 여러 나라에서 그 폐단을 줄여보고자 이따금씩 '민주주의'라는 것을 시도하곤 했다. 그리고 그 성패 여부는 다양했다.

　민주주의가 처음 어디서 시도되었느냐 하는 것은 논란이 있다. 먼 옛날 소규모 사회에서도 틀림없이 다양한 형태로 집단적 의사 결정을 내렸던 것으로 보인다. 또 2,500년 전 인도에도 민주주의에 근접한 제도가 존재했다는 근거가 있다. 그러나 일반적으로는 그와 비슷한 시기인 기원전 508년, 그리스의 도시국가 아테네에서 민주정치를 처음으로 도입하고 법제화한 것으로 본다.

　물론 민주주의의 주요 요건은(요컨대 모든 시민이 정치에 참여할 권리, 시민이 마음에 들지 않는 정부를 교체할 권리 등) 누구까지를 '시민'으로 보느냐의 문제와 직결된다. 역사를 통틀어 여러 나라에서 여성, 빈민, 소수민족 등 보잘것없는 약자들은 시민으로 보지 않은 경우가 대부분이었다. 권력을 '아무'한테나 줄 수야 없지 않았겠는가?

민주주의의 또 한 가지 문제는, 누구든 민주적 절차에 의해 권력을 잡는 것은 좋아하지만 권력을 빼앗길 것 같으면 갑자기 영 달가워하지 않는다는 것이다. 그래서 민주주의는 계속 유지하는 데만도 참으로 엄청난 노력이 들어간다.

예컨대 로마에서는 민주주의가 전제정치로 퇴행하는 것을 막기 위해 각종 묘책을 시도한 바 있다. 한 가지 방법은 행정과 군사를 모두 관할하는 선출직 최고 통치자 '집정관'의 역할을 두 사람에게 나누어 맡기는 것이었다. 임기는 1년이었고, 두 사람이 한 달마다 번갈아 주요 통치권을 행사했으며, 로마군 4개 군단을 한 사람이 2개 군단씩 맡아 지휘했다. 이는 어느 한 사람도 절대 권력을 손에 쥐지 못하게 하는 꽤 영리한 방법이었다.

그러나 4개 군단을 모두 전투에 투입해야 할 때는 이상적인 방법이 아니었다. 가령 기원전 216년 칸나이 전투 때가 그랬으니, 로마군은 코끼리 애호가였다는 한니발 장군이 이끄는 카르타고군과 결전을 벌여야 했다. 이 전투에서 두 집정관 루키우스 아이밀리우스 파울루스와 가이우스 테렌티우스 바로는 군 지휘권을 '하루마다' 번갈아 행사했다. 그런데 두 사람의 전술적 견해가 충돌한다는 게 문제였다. 하루는 신중한 파울루스가 지휘를 맡고, 또 하루는 과감한 바로가 지휘를 맡았으니 말이다. 로마군을 전장으로 끌어들이고자 했던 한니발은 바로가 지휘권을 잡을 때까지 그냥 하루를 기다렸고, 간단히 뜻을 이룰 수 있었다. 전투는 로마군의 전멸에 가까운 참패로 끝났다.

사실 로마는 이런 내분을 막기 위해 마련해둔 방책이 있었다. 비상시에 전권을 위임받는 '독재관'을 임명해두는 것. 독재관은 일단 임무를 완수하고 나면 바로 자리에서 물러나게 되어 있었다(공교롭게도 로마 원로원은 칸나이 전투 직전에 독재관이 쓰는 전술이 마음에 들지 않아 독재관을 해임해버렸다). 이 역시 원론적으로는 좋은 생각이었지만, 절대 권력에다가 대군의 지휘권까지 손에 넣은 사람이 인간적으로 순순히 자리에서 물러나주기를 바랄 수밖에 없는 한계가 있었다. 독재관들 대다수는 별 탈 없이 물러났지만, 율리우스 카이사르라는 야망가가 '권력 맛을 보니 참 괜찮은데 불만 없으시면 제가 좀 갖고 있겠다'라고 했다. 카이사르의 끝은 결국 좋지 않았지만, 그의 후계자들 역시 절대 권력을 맛보고는 절대 놓지 않으려 했으니, '로마 공화국'은 금방 '로마 제국'으로 변해버렸다.

민주제 아래에서는 각종 절차를 일부 탐욕가가 좌지우지하는 폐단을 막기 위해 별의별 방법을 채택하기도 한다. 가령 미국 선거인단 제도가 너무 복잡하다고 생각하는 사람은 13~18세기 베네치아 공화국에서 태어나지 않은 것을 다행으로 알자. '도제Doge'라 불리던 당시 베네치아의 최고 지도자는 그 선출 방법이 사상 유례가 없을 만큼 복잡했다.

도제는 약 100명의 지도자로 이루어진 대평의회에서 선출했고 종신직이었으니, 선거에 부정이 개입될 가능성이 항상 있었다. 그러다 보니 아무도 선거에 개입할 수 없도록 하는 선거제도가 1268년에 마련되었다.

베네치아의 도제 선출 절차는 다음과 같았다. 우선 대평의회 의원 중에서 제비뽑기로 30명을 가린다. 이 30명 중에서 다시 제비뽑기로 9명을 정한다. 이 9명이 의원 중 40명을 선출하고, 이 40명 중에서 제비뽑기로 12명만 추려낸다. 이 12명은 25명을 선출하고, 그중에서 제비뽑기로 9명을 다시 추려낸다. 이 9명이 45명을 선출하고, 또 제비뽑기로 11명을 추려낸다. 이 11명이 마지막으로 41명을 선출하면, 마침내 그 41명이 도제를 선출하게 된다.

읽기만 해도 숨차다.

이건 누가 봐도 터무니없을 정도로 복잡하다. 베네치아의 정치 평론가는 선거 결과를 예측하려면 진땀을 뺐을 것이다. 하지만 베네치아의 지도자들 입장에서는 상당히 괜찮은 방법이었던 모양이다. 베네치아 공화국은 1797년 나폴레옹에게 정복당할 때까지 500년 이상의 번영기를 보냈고 계속 이 제도를 유지했다.

베네치아는 꽤 안정적인 나라였다. 그런데 어쩐 일인지 이탈리아는 필자가 이 글을 쓰는 현재 기준으로, 2차 세계대전 종전 후 72년 동안 무려 65개의 정부와 43회의 총리 체제를 겪을 정도로 불안정했다. 같은 기간 영국이 15회의 총리 체제를 겪은 것과 크게 대비된다(두 나라 모두 1명의 총리가 두 번 이상 재임한 경우가 있으므로 '총리'가 아니라 '총리 체제'라 했다). '이 글을 쓰는 현재'라고 굳이 명시한 것은, 이 책의 최종 원고 마감일 현재 이탈리아가 단골손님처럼 찾아오는 헌정 위기를 또 맞고 있기 때문이다. 이 책이 나올 때쯤엔 66번째 정부와 44번째 총리가 집권 중이거나 아니면 그 이상 나아갔을 수도 있다. 그래서 아래처럼 정리하는 것으로 하고 숫자 부분은 공란으로 남겨놓았으니 독자가 정확한 현재의 숫자를 넣어주길 바란다.

이탈리아는 1946년 이후로 총 [   ]개의 정부가 집권했다. 최신 수치는 howmanygovernmentshasitalyhad.com에서 참고할 수 있다. 아마 연필로 적는 게 좋을 듯?

민주주의의 취약성을 보여주는 한 가지 문제는, 너그러운 자유민주주의 체제에서는 괜찮아 보였던 정책이 권위주의 정권이 그 뒤를 잇는 경우 거센 역풍으로 돌아올 수 있다는 점이다. 가령 19세기 전반의 멕시코를 예로 들 수 있다. 당시 스페인으로부터 갓 독립한 멕시코 정부는, 북쪽 텍사스주에 방치된 땅을 잘 이용해보고 싶었다. 멕시코는 코만치족 원주민들의 공격과 미국의 서부 영토 확장을 모두 막아줄 완충지대가 필요했으므로, 미국 목장주 및 농부들의 텍사스 정착을 장려하면서, 이른바 '엠프레사리오'라 불린 이 중개인들에게 넓은 땅을 나누어주어 미국으로부터 이주민을 모집하게 했다 (범죄자 인도 조약이 존재하지 않는다는 사실도 일부 이주민에게는 큰 동기로 작용했을 것이다).

멕시코 정부가 뭔가 잘못되어가고 있음을 감지한 것은 일부 엠프레사리오들이 막강한 정치적 권력을 누리기 시작하면서였다. 게다가 정착민들도 멕시코 정부의 법을 따르고 멕시코 사회에 융화되는 것을 꺼려하는 경우가 많았다. 당황한 멕시코 정부는 1830년에 미국인의 이주를 급작스럽게 불허하려 했지만, 국경을 넘어 쏟아져 들어오는 미국인들의 이주 행렬을 막을 길이 없었다.

그러던 중 (비교적) 자유주의 성향이던 멕시코 정부가 물러나고 안토니오 로페스 데 산타 안나 대통령이 전제적, 권위적 통치를 실시하면서 사태는 중대 국면을 맞았다. 산타 안나는 1835년에 멕시코 의회를 해산하고 대대적인 개헌을 추진해 권력을 집중하면서 사실상 독재자로 군림하기 시작했다. 그뿐 아니라 텍사스의 반대 세력을 무력으로 진압하는 등 미국인 이민자 사회를 탄압하여 갈등에 더욱 불을 지폈다. 상황은 곧 대규모 반란이 촉발되기 직전으로 치달았다. 1836년, 유명한 알라모 전투를 비롯해 한바탕 전쟁을 치른 후 텍사스는 독립을 선언했다. 1845년, 영토를 계속 확장해가던 미국은 텍사스를 자기 땅으로 편입했고, 멕시코는 미국을 경계할 완충지대로 여겼던 소중한 한 주를 잃게 되었다.

여기서 우리는 전혀 다른 교훈 두 가지를 얻을 수 있다. '언제는 이민을 장려했다가 또 언제는 이민자들을 배척하면 좋지 않다.' 그리고 '민주주의가 영원히 유지될 거라 생각하면 바로 그 순간 큰코다친다'이다.

민주주의란 유권자들이 애초에 선택을 잘 내려야 탈이 없다. 한 예로, 1981년에 캘리포니아의 수놀이라는 작은 도시에서는 개 한 마리를 시장으로 선출했다. 주인공은 보스코 라모스라는 검은색 래브라도 리트리버 잡종견. 주인 브래드 레버가 어느 날 저녁 동네 술집에서 말싸움 끝에 선거에 출마시켰고, 결국 2명의 인간 후보를 누르고 압승을 거두었다. 보스코와 수놀의 유권자들을 무시하지는 말자. 보스코는 시장 노릇을 잘한 것으로 보이니까. 보스코는 착한 개라는 칭찬을 자자하게 받으며, 1994년 사망할 때까지 10년 이상 시장 자리를 지켰다. 한 주민은 2013년 「산호세 머큐리 뉴스」의 인터뷰에서 보스코 시장이 "온 동네 술집에 붙어 살았으며 먹이를 주지 않으면 으르렁거리곤 했다"고 회고했다. 보스코는 동네 여러 암캐들과 새끼를 수없이 많이 낳았다는 소문도 있었는데, 이 역시 상당히 정치가스러운 면모가 아닌가 싶다. 수놀에는 보스코의 동상이 오늘날까지 세워져 있고, 보스코의 기억은 주민들에게 좋은 추억으로 남아 있다. 그는 재임 기간 중 단 한 건의 국제적 사건에만 연루되었는데, 천안문 사태 이후에 중국의 「인민일보」가 보스코를 거론하며 서방 민주주의는 '인간과 개의 구분이 없다'며 비방한 것이다. 보스코는 결국 샌프란시스코 주재 중국 영사관 앞에서 중국인 유학생들과 함께 민주화를 촉구하는 시위를 벌이기도 했다.

보스코의 시장 선출은 뜻밖이긴 하지만, 특이한 비인간 선거 승자로 말하자면 보스코는 약과다. 그 방면의 최강자는 아무래도 1967년 에콰도르의 소도시 피코아사에서 시장으로 선출된 풋 파우더 상표 '풀바피에스Pulvapies'를 꼽아야 할 것이다. 풀바피에스는 심지어 선거에 공식 출마한 후보도 아니었다. 제조사가 '어느 후보에 투표하셔도 좋습니다. 하지만 건강과 청결을 원하신다면 풀바피에스에 투표하세요'라는 슬로건으로 장난스러운 홍보 캠페인을 벌였을 뿐이었다. 그런데 선거 개표 결과, 풀바피에스는 몇몇 지역에서 수천 표를 기명 투표 방식으로 득표한 것으로 나타났고, 급기야 피코아사에서는 1위를 차지해 수많은 인간 후보들에게 굴욕을 안기고 말았다.

하지만 '비인간' 후보를 선출한다는 것이 아무리 특이한 사건이라고 해도, 진짜 민주주의의 화려한 대참사를 보고 싶다면 역시 인간을 선출한 경우가 최고다. 에콰도르의 최근 역사만 보아도 여실히 드러난다. 에콰도르 유권자들은 풋 파우더를 시장으로 뽑은 것보다 더 큰 실수를 저지른 역사가 있다.

그 영예의 주인공은 1996년에 대통령으로 당선된 압달라 부카람이다. 전직 경찰국장, 시장, 록 가수 출신의 입후보자 부카람은, 스스로 '엘 로코(광인)'라는 별명을 붙이고 에콰도르의 지도층을 비판하며 대중 영합적 대선 캠페인을 벌인 결과 뜻밖의 대승을 거두었다. 그의 당선 후 「뉴욕 타임스」에 실린 기사에 따르면, 그는 경찰국장 시절 '미니스커트 입은 여자만 보면 스쿠터를 타고 쫓아가 붙들고는 치맛단을 틀어 스커트 길이를 늘려버리는' 행동으로 악명이 높았다고 한다. 시장 시절에는 지역 업체들을 협박해 돈을 갈취한 전력이 있고, 1990년에는 부패 혐의 수사를 피해 파나마로 도주하기도 했다. 대선 캠페인 중 그는 항상 밴드를 동반하고 다니며 노래를 부르는 등 파격적인 유세와 선거 광고로 에콰도르의 노동자 계층에 어필했다. 그는 노동자들에게 특권 계층이 밀어붙이고 있는 민영화와 긴축재정 등 신자유주의 정책에 종말을 고하겠다고 약속했다. 그는 히틀러 콧수염을 기르고 『나의 투쟁』이 가장 좋아하는 책이라고 말하는 등 다른 정치인들 같았으면 정치 인생이 끝날 수도 있었을 언행을 하고서도 별 타격 없이 대권을 손에 넣었다.

그를 찍었던 에콰도르의 가난한 국민들은 그가 취임 후 몇 개월 만에 내놓은 경제 정책의 내용에 놀라지 않을 수 없었다. 그것은 민영화를 추진하고 긴축재정을 오히려 확대하는 신자유주의 정책으로, 바로 그가 종식하겠다고 공언했던 것들이었다. 그는 대통령의 임기 제한도 풀어버리려 시도했다. 그리고 자신에게 비판적인 특정 신문을 겨냥해 장기적 탄압을 가하기 위한 경제 정책을 예고 없이 즉석에서 발표했다.

그는 재임 중에도 꾸준히 기행을 선보여, 〈사랑에 빠진 광인〉이라는 제목의 노래를 발표하는가 하면 로레나 보빗(남편의 성기를 잘라 유명해진 여성)과 회동을 갖고, 자신의 히틀러 콧수염을 자선 경매에 내놓기도 했다. 또 당시 언론 보도가 정확하다면(무엇이 사실이고 무엇이 루머인지 분간하기 어려운 면도 있다), 10대 아들에게 비공식적으로 관세청 운영을 맡기고, 아들이 처음 100만 달러의 수입을 올린 것을 축하하는 파티를 열었다고 한다. 당시 에콰도르의 최저임금이 한 달에 30달러였으니, 이에 대한 국민들의 공분을 짐작할 수 있다.

자연히 여론은 급속히 부카람에게서 등을 돌렸고, 대통령의 하야를 촉구하는 대규모 거리 시위가 일어났다. 부카람은 결국 재임 6개월 만에 탄핵되어 대통령 자리에서 쫓겨났다. 탄핵 사유는 '정신적 능력 결여'였다(그 사유는 표면적 구실에 지나지 않았을 것으로 보이지만, 스스로 '엘 로코'를 자칭하며 선거운동을 벌인 사람이니 별로 항변할 방법도 없었을 것이다). 여기에 수백만 달러의 횡령 혐의까지 드러났고, 부카람은 발빠르게 (또다시) 파나마로 도주했다. 이 이야기는 우리에게 다양한 교훈을 던지고 있지만, 가장 중요한 교훈을 꼽는다면 아마 '히틀러 콧수염을 기른 사람이 있다면 좀 위험 신호로 받아들여야 하지 않을까?' 정도가 될 것 같다.

이야기가 나왔으니 말이지만, 민주주의가 눈 깜짝할 새에 막장으로 치달을 수 있다는 사실을 이만큼 생생히 보여주는 사람도 없다. 그렇다, 히틀러 말이다.

히틀러

이쯤에서 독자가 무슨 생각을 하는지 잘 안다. 인류가 저지른 대실수를 알아보는 책에서 히틀러라니, 신선한 인물이 아닌 것은 맞다. '와, 처음 들어보는 사람이다. 역사 속에 이런 흥미로운 인물도 있었구나'라고 하는 독자는 설마 없을 테니까.

하지만 히틀러는 집단 학살광이라는 점 외에도 우리가 흔히 간과하기 쉬운 일면이 있었다. 대중문화 속에서 히틀러는 오랫동안 조롱거리로 묘사되어왔지만, 여전히 사람들은 '나치의 조직은 무자비하리만치 능률적이었으며 독재자 히틀러는 자기 일, 즉 독재에는 밤낮으로 열심히 임했다'고 생각하는 경향이 있다.

하지만 실제로 히틀러는 무능하고 게으르고 병적으로 자기중심주의적인 사람이었고 그의 정부는 완전히 코미디였다는 사실을 알아둘 만하지 않을까.

사실 오히려 그 덕분에 그가 득세할 수 있었는지도 모른다. 다시 말해, 독일 지도층은 그를 시종일관 과소평가했다. 그가 총리가 되기 전, 정적들은 그의 투박한 연설과 유치한 유세를 들어 그를 한낱 웃음거리로 치부했다. 어느 잡지에 따르면 그는 '한심한 얼간이'였다. 또 어느 잡지는 그의 당이 '무능력자 집단'이며 '어중이떠중이들 잔치를 과대평가'해서는 안 된다고 했다.

선거를 통해 나치가 독일 의회 최대 정당이 된 후에도, 사람들은 여전히 히틀러가 허세에 찬 바보이고 호구이니 똑똑한 사람들에게 쉽게 조종당하리라 생각했다. 당시 독일 총리 자리에서 밀려난 프란츠 폰 파펜은 권력을 되찾으려고 칼을 갈고 있었다. 그는 히틀러를 봉으로 삼아야겠다고 생각하고 그와 함께 연립내각을 수립하기 위한 논의에 들어갔다. 마침내 1933년 1월, 협상이 성공해 히틀러가 총리, 파펜이 부총리가 되고 내각은 파펜에 우호적인 보수 관료들로 채워졌다. 파펜은 승리를 확신했다. 자기에게 실수했다고 경고하는 지인에게 '그자는 우리 하수인'이라며 안심시켰다. 그리고 다른 지인에게는 두 달이면 히틀러는 구석에 몰려 찍소리 못 하게 될 것이라고 자신했다.

그의 예상은 보기 좋게 빗나갔다. 두 달 만에 히틀러는 오히려 나라를 완전히 장악했고, 자신에게 초헌법적 권한과 대통령직에다 의회까지 통째로 넘겨주게 될 법을 통과시켜달라고 의회를 설득하고 있었다. 민주주의 국가가 순식간에 민주주의 국가가 아니게 되었다.

독일의 지도적 인사들은 왜 그렇게 시종일관 히틀러를 얕잡아 보았을까? 히틀러의 무능함을 제대로 짚었기 때문일 것이다. 그러나 그런 무능함도 히틀러의 야욕 앞에서는 걸림돌이 되지 않았다. 실제로 히틀러는 정부를 운영하는 능력이 형편없었다. 그의 공보 담당관 오토 디트리히는 훗날 회고록 『내가 알던 히틀러』에 이렇게 적기도 했다. "히틀러는 독일을 12년간 통치하면서 문명국가에서는 유례가 없을 만큼 정부를 엉망진창으로 만들어놓았다."

히틀러는 문서 읽기를 질색했다. 보좌관들이 올린 문서는 거들떠보지도 않고 중대한 결정을 내리는 일이 잦았다. 부하들과는 정책을 의논하는 것이 아니라, 그때그때 머리에 떠오르는 내용으로 일장연설만 일방적으로 늘어놓았다. 말이 끝날 때까지 아무것도 못 하고 꼼짝없이 듣고 있어야 했으므로, 부하들에게는 공포의 시간이었다.

히틀러 정부는 늘 난장판이었다. 관료들은 자기가 뭘 해야 하는지 몰랐고, 누가 무슨 일을 맡고 있는지 잘 몰랐다. 히틀러는 어려운 결정을 해달라고 하면 결정을 한없이 미뤘고, 결국 느낌대로 결정해버리기 일쑤였다. 그러니 측근들도 그가 뭘 어떻게 하려고 하는지 통알 수가 없었다. 그의 절친한 친구 에른스트 한프슈텡글은 훗날 회고록에 이렇게 적었다. "그는 어찌나 종잡을 수 없는지 함께 일하는 사람들이 머리를 쥐어뜯었다." 이렇다 보니 관료들은 나랏일 수행은 뒷전이고 종일 서로 갈라져 싸우고 헐뜯기에 바빴고, 그날그날 히틀러의 기분 상태에 따라 어떻게든 그의 눈에 들거나 그의 눈을 피할 생각뿐이었다.

역사가들 사이에서는 이것이 히틀러가 매사를 제 뜻대로 하려고 일부러 수를 쓴 것이냐, 아니면 그냥 업무 지휘 능력이 형편없이 떨어졌던 것이냐, 하는 논란이 좀 있다. 디트리히는 이것이 분열과 혼돈을 조장하기 위한 계책이었다는 입장이다. 히틀러가 그 방면의 선수였던 건 맞다. 하지만 히틀러의 개인적인 습관을 볼 때, 그냥 일하기 싫어하는 자아도취증 환자에게 나라를 맡겨놓으니 그리 될 수밖에 없었을 것이라는 느낌을 지우기 어렵다.

히틀러는 엄청나게 게을렀다. 그의 보좌관 프리츠 비데만에 따르면, 그는 베를린에 있을 때도 11시가 넘어서야 일어났고, 점심 전까지 하는 일이라고는 신문에 실린 자기 기사를 읽는 것 정도가 고작이었다(디트리히가 꼬박꼬박 기사 스크랩을 가져다주었다). 그래도 사람들이 자꾸 자기에게 무언가를 하라고 하니까 베를린에 있기를 좋아하지 않았다. 기회만 되면 집무실을 떠나 오버잘츠베르크의 개인 별장에 갔고, 거기서는 당연히 일을 더 안 했다. 그곳에서는 아예 오후 2시까지 자기 방에서 나오지 않았고, 하는 일은 산책 아니면 새벽까지 영화 보기가 거의 전부였다.

그는 대중매체와 유명인에 집착했으며, 그러한 시각으로 자기 자신을 종종 바라보았던 것 같다. 스스로를 가리켜 "유럽 최고의 배우"라 하기도 했고, 한번은 친구에게 쓴 편지에 "내 인생은 세계사를 통틀어 최고의 소설이라고 생각하네"라고 했다. 그의 개인적 습관은 특이하거나 어린아이 같아 보이는 것이 많았다. 낮에는 꼭 낮잠을 잤고, 저녁 식사 자리에서는 손톱을 물어뜯었다. 단 것을 엄청나게 좋아해 "케이크를 엄청나게 많이" 먹었으며 "찻잔에 설탕 덩어리를 어찌나 많이 집어 넣는지 차를 부을 공간이 거의 없을 정도"였다.

자신의 무식함에 콤플렉스가 심했기에, 자기 선입견에 맞지 않는 정보는 무시하거나, 다른 사람이 식견을 말할 때면 폭언을 퍼붓곤 했다. 누가 자기에게 반박하면 "호랑이처럼 격노했다"고 한다. "사실을 말해줘도 자기 마음에 안 들면 화부터 내고 보는 사람에게 누가 사실을 말할 수 있겠는가?"라고 비데만은 개탄했다. 히틀러는 남들이 자기를 비웃는 것을 질색했지만, 남을 놀림감으로 삼는 것은 좋아했다(자기가 싫어하는 사람들의 흉내를 내며 조소하곤 했다). 그러면서도 자기가 멸시하는 대상이 자기를 인정해주기를 갈망했으며, 신문에 자기를 칭찬하는 글이 실리면 기분이 금방 좋아지곤 했다.

당시 사람들에게 이 모든 것은 특별한 비밀도 아니고 모르는 이야기도 아니었다. 그래서 사람들은 히틀러를 대수롭지 않게 여기고 그저 "정신이 반쯤 나간 인간"이니 "발성 기관이 맥주에 절은 자" 정도로 치부했던 것이고, 그러다가 큰코다친 것이다. 사람들은 어찌 보면 그를 옳게 판단했다. 그러나 어찌 보면 완전히 잘못 판단했다. 히틀러는 이러한 개인적 결점에도 불구하고 대중을 사로잡는 정치적 수사를 펼치는 데 특출난 재주가 있었다. 또, 정부란 그다지 유능한 정부가 아니어도, 제대로 돌아가는 정부가 아니어도, 끔찍한 짓은 얼마든지 할 수 있었다.

우리는 끔찍한 사건의 배후에는 뭔가 치밀한 고도의 기획이 있을 것이라고 짐작하는 경향이 있다. 그럴 만도 하다. '아니, 그렇게 엄청난 비극이, 무슨 천재 악당이 사주한 게 아니고서야 어떻게 벌어질 수 있겠는가?' 싶은 것이다. 그래서 천재 악당이 눈에 띄지만 않으면 별일 없겠구나, 하고 안심하기 쉽다.

그러나 역사는 이것이 오판임을 말해주고 있다. 그리고 이는 우리가 역사 속에서 거듭 저지르는 실수다. 역사상 최악으로 꼽히는 인재人災들은 대개 천재 악당의 소행이 아니다. 오히려 바보와 광인들이 줄지어 등장해 이랬다저랬다 아무렇게나 일을 벌인 결과다. 그리고 그 공범은 그들을 뜻대로 부릴 수 있으리라고 착각한, 자신감이 넘쳤던 사람들이다.

대중의 힘

쫄딱 망한 정부 정책 Top 6

○

인두세

마거릿 대처 정부의 최고 지성들이 더 공정한 방식이라며 생각해낸 세금 제도로, 부자나 가난한 자나 똑같은 액수의 세금을 내는 것이었다. 이는 전국적인 납세 거부와 대규모 폭동을 낳았고, 결국 대처는 압력에 못 이겨 사임했다.

○

금주법

미국은 1920년에서 1933년까지 금주령을 시행한 결과 술 마시는 사람을 줄이는 데는 성공했다. 그러나 범죄 조직이 주류업을 독점하게 되어 전국 각지에서 범죄율이 치솟았다.

○

코브라 효과

영국 정부는 인도 델리에서 유해 동물 방제 운동의 일환으로 죽은 코브라를 가져오면 포상금을 주었다. 그러자 사람들은 코브라를 길러 손쉽게 포상금을 타갔다. 그러자 영국은 포상금을 폐지했다. 그러자 사람들은 쓸모없어진 코브라를 방생했다. 결과는 코브라의 창궐.

○

스무트 홀리 관세법

대공황이 불거진 1930년, 미국은 국내 산업 보호를 위해 수입품에 고율의 관세를 부과했다. 그 결과 무역 전쟁이 벌어져 전 세계의 불황이 더욱 심각해졌다.

○

뒤플레시 고아 사건

1940년대와 1950년대에 캐나다 퀘벡 주정부는 종교 단체들에 고아와 정신질환자를 보살필 수 있게 보조금을 지급했다. 그런데 정신질환자의 경우는 고아의 경우보다 보조금이 두 배나 많았다. 그 결과 수천 명의 고아들이 정신질환자로 허위 진단을 받았다.

○

차량 운휴제

1989년 멕시코의 멕시코시티 시정부는 특정 요일에 특정 차량의 운행을 금지하는 방법으로 대기오염을 개선하고자 했다. 그러나 시민들은 버스를 타는 대신, 자가용을 더 구입해 그날그날 운행 금지에 걸리지 않는 차를 타고 나왔다.

전쟁은
왜
하나요

전쟁에 수반되는 그 난리 법석과
폐쇄적 사고와 마초적 뻘짓을 보면
인류가 얼마나 다방면으로 망하는 재주를
타고났는지 잘 알 수 있다.

○

인간은 전쟁을 참 좋아한다. 전쟁은 인간이 여러모로 애호하는 취미다. 가장 오래된 조직적 집단 폭력의 흔적은 약 14,000년 전 나일 강가의 제벨 사하바 유적에서 발견되었다. 하지만 싸움이라면 그보다 훨씬 전부터 많이 했을 것이다. 그리고 앞서 언급했듯 멕시코 오아하카 유적에서처럼 일단 마을을 짓고 살기 시작하면 이내 마을 간에 습격이 일어나고, 그다음부터는 일사천리로 일이 커진다.

인류사에 알려진 사회의 90~95퍼센트는 전쟁을 꼬박꼬박 치른 것으로 추정되며, 전쟁과 거의 담을 쌓았던 소수의 사회는 유목이나 수렵, 채집 생활을 유지한, 비교적 고립된 사회인 경우가 많다.

하지만 여기엔 한 가지 특이한 예외가 있다. 그 주인공은 5,000년 전 인더스강 유역에서 발생해 오늘날의 아프가니스탄, 파키스탄, 인도에 걸친 지역을 차지했던 하라파 문명. 하라파 문명은 메소포타미아 문명, 이집트 문명과 비슷한 시기에 융성해 고도로 발달한 인구 수백만의 사회였다. 크고 정교하게 계획된 여러 도시에 배관 시설, 화장실과 공중목욕탕을 갖추었으며 혁신적인 발명품과 예술품을 생산해 광범위하게 교역을 펼쳤다. 그런데 이 문명은 전쟁이란 걸 전혀 하지 않았던 것으로 보인다. 고고학자들이 100년간 하라파 도시의 유적을 발굴했지만 주거지가 습격 또는 파괴당한 흔적이 거의 나오지 않았고, 큰 요새나 방어 시설도 몇 개 발견되지 않았으며, 전쟁을 묘사한 미술품도 없고, 군대나 다량의 병기가 존재했음을 짐작케 하는 흔적도 전혀 없었다(그리고 흥미롭게도 같은 시기 다른 문명들과는 달리 위대한 지도자를 기리는 기념물도 별로 나오지 않았다).

그렇다 보니 하라파인들을 히피의 원조 정도로 이상화해 묘사하는 경우도 있다. 그러나 꼭 그렇진 않았던 것 같다. 이웃과 사이좋게 지냈고 팔자가 편했던 건 맞는 듯하지만, 워낙 지리적 조건이 외부 침략의 방어에 유리했으니 전쟁을 치를 일 자체가 별로 없었을 것이다. 그리고 단순히 전쟁의 흔적이 아직까지 발견되지 않은 것일 수도 있다. 어떤 문명이 평화주의 문명으로 알려졌다가 나중에 전혀 그렇지 않음이 드러난 경우는 전에도 있었다. 하라파의 문자 체계는 아직 해독이 제대로 되지 않았으니, 어쩌면 나중에 해석하고 나면 '하하, 우리가 전쟁을 치른 증거는 모조리 꽁꽁 숨겨서 후대의 고고학자들을 골탕먹이자'라는 내용이 나올 수도 있다.

어쨌거나 하라파 사회는 다른 고대 문명들이 전쟁이나 정복 따위에 열을 올리고 있을 시절에 700년 동안이나 외부와 별 충돌을 겪지 않고 번영기를 구가한 것으로 보인다. 그런데 하라파 문명은 확실치 않은 이유로 역사 속에서 연기처럼 사라지고 만다. 주민들은 도시를 떠나 시골로 돌아갔다. 기원전 2200년 전쯤에 일어난 기후변화로 다른 몇몇 초창기 문명이 쇠락한 것처럼, 이곳의 골짜기도 점점 메마르고 척박해졌을 것이다. 또 인구과잉과 경작 과다로 인해 식량난이 초래되었을 수도 있다. 도시에 인구가 과밀하니 전염병이 창궐할 위험도 더 높아졌을 것이다. 그 원인이 무엇이었건 간에 3,500년 전 무렵에는 도시들이 거의 방치되었고, 이로써 인류사에 짧게나마 전쟁이 없었던 시기는 막을 내렸다. 한편 세계의 다른 문명들은 성장을 계속하며 전쟁도 계속 열심히 치렀다.

(좀 개운치 않은 가능성이라면 하라파 문명의 치명적 실수가 전쟁을 치르지 않은 것이며, 문명이 유지되려면 전쟁이 필수인 것은 아닐까 하는 것이다. 좀 암울한 이야기다.)

현재 우리는 전쟁이 아주 없진 않아도, 비교적 평화로운 시대에 살고 있으니 천만다행이라 할 수 있다. 전쟁으로 인한 전 세계 연간 사망자 수가 수십 년째 하향세이니, 혹자는 이를 근거로 인류가 이제 평화와 이성과 국제적 우애의 새 시대에 들어섰다고 한다. 그러나 냉철히 생각해보면 그런 주장을 하기엔 너무 이르다. 현재의 하향 추세는 역사상 최대의 전쟁이었던 2차 세계대전에서부터 시작된 것이니까. 인류는 어쩌면 다시 한바탕 전쟁을 벌이기 전에 잠깐 숨을 고르는 중인지도 모른다.

이 책은 실패에 대한 책이니, 전쟁이란 일단 누군가의 엄청난 실패라는 점에는 이견이 없기를 바란다. 전쟁은 그 자체로도 무척 나쁘거니와, 전쟁에 수반되는 그 난리 법석과 폐쇄적 사고와 마초적 뻘짓을 보면 인류가 얼마나 다방면으로 망하는 재주를 타고났는지 잘 알 수 있다. 전쟁이란 집단적으로 흥분해 이성을 놓는 현상이다. 다시 말해 바보짓을 제대로 하는 것이다.

이를 가장 잘 보여주는 것이 그 유명한 카디스 전투다. 아니 전투라기보다 '술판'이라고 해야 더 정확할지 모르겠다. 1625년, 영국은 스페인을 제대로 손봐주려고 작정했다. 때는 제임스 6세/1세 국왕(왕국 통일, 성경 편찬, 마녀사냥의 주인공)이 서거하고 아들 찰스 1세가 왕위에 막 올랐을 무렵이었다. 찰스는 몇 해 전 스페인 공주와의 결혼을 퇴짜 맞은 이후로 속 좁게도 스페인에 악감정을 품고 있었고, 이제 앙갚음을 좀 해줄 참이었다. 그래서 옛날 방식으로 해적질을 벌여 아메리카 대륙에서 금과 은을 실어오는 스페인 배를 급습한다는 계획을 세웠다.

그해 11월, 영국은 네덜란드와 함께 군함 100척과 병력 15,000명의 연합 원정군을 꾸려 스페인 남서부의 카디스만으로 쳐들어갔다. 실컷 노략질을 벌이고 절대 봐주지 않을 작정이었다. 사실 카디스만으로 향한 것은 이들이 워낙 허술하고 굼떠서 아메리카에서 돌아오는 스페인 배들을 가로채지 못했기 때문이었지만…… 어쨌거나 제대로 복수해줄 참이었다.

그런데 딱하게도 카디스에 당도하기도 전에 배에 싣고 온 식량과 식수가 바닥을 보였다. 그래서 상륙하자마자 원정군 지휘관 에드워드 세실 경은 허기진 병사들에게 전투는 잠깐 미루고 일단 식량을 찾을 것을 허락했다. 그러자 병사들은 당연히, 해외에 나간 영국인이 늘 하는 행동에 착수했다. 카디스의 와인 저장고로 직행한 것. 그리고 이내 고주망태가 되었다.

병사들이 죄다 떡이 된 것을 깨달은 세실은 현명하게도 계획을 포기하고, 병사들에게 배로 돌아와 불명예스럽게 귀환할 것을 명령했다. 병사들의 대다수는 돌아왔지만, 약 1,000명 정도는 해롱거리며 카디스를 돌아다니다가 당도한 스페인군의 손에 모두 죽고 말았다.

그렇게 영국의 카디스 침략은 실패로 끝났다.

영국이 카디스에서 벌인 이 활약은 역대 전쟁사 최악의 실패 가운데 하나로 꼽히지만, 솔직히 사람들이 죽은 대목만 빼면 꽤 훈훈한 이야기처럼 들리기도 한다. 어느 외지에 가서 식사 대신 진탕 마시다 보니 일행 몇 명이 안 보인다. 전형적인 휴가 풍경 아닌가? 나라들끼리 전쟁하는 대신 파견단을 서로 보내 현지 와인을 실컷 마시고 동네를 헤매게 하는 행사를 주기적으로 한다면, 세상은 아마 지금보다 훨씬 살기 좋은 곳이 되지 않을까(그런데 이렇게 쓰고 보니 이미 EU가 그런 개념인 것 같기도 하다).

술은 그 밖에도 어이없는 최악의 전투에 주인공으로 등장하곤 한다. 1788년에 벌어진, 전투라고도 할 수 없는 카란세베스 전투가 한 예다. 이 전투에서 오스트리아군은 적군이 나타나지 않았음에도 불구하고 막심한 피해를 입는 위업을 달성한다. 아니 적군(오스만 제국군)은 사실 전투가 있었다는 것도 모르다가 얼마 후 격전의 흔적을 보고서야 알게 되었다.

도대체 무슨 일이 일어났는지는 확실치 않다. 일단 꽤 확실한 사실은, 오스트리아군이 오스만군의 추격을 경계하면서 야간에 퇴각하던 중 카란세베스 마을(오늘날 루마니아에 위치)을 지나게 되었다는 것. 그때 사건이 어떻게 전개되었는지에 대해서는 여러 가지 설이 있다. 어떤 설에 따르면, 루마니아 왈라키아 지역의 현지 부대가 오스트리아군에 혼란을 일으켜 수송 열차를 약탈할 생각으로 투르크군(즉 오스만군)이 나타났다는 루머를 퍼뜨렸다고 한다. 또 다른 설에 따르면, 오스트리아군 기병들로 구성된 선봉대가 달구지에 브랜디를 신고 가는 왈라키아인 농부와 마주치고는, 하루종일 말 타고 달리느라 지친 김에 한잔 걸치기로 했다. 뒤따라온 보병 무리가 기병들에게 브랜디 좀 같이 나눠 마시자고 요구했고, 곧 옥신각신 싸움이 붙었다는 것이다.

그 발단이 무엇이었든 간에(다양한 설들은 다 책임을 서로 다른 무리에 돌리려고 하는 느낌이 역력하다), 그다음 벌어진 상황에 대해서는 여러 설이 대체로 일치하는 듯하다. 그 와중에 누군가가 허공에 총을 쏘았고, 또 누군가가 "투르크군이다, 투르크군!"이라고 외쳐대면서 사태가 급박하게 돌아갔다는 것. 기병대원들은 (아마 술 취한 상태에서) 적의 기습이라고 생각해, 말에 올라 달리면서 "투르크군이다, 투르크군!"이라고 똑같이 외치기 시작했다. 그러자 너나 없이 혼비백산해 실체 없는 투르크군을 피해 달아난다. 어둠과 혼란, 그리고 아마도 술기운 속에서 맞닥뜨린 두 부대는 서로 상대를 적군으로 오인하고 총을 난사하기 시작한다.

투르크군의 기습 따위는 없었음을 다들 깨달았을 무렵, 오스트리아군 병력의 상당수는 이미 도망가고 없었고, 화차와 대포는 뒤집혀 나뒹굴었으며, 군수품은 대부분 유실되거나 못 쓰게 된 상태였다. 다음 날 투르크군이 도착해서 보니, 눈앞에 오스트리아 병사들 시신과 진을 친 흔적이 어지럽게 흩어져 있었다.

피해 규모의 추정치는 굉장히 다양하다. 한 출처에 따르면 그저 다수의 사망자와 부상자가 발생했다고 하고, 또 다른 출처에는 1,200명이 부상했다고 되어 있다. 그런가 하면 오스트리아를 다스리던 요제프 2세 황제는 한 편지에서 "냄비와 천막 전부에다가 대포 3개까지" 잃었다고 대수롭지 않게 주장했다. 이 전투를 언급한 가장 유명한 자료에는 사망자가 무려 1만 명이라고 되어 있지만, 이는 흥미를 돋우려고 누가 지어낸 숫자일 가능성이 농후하다. 결론적으로, 뭔가 사건이 일어났고, 몇 명이 죽었는지 모르지만, 어쨌든 엄청난 바보짓을 벌였다는 데는 다들 동의하고 있다.

'전장의 안개fog of war'란 바로 이런 것을 두고 하는 말일까?

바보짓으로 참패를 자초한 또 하나 훌륭한 예로는 미국 남북전쟁 중 벌어진 '피터스버그 포위전'을 들 수 있다. 요약하자면 북군이 전술적 승리를 거두고도 참으로 기발한 방식으로 패배를 당한 사건이다. 북군은 남군의 진지 위치를 파악해놓고 그 방벽을 일격에 격파할 작전을 한 달간 공 들여 준비했다. 진지 바로 밑까지 길이 150미터의 땅굴을 파고 들어가서 엄청난 양의 폭발물을 묻어놓은 것이다.

마침내 1864년 7월 30일 새벽, 북군이 폭발물을 터뜨려 방벽을 날려버렸는데, 예상치 못한 폭발의 위력에 남군이나 북군이나 크게 놀란 모양이다. 남군 병사 수백 명이 죽고, 길이 50미터에 너비 30미터, 깊이 10미터의 거대한 분화구가 생겨났다. 얼떨떨한 북군은 약 10분간 멍하니 바라보고 있다가 이내 돌격에 나섰다. 그런데 돌격에 투입된 병사들은 이 '방벽 폭파 후 진지 급습' 전술을 장기간 훈련받은 병사들이 아니었다. 애초에 흑인 병사들을 투입할 예정이었지만 그 모양새가 좋지 않겠다 싶었던 북군 지휘관이 막판에 백인 병사들로 교체하도록 명령했기 때문이다. 백인 북군 병사들은 남군을 향해 용감히 진격해 분화구 속으로 들어갔다.

한편 남군은 폭발의 충격이 지나간 후 전열을 가다듬고 보니, 자기들이 둘러싸고 있는 한가운데에는 거대한 구덩이가 움푹 꺼지고 그 안에 적군이 한가득 갇힌 상태였다. 북군의 증원 병력도 속속 도착해서는 무슨 생각인지 분화구에 들어찬 무리에 사이좋게 합류했다. 남군의 지휘관은 훗날 그때 상황을 가리켜 '칠면조 사냥(쉬운 사냥감을 쏘는 일─옮긴이)'이었다고 했다.

이 이야기가 주는 군사 전술상의 교훈이라면, '큰 구덩이 속에 제 발로 걸어 들어가지 말자'가 될 것 같다.

또 하나 군사 전술의 기초라면, 전시에 정확한 커뮤니케이션은 필수라는 것. 태평양의 괌에서 그 교훈을 깨달은 것은 1898년 미국 스페인 전쟁 때였다. 당시 괌을 식민 지배하고 있던 스페인이 지금 전쟁 중이라는 사실을 괌에 미처 알리지 않은 것이다.

그래서 미군 군함 몇 척이 왠지 평화로워 보이는 괌에 접근해 스페인의 산타크루스 요새에 열세 발의 포격을 가하자, 괌의 스페인 측 고위 대표들이 배를 저어 군함에 다가와서는, 예포를 후하게 쏘아 인사해준 것에 감사를 표했다. 그러고는 답례를 하고 싶은데 대포를 옮겨와야 해서 좀 시간이 걸리니 양해해달라고 했다.

미군은 잠깐 난처해하다가 상황을 설명해주었다. 자기들은 방금 인사를 한 것이 아니라 전투를 벌이려고 한 것이며, 지금 미국과 스페인은 전쟁 중이라고 말이다. 대표들은 별안간 포로 신세가 되었음을 깨닫고, 자기들은 본국으로부터 두 달 넘게 아무 연락도 받지 못했고 전쟁 이야기는 전혀 듣지 못했다며 볼멘소리를 했다. 대표들은 물러가서 어떻게 할지 자기들끼리 논의했고, 그중 상인 1명은 남아서 미군과 환담을 나누었다. 미군 함장과 오랜만에 본 친구 사이였다나.

괌은 며칠 후 공식적으로 투항했고, 그 후로 지금까지 미국 땅이다.

우리 인간은 '과거의 실수를 되풀이하지 않기'라면 영 재주가 없다. 그렇지만 1941년 히틀러가 그때로부터 129년 전 나폴레옹의 패착을 그대로 답습한 것만큼이나 이를 적나라하게 보여주는 사례는 많지 않을 것이다. 두 사람 모두 그 실수로 말미암아 순조롭게 진행 중이던 유럽 평정 계획을 완전히 망쳤다. 그 실수는 바로 러시아 침공을 시도한 것.

역사상 러시아를 대규모로 침공해 성공한 주인공은 몽골이 유일하다(당시는 러시아가 아니라 키예프 공국이었다. 그 이야기는 몇 장 뒤에서 살펴본다). 폴란드는 잠깐 성공해 모스크바를 몇 년간 점령하기까지 했지만 결국 쫓겨났고, 스웨덴은 한 번 시도했다가 참패한 후 사실상 스웨덴 제국 몰락의 길로 들어서는 엄청난 화를 입었다. 그러니 '러시아는 웬만하면 쳐들어가지 말자'라는 교훈을 새길 만하다.

두 사람 중에서는 나폴레옹이 히틀러보다 그나마 조금 더 합리적인 이유에서 계획을 단행했다고 봐야 할 것이다. 우선 나폴레옹은 '나폴레옹의 실패'라는 참고 사례가 없었다. 휘하의 육군이 연전연승을 거두고 있었으니 승리를 자신할 만도 했다. 더군다나 유럽에서 러시아를 제외하고 아직 버티고 있는 유일한 적수 영국을 경제적으로 봉쇄하는 데 러시아가 협조하지 않는다고 보았으므로 차르 알렉산드르 1세에게 충분히 불만을 품을 만했다. 물론 무역 봉쇄에 협조하지 않는다고 대국에 쳐들어간다는 것은 그리 현명한 생각이라고 보기 어렵다. 나폴레옹의 가장 큰 실수라면, 매사에 뜻을 관철하는 수단이 거의 전쟁으로 시작해 전쟁으로 끝났다는 점. 나폴레옹은 외교와 협상에는 영 재주가 없었다.

나폴레옹은 누군가를 공격하긴 해야겠다고 일단 마음을 먹은 상태에서, 러시아가 그나마 영국처럼 섬은 아니니 만만하다고 생각했을 것이다. 그리고 기후를 고려했을 때 러시아를 침공할 시간이 사실상 석 달밖에 없다고 판단하고 전략을 이렇게 짰다. '모스크바로 곧장 쳐들어가 그곳에서 러시아와 총력전을 벌인다. 러시아 군대는 귀족들이 부리는 용병 무리에 지나지 않으니 우리처럼 사기가 드높고 전투력이 월등한 군대의 적수가 되지 않을 것이다.'

그러나 계획이 아무리 그럴듯해도 적이 예상대로 나오지 않으면 실제로는 맞아떨어지지 않는 경우가 있다. 이 계획도 그런 경우였다. 러시아군은 예상과 달리 나폴레옹 군대의 진격에 별 저항을 하지 않았다. 계속 후퇴를 거듭하면서 큰 전투를 가급적 피하고, 동시에 초토화 전술로 프랑스군이 물자를 확보할 수 없도록 하면서 겨울이 오기만을 기다렸다. 나폴레옹이 러시아의 수에 말려들었다는 것을 깨달았을 때는 이미 빠져나오기엔 늦은 상황이었다. 이제 지칠 대로 지친 프랑스군 앞에 놓인 운명은 이역만리에서 고국까지 다시 돌아가는 죽음의 행군뿐이었다. 나폴레옹의 철옹성은 균열이 가기 시작했고, 이로써 나폴레옹은 몰락의 길에 접어들었다.

1941년 히틀러도 똑같은 상황이었다. 히틀러도 섬나라인 영국 침공의 어려움을 깨닫고, 대신 소련을 침공하되 여름이 지나가기 전에 신속히 해치워야 한다는 결론에 이르렀다. 물론 당시 히틀러는 소련과 불가침조약을 맺고 있었지만, 자기는 나치이고 소련은 공산주의자들이니 눈엣가시였을 것이다.

히틀러는 사실 나폴레옹의 전략을 연구했다. 그리고 같은 실수를 피하기 위한 묘책을 마련해두었다. 병력을 모조리 모스크바로 보내지 않고 셋으로 나누어 모스크바, 레닌그라드와 키예프를 공격할 생각이었다. 그리고 나폴레옹과 달리 겨울이 다가와도 바로 퇴각하지 않고 버티며 싸울 생각이었다. 결과적으로 그 두 선택 모두 파멸을 자초하고 말았다. 히틀러가 깨닫지 못한 사실은 나폴레옹 때와 전술이 조금 달랐다고 해도 결국 기본 작전은 똑같았다는 것이다(신속 과감하게 적을 치고, 큰 전투를 가뿐히 이기면, 적은 금방 무너진다는 것). 그러니 문제점도 똑같았다(적이 예상대로 행동하리라 철석같이 믿었고, 러시아 겨울의 위력을 여전히 무시함).

독일 수뇌부에는 이러한 문제점을 히틀러에게 지적해줄 수 있을 만한 참모들이 얼마든지 있었다. 그러나 히틀러는 반대하거나 회의하는 낌새만 있으면 작전 내용을 참모들에게 꽁꽁 숨기거나 철저히 거짓말로 둘러댔다. 이는 '자만심', '소망적 사고', '현실 회피'의 삼박자가 맞아떨어진 의사 결정 방식이었다.

작전의 문제점도 나폴레옹 때와 같았고, 결과도 얼추 비슷했다. 단 이번에는 피해가 너무 컸다. 독일은 소련 영토를 꽤 점령해 들어가고 몇몇 전투에서 승리했지만, 소련은 독일의 시나리오대로 무너지지 않았다. 소련은 초토화 전술로 겨울이 올 때까지 독일군의 발을 묶어놓았고, 겨울이 되자 독일군은 당황했다. 전투복은 너무 얇았다. 물자는 부족했고, 전차에 사용할 부동액조차 없었다. 히틀러는 퇴각하지 말고 강추위 속에서 버티고 싸우라고 명령했지만, 결과는 전혀 나아질 게 없었다. 사망한 병사 수만 늘어났을 뿐이다. 역사상 두 번째로, 유럽 대륙을 거의 정복했던 군대가 공연히 러시아를 침공했다가 전력에 처참한 손실을 입으면서 역전을 자초하고 만 것이다.

엎친 데 덮친 격으로, 이 무렵 독일의 동맹국 일본도 허술한 작전으로 진주만 공습을 감행해 가만히 놓아두면 좋았을 초강대국 미국을 전쟁에 끌어들이고 말았다. 그 한심한 두 실책이 없었다면 2차 세계대전은 추축국의 승리로 끝났을지도 모르는 일이다. 이렇게 보면, 인류는 형편없는 의사 결정 능력 덕분에 가끔은 최선의 결과를 내기도 한다는 것을 알 수 있다(독자가 히틀러 지지자가 아니라면).

어쨌든 그렇게 해서 미국과 일본은 태평양에서 맞붙게 되었는데, 여기서 '전장의 안개'가 실제 안개로 유발될 수도 있음을 보여주는 사건이 일어난다. 일본과 알래스카 중간쯤에 위치한 북태평양의 척박한 섬이자 전략적 거점, 키스카섬에서 일어난 일이다. 키스카섬은 2차 세계대전이 한창이던 1942년에 일본이 점령한 두 섬 중 하나로, 이때 미국은 1812년 영국과 싸운 이래 처음으로 외국에 자국 영토를 점령당했기에 적잖은 충격을 받았다. 물론 본토에서 멀리 떨어진 눈곱만 한 영토였지만.

1943년 여름, 미군과 캐나다군 34,000명은 키스카섬 탈환 작전을 준비했다. 병사들은 이미 부근의 애투섬을 탈환하는 과정에서 일본군이 죽음을 불사하고 항전하는 통에 피비린내 나는 살벌한 전투를 겪은 터라 온몸이 성치 않은 데다 초긴장 상태였다. 작전을 이끄는 지휘관들은 키스카섬 전투도 애투섬 전투 못지않게 치열하리라 확신했다. 8월 15일에 연합군 병력이 키스카섬에 상륙했을 때, 섬은 한파가 몰아치고 짙은 안개에 뒤덮여 있었다. 병사들은 강추위와 한 치 앞도 보이지 않는 비바람을 뚫고, 험준한 지형을 한 발짝씩 조심스럽게 내딛으며 지뢰와 부비트랩을 피해 나아갔다. 자욱한 안개 속에서 보이지 않는 적군의 총격이 연신 번쩍거렸다. 이들은 24시간 동안 저격수의 총격을 피해가며 비탈길을 타고 섬 중앙의 고지를 향해 힘겹게 올라갔다. 여기저기서 터지는 포탄 소리와 따닥거리는 총성, 명령 소리와 일본군이 나타났다는 외침 소리가 배경음처럼 끝없이 들려왔다.

다음 날이 되고서야 연합군은 피해 규모를 점검해보았다. 사망자 28명, 부상자 50명이었다. 그제야 그들은 적군이 존재하지 않았다는 사실을 깨달았다.

일본군은 이미 3주 전에 섬을 버리고 떠난 후였다. 미군과 캐나다군이 서로 총질을 했던 것이다.

딱하지만 한편으로 이해가 가는 참사일 수도 있겠는데, 그게 그렇지가 않았다. 이미 공중정찰팀이 섬에서 일본군의 활동이 전혀 관찰되지 않아 병력이 철수한 듯하다고 상륙 몇 주 전에 작전 지휘관들에게 알린 후였다. 하지만 지휘관들은 애투섬에서 겪은 일이 있던지라 일본군은 절대 퇴각 같은 건 하지 않으리라 믿었다. 확증 편향이 제대로 발휘된 순간이었다. 지휘관들은 어찌나 확신에 찼던지, 만일을 위해 정찰 임무를 몇 번 더 수행해보겠다는 제안마저 거절했다. 여기서 우리는 매사를 지레짐작하지 말자는 교훈을 건질 만하다.

그로부터 2년 후, 전쟁이 끝나기 몇 주 전인 1945년 4월, 임무 투입 9일 차에 접어든 독일군 잠수함 U-1206이 스코틀랜드 북동쪽 연안을 순찰 중이었다. U-1206은 빠른 속도와 미려한 외관, 최첨단 기술을 자랑하는 신형 잠수함으로, 특히 최신식 화장실 설비를 갖추어 분뇨를 정화조에 저장하지 않고 바다로 쏘아 배출하도록 만들었다.

그 화장실의 유일한 단점이라면 사용법이 의외로 복잡했다는 것. 어찌나 복잡했는지 4월 14일, 함장은 물이 도저히 내려가지 않아 기술자를 불렀다. 기품과 권위를 유지해야 할 지휘관 입장에서 썩 내키는 일은 아니었을 것이다. 불행히도 기술자 역시 물이 내려가게 할 줄 몰랐다. 기술자는 이런저런 조작을 시도하다가 엉뚱한 밸브를 돌리고 말았고, 곧바로 선실 안으로 바닷물과 인분이 섞인 혼합물이 쏟아져 들어왔다.

누가 도대체 '물 내리는 밸브와 꼭 닮았으면서 바닷물을 함내로 쏟아져 들어오게 하는 밸브를 화장실에 달자'는 생각을 했을까? 나도 모른다. 〈스타워즈〉에 나오는 데스스타에 그 치명적인 배기구를 단 사람도 있으니 뭐, 그 사람하고 철학이 비슷한 사람이었겠지.

선실이 분뇨와 염수가 섞인 구린 물로 물바다가 되고 끝났으면 좋았겠지만, 그게 끝이 아니었다. 오수가 선실 바닥으로 새어 들어가 잠수함 설계자가 하필 또 친절하게도 화장실 바로 밑에 장착해놓은 배터리를 건드렸다. 배터리에서 유독한 염소 가스가 대량으로 뿜어져 나오자, 슐리트 함장은 잠수함을 부상시킬 수밖에 없었다. 그러자 영국 공군은 물 밖에 나온 잠수함을 바로 공격했고, 함장은 잠수함을 포기하고 침몰시켜야 했다. 이로써 U-1206은 2차 세계대전 중 화장실 설계 불량으로 침몰한 유일한 함선이라는 불명예를 안게 되었다.

여기서 우리가 건질 교훈은 '위급 상황에서 사용자 인터페이스의 설계는 무척 중요하다', '임무 수행에 필수적인 설비는 물리적으로 분리할 필요가 있다' 등 중요한 것이 많지만, 솔직히 말하면 이 사례는 그냥 너무 웃겨서 넣어보았다.

군사 작전의 성공을 위해 계책이란 두말할 것 없이 중요하다. 그러나 때로는 계책을 너무 교활하게 짜서 제 꾀에 넘어가는 경우가 있다. 자기보다 훨씬 고수인 상대와 체스를 두어봤다면 무슨 말인지 알 것이다. 아주 기발한 함정에 상대를 빠뜨리려고 한참 공을 들였는데, 상대는 모든 수를 예측하고 있었고 결국 자기가 판 함정에 자기가 빠지는 것이다. 프랑스의 앙리 나바르 장군이 베트남에서 당한 일이 그것이다. 차이점이라면 체스 말이 아니라 실제 병사들로 벌인 전쟁이었다는 것. 같은 나라 선배 나폴레옹처럼, 그도 '상대가 예상대로만 나온다면 더없이 완벽한' 계획을 꾸몄다.

때는 1953년, 나바르의 목표는 (프랑스령 인도차이나에서 식민 지배에 맞서 끈덕지게 저항운동을 벌이던) 공산주의 조직 베트민의 군대를 보기 좋게 섬멸해, 임박한 평화 협상에서 우위를 점한다는 것이었다. 나바르는 아주 기발한 함정을 파기로 했다. 외진 곳에 프랑스군 기지를 크게 새로 짓고 베트민군의 보급로를 차단하여 베트민군을 전투에 끌어들일 생각이었다. 기지를 지을 디엔비엔푸라는 곳은 사방이 울창한 산으로 둘러싸인 분지였으므로, 베트민군이 고지에 몸을 은폐할 수 있었다. 프랑스군 증원 병력 위치에서도 멀리 떨어져 있었다. 베트민이 거부하기 어려운, 딱 치기 좋은 표적이었다. 그러나 나바르는 프랑스군이 우월한 군사력으로 이들을 쉽게 무찌를 수 있다고 생각했다. 프랑스군이 공중을 장악한 상태에서 물자를 공수해줄 것이고, 베트민군은 정글 속에서 중화기를 이곳까지 운반해올 수 없을 테니 화력 면에서도 프랑스군이 압도하리라 생각했다. 계획은 아주 좋았다. 나바르는 부하들을 시켜 기지를 세우고, 기다렸다.

기다리고 또 기다렸다. 몇 달 동안 아무 일도 일어나지 않았다. 베트민군은 전혀 공격을 해오지 않았다. 무얼 하고 있는지 알 수 없었다.

사실 베트민군은 정글 속에서 중화기를 운반하고 있었다. 그 몇 달 동안 베트민군과 민간인들이 힘을 합쳐 무기를 다 분해하고 울창한 산속을 장거리 이동해 디엔비엔푸까지 옮겨온 다음 재조립하고 있었던 것이다. 그러고는 우기가 시작될 때까지 기다렸다. 프랑스 병력이 진흙탕에 발이 묶이고 프랑스 비행기들이 시계가 확보되지 않아 보급품을 투하할 수 없게 되자 베트민군은 공격을 개시했다. 구식 소총을 든 농민들이 육탄으로 공격해올 줄 알았던 나바르의 병사들은, 난데없이 각종 중화기가 나타나 포격을 연신 퍼붓자 놀라움을 금할 수 없었다.

프랑스군은 포위 상태에서 두 달간 버티다가 결국 함락당했다. 그 규모나 방식에서 워낙 압도적이고 수치스러운 참패였기에 프랑스 정부는 붕괴하기에 이르렀고, 베트민은 결국 독립을 쟁취해 북베트남을 세우게 되었다. 그 후의 이야기는 잘 알려진 대로다. 베트남이 두 나라로 갈라진 상태에서, 남베트남에 남은 베트민 잔존 세력은 베트콩이 되었고, 베트콩은 곧 남베트남 정부에 맞서 무장투쟁을 전개했다. 냉전시대 반공 이념에 경도되어 있던 미국은 동맹국인 남베트남을 지원하려고 개입했지만, 프랑스와 마찬가지로 베트남에서 싸우는 데 별 재주가 없었다. 뒤이어 발발한 베트남 전쟁은 20년 가까이 이어지면서 150만에서 300만 명에 이르는 사망자를 낳았다. 이 모든 결과는 어찌 보면 앙리 나바르가 기발한 함정을 팠기 때문이라고도 할 수 있다.

그러나 군사적 실패의 역사에서 가장 전무후무한 사례를 들자면 냉전 중에 벌어진 또 다른 전투를 꼽아야 할 것이다. 요약하자면 몇

몇 사람의 인지 편향으로 초강대국이 피라미 한 마리에게 굴욕을 당한 사건이다.

피그스만 침공

미국이 피그스만에 상륙해 쿠바를 침공하려다가 실패한 사건은 집단 사고의 전형적 사례일 뿐 아니라, '집단 사고groupthink'라는 말 자체의 기원이 된 사건이기도 하다. 심리학자 어빙 재니스가 케네디 행정부의 이 대실패 사례를 연구하고 나서 만들어낸 말이 바로 '집단 사고'다.

미국은 바로 지척에 위치한 작은 섬나라 쿠바의 정부를 전복시키려고 오랜 세월 온갖 삽질을 했지만, 피그스만 작전은 그중에서도 가장 굴욕적인 사건이었다고 할 만하다(단, 가장 '엽기적'이었던 사건은 따로 있는데, CIA가 조개에 폭발물을 장착, 스쿠버다이빙하는 피델 카스트로를 유인해 암살한다는 계획을 세우고 조개를 대량 구입했던 일을 꼽아야 할 것이다).

기본 계획은 이랬다. 카스트로에 반대하는 쿠바 망명자들을 훈련시켜, 이들로 하여금 미국의 공중 지원하에 침공에 나서게 한다는 것. 이들은 오합지졸 쿠바군과의 전투에서 쉽게 승기를 잡을 것이고, 이를 본 쿠바 주민들은 그들을 해방군으로 환영하며 공산주의 정권에 맞서 들고일어날 것이라고 보았다. 아주 간단했다. 미국은 이미 과테말라도 그런 식으로 처리한 적이 있었다.

일이 틀어지기 시작한 것은 존 F. 케네디가 리처드 닉슨을 이기고 대통령이 되면서였다. 이 작전은 애초에 부통령이던 닉슨이 지지했고 그가 백악관의 새 주인이 되리라는 전제에서 기획된 것이었다. 그러나 케네디는 그리 호방한 기질이 아니었고, 자칫 소련의 심기를 건드려 전쟁이 일어날 가능성을 우려했다(실제로 우려할 만했다). 그래서 작전의 일부 변경을 주장했다. 미국의 작전 지원은 철저히 비밀리에 이루어져야 한다고 했다(즉 공중 지원 불가). 또 상륙 지점도 인구가 많이 거주하는 지역에서 멀리 떨어진 곳으로 바꿀 것을 요구했는데, 그렇다면 '민중 봉기 유도' 시나리오는 실현이 어려워질 게 뻔했다.

원래부터도 상당히 낙관적인 작전이었는데, 이렇게 되면 누가 봐도 폐기하는 편이 나았을 것이다. 전혀 그럴듯한 작전이 아니었다. 그렇지만 당국자들은, 마치 그럴듯한 작전이라는 듯 일을 계속 진행해나갔다. 질문하는 사람도 없었고 따지고 드는 사람도 없었다. 당시 케네디 행정부의 고문이었고 이 계획을 반대했던 역사학자 아서 슐레진저가 훗날 밝힌 바에 따르면, "누구나 동의하는 게 당연하다는 듯한 묘한 분위기" 속에서 회의가 열렸고, 자신은 어이없는 계획이라고 생각했지만 회의 석상에서는 왠지 잠자코 있게 되었다는 것이다. 그는 이렇게 적었다. "그때 내가 소심하게 질문 몇 개를 던지는 것 이상으로 나서지 못했던 이유를 설명하자면, 그 허튼짓을 고발하고 싶은 충동이 당시의 회의 분위기에 눌려버렸다고 할 수밖에 없다." 누구나 살다 보면 그런 회의를 경험하게 되니, 이해가 안 가는 것은 아니다.

1961년 4월, 공격은 단행되었고, 역시나 여기저기서 일이 틀어지기 시작했다. 미 공군이 카스트로의 공군을 처리해줄 수 없으니 쿠바 망명자들이 그 임무를 맡아 쿠바 공군기처럼 위장한 폭격기 몇

대를 몰고 니카라과에서 이륙해 작전을 수행했다. 그리고 계획에 따라 그중 한 비행기가 보란 듯이 마이애미에 착륙했고, 비행기에서 내린 조종사는 자신은 탈주한 쿠바군이며 쿠바 공군기지를 폭격한 것이 자기라고 세상 떠들썩하게 발표했다. 그러나 이 계략은 그 비행기가 쿠바군에서 실제 사용하는 기체와 다르다는 것이 알려지면서 보기 좋게 실패했다.

또 어둠을 틈타 몰래 상륙하려던 상륙부대는 현지 어부들에게 금방 발각되었고, 어부들은 그들을 해방군으로 환영하기는커녕 떠들썩하게 경보를 울리며 소총으로 쏘아대기 시작했다("우리는 '으악, 침공이다, 비상! 적의 침공이다' 이런 생각이었다"라고 당시 어부였던 그레고리오 모레이가 침공 50주년 BBC 인터뷰에서 회고했다). 상륙부대는 쿠바 정복의 출발점으로 삼았던 해변을 벗어나기조차 힘들었다. 설상가상으로 대규모의 쿠바군 병력이 금세 나타나 총격을 해왔는데, 전혀 오합지졸이 아니라 상당히 전투에 능했다. 아, 그리고 쿠바 공군기도 한 대 가세해 공격해왔다. 허접한 위장 폭격기들이 다 처리해놓은 게 아니었던 모양이다.

이 시점에서 상륙부대는 공중 지원이 절실했지만, 케네디는 '쿠바군 조종사 망명' 계략이 만천하에 드러난 것에 잔뜩 움츠러들어 공중 지원을 승인해주지 않았다. 그래서 상륙부대는 며칠 동안 해변에 갇혀 적의 공격을 절박하게 버텼고, 탄약은 다 떨어져갔다.

침공 개시 3일째, 적극적 개입 없이는 상륙부대가 해변을 벗어날 가망이 없다는 게 누가 봐도 분명했고, 케네디는 마침내 생각을 180도 바꿔 공중 지원을 승인했다. 그러나 이번에는 쿠바인 조종사들이 상황 돌아가는 꼴에 배신감을 느껴 조종을 거부했다. 그러자 미국은 이제 비밀리에 개입한다는 계획을 깨끗이 포기했다. 앨라배마 주방위군에서 대원을 차출해 위장 폭격기에 태우고, 여기에 위장이고 뭐고 포기한 적나라한 미군 전투기들을 투입해 지원하기로 했다. 드디어 해변 상륙부대가 반격의 기회를 잡는가 싶었다. 하지만 역시나 이 작전은 화려한 바보짓으로 그 대단원을 마무리한다. 폭격기들이 있던 니카라과와 전투기들이 있던 마이애미 사이에 시차가 있다는 사실을 다들 잊은 것이다. 그래서 폭격기들과 전투기들은 서로 만나지도 못했다. 그중 몇 대는 격추당했다.

이 사건으로 미국은 전 세계의 조롱거리가 되었고, 피델 카스트로의 권력은 그 어느 때보다 더 공고해졌으며, 1,000명 이상이 포로로 잡혔다. 몇 년 후 미국은 5,000만 달러가 넘는 몸값을 지불하고 나서야 이들을 석방시킬 수 있었다.

좋은 쪽으로 생각하면, 케네디는 이 의사 결정의 실패를 통해 교훈을 톡톡히 얻었다. 그 덕분에 그다음 해에 찾아온 쿠바 미사일 위기에서 수뇌부가 더 냉철한 판단을 할 수 있었고, 이로써 전 세계가 파국을 모면했다고도 볼 수 있다. 그리고 다행히도 이 사건의 충격이 워낙 컸기에, 미국은 다시는 집단 사고에 빠져 부실한 침공 작전을 허술한 정보에 기대어 뚜렷한 계획도 출구 전략도 없이 밀어붙이는 잘못을 저지르지 않았다.

하이고.

역사상 가장 무의미했던 전쟁 Top 6

○

양동이 전쟁

1325년 이탈리아의 도시국가 모데나와 볼로냐 사이에 일어난 전쟁으로 2,000명이 사망한 것으로 추정되는데, 그 발단은 모데나의 병사 몇 명이 볼로냐의 우물에서 양동이를 훔쳐간 것이었다. 모데나는 전쟁에서 승리하고, 바로 양동이 하나를 더 훔쳐갔다.

○

영국 잔지바르 전쟁

역사상 가장 짧았던 전쟁으로, 한 시간이 채 걸리지 않았다. 영국이 승인하지 않은 잔지바르의 술탄이 왕위를 차지하고는 왕궁에 틀어박혀 버티자, 영국은 총 38분간 포격을 퍼부어 술탄을 쫓아냈다.

○

축구 전쟁

1969년, 엘살바도르와 온두라스 간의 오랫동안 곪아왔던 갈등이 결국 전쟁으로 폭발했으니, 그 기폭제가 된 것은 양국 간 월드컵 예선전 몇 경기에서 벌어졌던 폭력 사태였다(축구는 엘살바도르가 이겼고, 전쟁은 무승부였다).

○

젱킨스의 귀 전쟁

영국과 스페인이 10년 넘게 벌여 수만 명이 죽은 전쟁으로, 촉발된 계기는 1731년 스페인 당국이 뒤를 봐주던 해적들이 영국 상선 선장의 귀를 자른 사건이었다. 이 전쟁은 오스트리아 왕위 계승 전쟁으로 번져, 유럽 전역이 전쟁에 휘말리는 사태를 낳았다.

○

요강 반란

정복왕 윌리엄의 맏아들 로베르는 두 동생이 자기 머리 위로 요강을 엎었는데 아버지가 충분히 벌을 주지 않자, 이에 불만을 품고 아버지에 맞서 대놓고 반란을 일으켰다.

○

황금 의자 전쟁

대영제국과 서아프리카의 아샨티족 사이에 벌어진 전쟁으로, 그 발단은 영국 총독이 '평범한 의자'를 거부하고 황금 의자에 앉겠다고 요구한 것이다. 황금 의자는 누구도 감히 앉을 수 없는 신성한 왕좌였다. 전쟁은 영국이 이겼지만, 총독은 그 의자에 결국 앉지 못했다.

식민주의의
화려한
잔치

─────

인간의 역사란 멀리서 바라보면,
제국들이 흥했다가 망하고
서로 학살하는 이야기가 대부분이다.

─────

미지의 세상을 탐험하고 개척하려는 강한 욕구는 인간만의 고유한 특징이다. 그 덕분에 호모 사피엔스와 그 사촌들은 진화사 관점에서 볼 때 '눈 깜짝할 새' 세상 곳곳으로 퍼져나갈 수 있었다. 그러한 욕구야말로 인류가 수천 년간 이주와 교역, 식민화와 전쟁을 거듭하면서(그 과정에서 온갖 바보짓과 못된 짓과 난리를 치르며) 오늘날 현대 세계의 모습을 빚어낸 원동력이기도 하다.

크리스토퍼 콜럼버스가 1492년 대서양 망망대해에 배를 띄운 것도 그런 탐험심의 발로였다(몇 달 후 어이없게 바위투성이 해안에 배를 처박았지만).

때는 이른바 '대항해시대'가 본격적으로 열릴 무렵이었다. 한때 몽골 제국이 유라시아 땅을 차지했을 때는 유럽과 아시아 간 육상 교역이 활발했지만, 흑사병의 창궐과 오스만 제국의 부상으로 육로가 막혀 있었다. 그래서 당시 기술과 지식의 급성장에 고무되어 부를 갈구하던 유럽은 바다로 눈을 돌렸다. 이렇게 아시아와 아프리카, 그리고 아메리카 신대륙과의 교역을 위해 출발했던 유럽인들의 원정은, 어느새 점령 및 정복 작전으로 탈바꿈하고 만다.

콜럼버스의 아메리카 발견이 우연이었다는 것은 잘 알려진 사실이다. 즉 아프리카 희망봉을 돌아가지 않고 인도에 바로 이르는 길을 찾다가 잘못하여 카리브 제도에 도착한 것. 하지만 콜럼버스의 잘못이 정확히 무엇이었는지에 대해서는 사실과 다르게 알려진 이야기가 많다.

흔히 알려진 이야기에서는 콜럼버스가 항해를 통해 자기 신념을 증명했다고 한다. 어리석은 당시 유럽인들은 그가 세상 끝 낭떠러지로 떨어지리라 믿었지만, 콜럼버스는 지구가 둥글다고 꿋꿋이 믿고 항해에 나섰다는 것이다. 미안하지만 이 이야기는 생거짓말이다. 당시 유럽의 배운 사람들은(그리고 웬만한 못 배운 사람들도) 지구가 구형이라는 것을 익히 알고 있었다. 이것이 어느 정도 상식이었냐 하면, 콜럼버스가 탐험을 떠나기 200년 전에 신학자 토마스 아퀴나스가 '누구나 참이라고 인정하는 사실'의 예로 들었을 정도다. 그러나 오늘날까지도 지구가 둥글다는 것을 믿지 않는 소수의 음모론자들이 있으니, 지구평면설의 인기는 15세기에 비해 그리 줄지 않은 듯하다. 2019년에 지구평면설 신봉자 단체에서 회원들을 모아 크루즈 여행을 떠날 예정이라 하니, 자기들 이론을 확인해볼 좋은 기회가 될 듯하다. 건투를 빈다.

여하튼 당시에도 지구가 둥글다는 데는 이론이 없었다. 사람들이 콜럼버스에게 회의를 품은 것은 전혀 다른 이유에서였다. 진짜 문제는 콜럼버스가 단위를 착각해 계산을 완전히 틀렸다는 것이다.

콜럼버스의 탐험 계획은 자기가 직접 구한 두 계산값에 전적으로 기반하고 있었는데, 하나는 지구의 크기고 다른 하나는 아시아의 크기였다. 그런데 두 계산값 다 오차가 심했다. 일단 아시아가 실제보다 훨씬 길다고 계산해서(실제도 무척 길지만), 순풍만 불면 일본을 실제보다 수천 킬로미터 더 동쪽에서 발견할 수 있을 거라고 생각했다. 더 큰 실수는 지구 둘레의 계산에 9세기 페르시아 천문학자 알파르가니의 연구를 참고했다는 것. 그건 좋은 참고 자료가 아니었다. 일찍이 기원전 3세기에 그리스 수학자 에라토스테네스도 제대로 구해냈고, 그 밖에도 꽤 정확한 추정값이 많이 나와 있었다. 그러나 콜럼버스가 저지른 최악의 실수는 따로 있었다.

콜럼버스의 가장 큰 실수는 알파르가니가 언급한 '마일'이 당연히 로마 마일(약 1,500미터)이라고 생각한 것이다. 하지만 알파르가니가 사용한 단위는 아랍 마일(약 2,000~2,100미터)이었다. 즉, 알파르가니가 언급한 거리들은 콜럼버스가 생각한 것보다 훨씬 더 길었다.

콜럼버스는 세상의 크기를 실제의 약 4분의 3으로 착각했다. 게다가 일본의 위치를 실제보다 수천 킬로미터 더 가깝다고 착각했으니, 결과적으로 항해 일정을 실제 필요한 일정보다 훨씬 짧게 잡고 그에 맞추어 식량과 물자를 준비했다. 주변 사람들이 하나같이 "자네 세상 크기를 잘못 안 것 같은데" 하며 의문을 표했지만 콜럼버스는 자기 계산을 꿋꿋이 믿었다. 그러니 콜럼버스가 카리브 제도를 덜컥 맞닥뜨린 건 사실 천만다행이었다(아시아까지 가기 전에 웬 다른 대륙이 있을 가능성에 대해서는 아무도 생각해보지 않았다).

여기서 콜럼버스가 알파르가니가 쓴 단위를 오해한 것은 퍽이나 유럽 중심적 사고였음을 짚고 넘어갈 만하다. 그러나 그가 그 지독한 유럽 중심적 사고로 그 후에 벌인 일들에 비하면 이건 잘못 축에도 들지 않는다.

만약 콜럼버스가 계산을 좀 제대로 해서 항해를 포기했더라면 세계 역사는 어떻게 달라졌을까? 아마 별로 달라지지 않았을 것이다. 포르투갈어 사용 인구는 좀 더 늘었을지 몰라도. 포르투갈인들은 당시 유럽 최고의 항해 기술자들이었고, 콜럼버스보다 몇 년 늦게 아메리카 대륙 곳곳에 도달했다(콜럼버스가 스페인의 지원으로 원정을 떠난 이유는 딱 하나, 콜럼버스의 계산이 엉터리인 것을 너무 잘 알았던 포르투갈이 그의 지원 요청을 거절했기 때문이다). 1500년에는 페드루 알바르스 카브랄이 브라질에 당도했다. 그다음 해에는 코르트헤알 형제가 북아메리카 북동쪽의 래브라도 또는 뉴펀들랜드섬에 도달해, 앞날을 예고하듯 곧바로 원주민 57명을 납치해 노예로 팔아넘겼다.

만약 유럽인들 중 한 사람이라도, 정말 단 한 사람이라도, 원주민을 만나자마자 죽이거나 납치하려는 충동을 자제했더라면 어떻게 됐을까? 그랬더라면 구대륙과 신대륙 간의 역사는 완전히 달라졌을 것이다. 사실 아메리카 대륙에 최초로 정착한 유럽인은 바이킹이었고, 때는 콜럼버스보다 자그마치 500년 전이었다. 레이프 에이릭손이 바이킹 식민지이던 그린란드에서 출발해 오늘날의 뉴펀들랜드로 짐작되는 곳에 도달했고, 땅 이름을 '포도주 땅'이라는 뜻의 '빈란드'라고 불렀다. 바이킹들은 척박하고 따분한 그린란드에 있다가 나무와 열매가 풍성한 빈란드를 발견하고 무척 반가웠을 테고, 빈란드에 한동안 교역소를 두고 운영했다. 그러나 교역이 잘되기를 기대하기에는 원주민들(툴레인으로 추정, 바이킹 말로는 '스크렐링기')과의 첫 만남부터 꼬이고 만다.

유사 이래 유럽인과 아메리카인의 첫 만남은 대략 이런 식으로 치러졌다. 원주민 열 명이 카누를 뒤집어 놓고 그 밑에서 자고 있었고, 바이킹들은 보자마자 다 죽여버렸다.

그런 일이 있은 후에 원주민들이 바이킹들과의 교역에 적극적일리가 없었다. 두 집단은 걸핏하면 싸움을 벌였다. 칼로 무장한 용맹한 바이킹이었지만 스크렐링기들의 희한한 무기에 꼼짝없이 당할 뻔하기도 했다. "장대 끝에 거대한 뭉텅이가 달려 있고(동물의 방광을 부풀린 것으로 추정)", "그것이 공중으로 치솟았다가 땅에 떨어지면 무시무시한 굉음을 냈다"고 한다. 바이킹들은 투석기로 추정되는 이 신무기에 혼비백산했지만, 레이프의 누이인 프레위디스 에이릭스도티르가 나서서 가슴 노출 공격으로 원주민들을 놀래켜 쫓은 덕분에 참패를 모면할 수 있었다.

이처럼 괴이한 전투를 비롯해 싸움이 잘 날 없다 보니, 빈란드 정착지는 제대로 자리를 잡지 못했다. 그린란드 출신 바이킹들은 10년쯤 지나 빈란드를 포기한다. 게다가 그린란드의 바이킹 정착지마저 북유럽 본토 바이킹들의 관심이 끊기면서 몇백 년에 걸쳐 차차 소멸하고 만다(그린란드 정착지는 애초에 '붉은 에이리크'라는 바이킹이 살인죄를 저지르고 추방당하는 바람에 개척한 곳이었다).

만약 빈란드에서 사람이 좀 덜 죽었다든지 해서 일이 좀 다르게 돌아갔더라면 역사는 정말 바뀌었을지도 모른다. 아메리카와 유럽 사이에 교역로가 자리 잡고, 지식과 기술의 교류가 자연스럽게 이루어져, 두 대륙이 차츰차츰 서로를 알아갔을지도 모른다. 그랬다면 기술과 군사력의 차이가 그렇게 현격하게 벌어지지 않았을 테고 유럽이 16세기에 일방적으로 아메리카를 식민지로 삼지는 못했을 것이다. 또 아메리카인들은 구대륙의 전염병에 저항력이 생겨서 전염병 폭탄을 맞는 화를 면할 수 있었을지도 모른다.

14세기 말리 제국의 황제 아부 바크르 2세가 항해에서 돌아왔더라도 역사는 달라졌을지 모른다. 그는 서아프리카에서 방대하고 부유한 제국을 다스리고 있었으나, 바다에 끝이 있는지 알고 싶다는 일념으로 제위와 권력과 부를 모두 버리고 떠났다. 1312년에 2,000척의 배를 이끌고 오늘날의 감비아를 떠났다고 하나, 그중 한 척도 돌아오지 않았다. 일부 말리 사학자들은 그가 브라질에 도달했을 것이라 주장하지만, 설사 그랬다고 하더라도 돌아오지를 않았으니, 돌아오지 않고서는 탐험을 했다고 하기가 어렵다.

아니, 어차피 역사는 지금처럼 될 수밖에 없었는지도 모른다. 이게 인류의 운명인지도. 인간의 역사란 멀리서 바라보면, 제국들이 흥했다가 망하고 서로 학살하는 이야기가 대부분이다. 제국 시대를 여는 데 기여한 농업이 그랬고, 지도자가 그랬고, 전쟁이 그랬듯이, 제국도 꼭 인류 복지에 장기적으로 최상의 솔루션이라 부상한 게 아니다. 일단 누군가가 시작하면 나머지 사람도 따라 하거나 당하거나 둘 중 하나이니 그리 될 수밖에 없는 것이다. 옛날 서부영화에 나오는 술집 싸움과 비슷하다. 차이라면 피아노 연주가 시작되어도 다시 일어나지 못하는 사람이 많다는 것.

콜럼버스가 1492년 히스파니올라섬에 산타마리아호를 좌초시켰을 무렵 섬에 살고 있던 타이노족 인구는 수십만 명 수준이었다. 이후 스페인이 이곳에 채굴, 노예제도, 질병을 도입하고 20여 년이 지나자 남은 인구는 32,000명에 불과했다. 그렇다, 콜럼버스가 잘못한 것은 계산만이 아니었다.

과거의 일에 대해 도덕적 판단을 내리는 것은 역사가의 일이 아니다. 역사가는 역사를 밝혀내고, 서술하고, 전후 맥락에 비추어 고찰할 뿐이다. 옛날 사람들이 어떻게 살았는지 파악해 설명하고, 권력과 갈등이 뒤얽히면서 오늘날의 세상이 만들어진 과정을 더듬는다. 모두 선악의 판단을 내리지 않고서도 할 수 있는 일들이다. 사실 역사란 골치가 지끈거릴 정도로 복잡하니, 과거를 재단한다는 것 자체가 쉬운 일이 아니다.

하지만 다행히도, 과거를 재단하는 게 바로 이 책이 하는 일이다. 그러니 한 가지 결론부터 내리고 가자. 식민주의는 나빴다. 그것도 아주, 아주, 많이.

얼마나 나빴길래 그러느냐고? 이렇게 말해보면 어떨까. 20세기에 유럽 식민주의에 희생된 사망자 수만 대략 5,000만 명으로 추정하는 사람도 있다. 히틀러, 스탈린, 마오쩌둥이 죽인 사람 수의 합과 비슷한 수준이다. 그것도 20세기, 그러니까 식민 제국들이 붕괴해가던 시대만 봤을 때 그렇다. 아메리카가 식민화된 후 약 100년간, 매우 보수적으로 추정해도 인구의 90퍼센트가 질병, 폭력, 강제 노동으로 죽었다는 의견도 있다. 이것도 수천만 명 수준이다. 추정이 이렇게 두루뭉술할 수밖에 없는 것은 식민지에 애초에 인구가 얼마나 살았는지 추산이 어렵기 때문이다. 다시 말해 피해 규모 자체를 모른다. 그 막연함이 더욱 끔찍하다.

물론 사망자 수만이 전부는 아니다. 아프리카 노예무역, 강제수용소 수감, 일본의 위안부, 스페인이 아메리카에서 실시한 엥코미엔다 제도(식민지 정복자들에게 원주민을 개인 재산처럼 나눠주었던 제도로, 벤

처기업 직원에게 인간을 스톡옵션으로 주는 셈)……. 식민 제국의 만행은 나열하자면 끝이 없고, 하나같이 암울하기 짝이 없다. 또 절멸된 수많은 문화와 말살된 역사는 어떤가. 그리고 부의 막대한 불법적 이동은 어떤가. 그 결과로 지금도 우리 중 일부는 세계의 특정 지역에서 태어났다는 이유로 상대적인 풍요와 안락함을 누리고 있지 않은가.

그러니 나빴던 게 맞다. 미안하지만 이 장은 이 책에서 그리 재미난 부분이 아니다.

너무 당연한 이야기를 한 것 같지만, 요즘 '식민주의는 사실 좋은 것이었다'는 주장이 꽤 거세게 대두되고 있으니 한번 따져보자. 그 주장을 간단히 말하면 피식민국이 받은 수혜, 즉 경제 근대화, 인프라 건설, 과학·의학적 지식 이전, 법치 개념 도입 등을 고려하면 이러한 수혜가 식민국의 횡포로 인한 피해보다 컸다는 것이다. 하지만 어떻게 치장해 표현하건, 이는 결국 피식민국이 근본적으로 '미개'했다는 주장으로 귀결된다. 자치할 능력도 없고, 진보를 도외시하고, 기술이 낙후되어 보유한 천연자원을 제대로 활용하지 못했다는 것. 바보들이 황금을 그냥 깔고 앉아서 뭘 어떻게 해야 되는지 몰랐다는 얘기다.

일단 그 주장은 식민화되기 이전 나라들의 상황에 대한 사실이 아닌 상상에 기반을 두고 있을 뿐 아니라, 몇몇 나라가 역사상 어느 시점에 군사력이 일시적, 우발적으로 우월했다고 하여 그것이 '누가 누구를 다스려도 좋다'는 절대적 도덕률이 될 수 있다고 착각하는 오류를 안고 있다. 더군다나 그런 주장에는 무언의 전제가 깔려 있으니, 식민화가 되지 않았더라면 피식민국들이 정체 상태에 머물렀으리라는 것. 그리고 어떤 나라에 쳐들어가서 자기 땅이라고 주장하는 일 말고는 나라 간에 과학적, 기술적 지식을 교류할 방법이 없었다는 것이다. 그래서 식민화를 겪지 않았더라면 그 나라들이 아직 1600년대쯤에 머물러 있을 것이라는 생각이 깔려 있다. 하지만 절대 그랬을 리는 없다. 애초에 유럽이 기술 발달을 누리게 된 것도 국가 간 지식 교류에서 비롯되었다는 사실부터 생각해보자. 물론 이는 이게 옳다 저게 옳다 증명할 수 없는 문제로, 식민국도 아니었고 피식민국도 아니었던 나라가 거의 없어서 검증이 어렵다. 거의 유일한 예로 태국이 있긴 하다. 지금 구글에서 찾아보니 태국에도 전기가 잘 들어온다. 그러니 표본 한 개만 놓고 볼 때 일단 그 주장은 개소리가 아닐까 싶다.

그렇지만 이 모든 건 결국 결론이 나지 않는 이야기다. 어떤 행동을 하고 나서 수백 년 후에 과거를 거슬러 올라가 편익 분석을 한다? 그게 어디 인간이 옳고 그른 것을 분별하는 일반적인 방식이던가. 그건 자기가 믿고 싶은 생각을 합리화하기 위한 사후 시도일 뿐이다. 그렇다 보니 식민주의에 관한 토론은 한 사람이 "하지만 철도는 어떻고!" 하면 또 한 사람이 "그래, 하지만 암리차르 학살 사건은 어떻고!" 하는 식으로 끝이 나지 않고, 그러다가 다들 지쳐 포기하고 만다.(그래도 짚을 건 짚고 넘어가자. 철도가 학살을 도덕적으로 정당화할 수는 없다. 필자는 열렬한 철도 애호가이지만, 아닌 건 아닌 것이다.)

식민주의가 세상 만악의 근원이라는 얘기는 아니다. 그렇지 않다. 또 피식민국들이 인간과 자연이 조화롭게 어우러져 살아가는 평화와 우애의 낙원이었다는 얘기도 아니다. 그렇지 않았다. 지금까지 이 책을 읽은 독자라면, 인간의 바보짓과 막장짓은 동서고금에 예외가 없다는 것을 잘 알지 않은가. 그렇지만 우리가 인류의 과거를 돌아보려면, 실제 일어난 일에 기초해서 봐야 하지 않겠냐는 것이다. 아무리 제국의 영화로운 시절을, 알기 쉬운 서사를 통해 막연히 추억하며 바라보고 싶더라도 말이다.

한 가지만 예를 들어보자. 정말 식민 지배 덕분에 피식민국이 통치 체제를 개혁하고 법치를 중시하게 되었는가? 그 얘기는 제국주의 열강과 원주민들 사이에 맺어진 수많은 조약의 역사와 부합하지 않는다. 그 역사는 '법치의 존중'과는 거리가 멀어 보이니까. 그 얘기를 아메리카 원주민들에게 가서 해보라. 영국, 미국 정부와 수백 건의 조약을 맺었지만 모두 파기당하고 땅을 빼앗긴 그들 말이다. 그 얘기를 영국과 와이탕이 조약을 맺은 마오리족에게 가서 해보라. 영어와 마오리어 사이의 갖은 번역 문제로 합의 내용의 모호성을 영국 측에서 편리한 구실로 이용할 수 있었던 그 조약 말이다. 그 얘기를 남아프리카의 영국령 카프라리아에 살던 코사족에게 가서 해보라. 1847년 새로 부임한 총독 헨리 스미스 경이 자기들 앞에서 호탕하게 웃으며 평화 조약서를 보란 듯이 찢어버리는 광경을 보고만 있어야 했던, 그리고 그의 명령에 따라 지도자들이 1명씩 앞으로 나가 총독의 군화에 입을 맞추어야 했던 그들 말이다.

방금 이야기는 비유가 아니다. 있었던 일 그대로다. 그 헨리 스미스 경이 영국 역사에서는 대체로 늠름하고 영웅적인 인물로 그려진다. 한 인기 연애소설은 그가 14세(혹시나 해서 다시 확인했는데 맞다) 소녀와 동화 같은 결혼을 한 이야기를 그리기도 했다.

이 모든 것은 결국 이 책에 뻔질나게 등장하는 테마 중 하나와 이어진다. 우리 인간은 그럴듯한 스토리와 망상을 동원하여, 자신이 실제 무슨 행동을 하고 있는지 자신을 속이는 집요한 본능이 있다. 제국을 유지한다는 것은, 그 현재를 신화화하고 그 과거를 윤색하기 위해 끊임없이 공을 들여야 하는 작업이다. 이와 같은 부조화는 처음부터 역력했다. 콜럼버스는 타이노족이 다스리기에 적합할지 가늠해보고 있던 그 시기에도 자신이 기독교 신앙을 전파함으로써 하느님의 일을 하고 있다고 굳게 믿었다. 또 영국은 제국 말기에 아프리카에서 철수하면서 자신들의 식민 지배에 대한 관련 기록 수만 건을 파기했다. 역사를 말소하고 집단적 기억상실을 꾀하고자 자료를 말 그대로 깡그리 불태우고 바다에 집어던졌다(영국은 이 작전에 '유산 작전Operation Legacy'이라는 적절한 이름을 붙이기도 했다).

그렇지만 이러한 부조화가 가장 적나라하게 드러나는 사례는 식민 시대를 통틀어 가장 가공할 만행으로 꼽을 만한 벨기에 국왕 레오폴드 2세의 콩고 수탈이다. 레오폴드는 200만 제곱킬로미터를 훌쩍 넘는 방대한 콩고 분지를 사들여 사유지로 삼고 원주민들을 노예로 부리며 실로 잔학한 대량 학살을 저질렀고, 그 결과 20여 년간 약 1,000만 명이 희생된 것으로 추정된다. 진짜 오싹한 아이러니는, 이 악행이 공식적으로는 자선 명목으로 행해졌다는 사실이다. 콩고는 1885년에 '국제 아프리카 협회'라는, 레오폴드가 설립한 자선단체의 소유가 되었다. 이는 베를린 회담에서 이루어진 결정이었고, 그 회담의 목적은 유럽 열강이 아프리카를 자기들끼리 나눠 갖는 이른바 '아프리카 분할'을 추진해 아프리카 대륙을 철저히 식민화하는 것이었다. 국제 아프리카 협회가 표방한 자선사업은 콩고 주민들의 '문명화'였다. 그러나 이 단체가 실제로 벌인 일은 온 나라를 거대한 고무 농장으로 만들고 할당량을 달성하지 못한 주민은 처형하거나 손, 발, 코를 잘라 처벌하는 악랄한 만행이었다. 벨기에인 감독관들은 군인들이 처형과 관련 없는 불필요한 행위에 총알을 낭비하지 못하도록 정한 수만큼 잘린 손을 제출하게 하여 그것으로 죽인 사람 수를 확인했다. 무조건 총알 하나에 손 하나였다. 그러다 보니 잘린 손을 담은 바구니가 일종의 화폐처럼 통하게 되었고, 군인들은 이 화폐를 죽은 자에게서, 또 필요하면 산 자에게서도 마음대로 거두어 갔다.

레오폴드는 이 나라를 '콩고 자유국'이라 불렀다.

그렇다. 식민주의는 나빴던 게 맞다.

이 책은 실패에 관한 책이지만, 식민주의가 아무리 나빴다 해도 꼭 '실패'였다고 할 수는 없다. 윤리적 측면을 깡그리 무시하고 손익계산만 놓고 본다면 대략 성공인 셈이었으니, 그 주도자들은 왕처럼 떵떵거리며 산 경우가 많았다(특히 이미 왕인 경우는 더).

그러나 제국주의 열강이 세계 곳곳을 수탈해 무진장 부유해졌다는 큰 그림은 맞다 해도, 각론으로 들어가면 이야기가 다르다. 식민지 쟁탈의 개별적인 시도들은 한심스러우리만치 무능하기 짝이 없다. 영웅적 모험을 워낙 찬미하는 분위기였던 데다 일확천금의 유혹까지 가세하다 보니, 제국의 식민 사업에 나서는 사람들의 면면은 터놓고 말해 바보 머저리들이 허다했다.

'대항해시대'는 더닝 크루거 효과의 경연장이라 할 만했다. 무능하고 미숙한 데다 정신 상태마저 온전치 않은 이들이 끝도 없이 등장해 단지 자신감이 넘치고 적임자 같아 보인다는 이유로 탐험대를 이끌고 식민지를 경영하는 임무를 부여받았다.

한 예로, 영국은 나이저강 수원을 찾는 숙원을 해결하기 위해 존 레드야드라는 사람을 탐험대장으로 임명했다. 이 사람의 아프리카 탐험 경력이라고는 항해 중 아프리카 남단을 잠깐 경유했던 것이 전부였다. 그는 당시 영국 식민지였던 코네티컷에서 태어나, 쿡 선장 탐험대의 일원으로 항해한 경험을 책으로 냈고, 그 책이 인기를 끌어 대탐험가로 명성을 얻게 되었다. 그러나 그의 단독 탐험은 뭔가 모자라도 한참 모자랐다.

레드야드에게 확실한 재주가 하나 있다면 재력가들과 친분을 쌓고 돈을 얻어내는 능력이었다. 그의 첫 사업은 모피 교역 회사를 차리려 한 것이었으나 번번이 실패했다. 그러다가 파리에서 사업 파트너를 찾던 중 토머스 제퍼슨, 라파예트 후작 등 여러 저명인사의 후원을 받아 전혀 다른 원정을 맡게 되었다. 이는 러시아를 횡단해 베링해협까지 가서 알래스카로 건너간 다음 거기서부터 북아메리카 대륙 서해안을 죽 훑어 내려간다는 야심 찬 계획이었다. 이 계획을 생각해낸 장본인인 제퍼슨은 레드야드를 "천재이자 거침없는 용기와 진취적 기상의 소유자"라고 추켜세웠다.

레드야드는 상트페테르부르크까지 가는 길에 신발을 잃어버렸다. 돈을 좀 빌려 이르쿠츠크까지 겨우 갔지만 그곳에서 스파이 혐의로 체포되어 그것으로 탐험을 접어야 했다.

알거지가 된 레드야드는 1788년 결국 런던으로 돌아와, 이번엔 이른바 '아프리카의 암흑 지역'을 탐험하는 원정대의 대장을 맡게 되었다. 아랍어도 할 줄 모르고 탐험 경력도 애매한 레드야드였지만, 탐험가를 모집하던 '아프리카 협회'의 서기관은 그가 마음에 들었다. 보포이라는 이름의 서기관은 레드야드를 처음 만나고 받은 인상을 다소 흥분된 필치로 이렇게 적고 있다. "남자다운 성품, 떡 벌어진 가슴, 진솔한 표정, 초조한 눈빛이 매우 인상적이었고 (…) 언제 출발하겠느냐고 물었더니, '내일 아침이오'라는 답이 돌아왔다." 기껏해야 배에서 구경만 했던 대륙의 오지를 탐험하러 나서는데 어떻게 하룻저녁에 준비를 한다는 것인지 이해는 안 가지만, 존 레드야드만큼 가슴이 떡 벌어지지 않은 사람은 그냥 가만히 있자.

결국 레드야드는 고작 카이로까지밖에 못 가서 '담즙 질환'에 걸렸고, 자가 치료를 시도하다가 황산을 삼켰다. 이는 당연하게도 치명적이었다. 그는 1789년 1월에 그렇게 죽었고, 그가 아프리카 원정에서 남긴 성과라 할 만한 것은 대상 이동로를 기술한 꽤 유용한 자료 몇 점, 그리고 토머스 제퍼슨에게 보낸 편지 몇 통이 전부였다. 편지에서 그는 이집트인들을 멍청하다고 욕하고 나일강을 코네티컷강만 못하다고 흉보았다.

아니면 위엄 있게 턱수염을 기르고 성미는 불같되 방향감각은 없었던 아일랜드 경찰 출신 탐험가 로버트 오하라 버크의 경우는 어떤가. 버크는 1860년 오스트레일리아 대륙을 멜버른에서 북해안까지 관통하는 경로를 개척하고자 탐험을 떠났다. 탐험대는 군중의 환호 속에 멜버른을 출발했지만 전진 속도가 엄청나게 느렸는데, 이는 20톤이나 되는 장비를 싸들고 이동했던 이유가 컸다. 소중하게 운반하던 물품 가운데는 삼나무 상판을 댄 거대한 참나무 식탁과 의자 세트, 커다란 징, 비듬 터는 솔 12개 등이 있었다.

그리고 버크의 성깔과 형편없는 탐험 능력을 참다 못해 중간에 떠나거나 쫓겨나는 대원들이 숱하게 많았다. 느려터진 전진 속도에 결국 그도 물자를 일부 버리기로 마음먹고 총기와 탄약 거의 전부, 그리고 괴혈병 방지를 위한 라임 열매를 내버렸다. 대원들 대다수를 중간 기지에 남겨둔 채, 대원 3명과 낙타 몇 마리만을 이끌고 나아가던 버크는 마침내 약 3,000킬로미터의 행군 끝에 다 죽어가는 상태로 북해안 20킬로미터 앞까지 접근했다. 그러나 울창한 늪지가 앞을 가로막아 포기하고 돌아섰다. 귀환하는 길에 원주민 몇 명과 마주쳤는데, 원주민들은 수척한 이방인들에게 먹을 것과 구호품을 내밀었고, 버크 일행은 그들에게 총질을 했다. 그 후 얼마 안 되어 버크는 죽고 말았다.

겉으로 봤을 때 성공한 식민 시대 탐험가도 실제로는 탐험 능력이 형편없는 경우도 있다. 프랑스 탐험가 르네 로베르 카벨리에의 경우다. 그는 북아메리카의 멕시코만 연안 지역 대부분을 프랑스 땅으로 만들었고, 루이지애나주의 이름을 처음 짓기도 했다. 한 프랑스 관료가 그를 일컬어 "내가 아는 사람 중 가장 유능하다"고 하기도 했다. 그의 첫 탐험 업적은 오하이오를 통해 중국에 이르는 길을 찾을 수 있다는 생각에서 비롯되었다. 그는 탐험가로서는 도움이 되지 않는 오만한 성격이었고, 함께 다니는 사람의 속을 번번이 긁는 재주가 있었다. 1687년에 마지막으로 나선 원정은 단 200명의 프랑스 병력을 이끌고 멕시코에 쳐들어가 스페인이 차지하고 있던 땅을 뺏으려고 시도한 것이었다. 항해 내내 옥신각신 싸우고 배 몇 척을 잃은 후에 목표 상륙 지점을 800킬로미터나 벗어난 곳에 상륙한 그는, 결국 텍사스 어딘가에서 부하들의 손에 죽고 말았다.

그러나 식민 시대의 자기기만과 오만을 가장 잘 보여주는 사례는 아마 어느 식민지 건설의 실패담일 것이다. 세계 무대의 주역으로 발돋움하려다가 굴욕만 겪고 빈곤국으로 전락한 나라, 바로 스코틀랜드 제국의 슬픈 이야기다.

스코틀랜드를 몰락시킨 남자

역사 속의 실패자로 기록된 많은 사람들이 그랬지만, 윌리엄 패터슨도 이상을 품고 있었다.

이상만 있었던 것이 아니라, 남들에게 자신의 이상을 설득하여 포섭하는 능력과 끈기도 있었다. 패터슨의 직업은 은행가이자 금융가였지만, 그의 진짜 본성은 세일즈맨이었다. 그는 보험계리인의 엄밀함, 시인의 영혼, 전도사의 뜨거운 신념을 모두 겸비하여 거부할 수 없는 설득력을 발휘했다. 그러나 안타깝게도 그런 그의 이상은 수천 명의 죽음과 조국 스코틀랜드의 경제 파탄을 초래했고, 그 결과 스코틀랜드는 남쪽 이웃 나라 잉글랜드에 무력하게 손을 내밀게 된다. 사실 패터슨의 계획이 파국을 맞지 않았더라면 오늘날의 '연합 왕국' 영국은 없었을지도 모른다.

이것은 한 나라 전체가 관념적 몽상가의 말만 믿고 뜬구름을 잡는 데 온통 몰두한 이야기다. 전문가의 경고를 귓전으로 흘려듣고 사방에서 경종이 울려대는데도 현실을 외면하고 잘못된 길을 고집한 이야기다(또 잉글랜드가 개자식처럼 군 이야기이기도 하지만, 이제 새삼스러울 것도 없다).

패터슨의 이상은 전 세계 무역의 중심지가 될 스코틀랜드 제국의 건설이었다. 그리고 그 첫 전초기지를 세울 후보지를 정확히 점찍어 두고 있었다. 그곳은 대서양 건너편, 아메리카 대륙의 남과 북을 잇는 좁은 땅에 자리한, 초목이 울창한 낙원이었다. 그곳의 이름은 다리엔이다.

1698년부터 1699년까지 약 3,000명의 식민지 개척민들이 스코틀랜드에서 배를 타고 떠났다. 민족주의의 물결 속에서 국부의 절반에 육박하는 엄청난 지원을 등에 업고, 패터슨이 말한 낙원을 찾아 제국을 건설할 희망에 부풀어 항해에 나섰다. 그곳이 전혀 낙원이 아님을 깨닫는 데는 오랜 시간이 걸리지 않았다. 17세기가 끝날 무렵 이미 떠나온 사람들 태반이 죽었다. 막대한 부는 대서양 바다에 버려진 것이나 마찬가지였다.

패터슨이 품었던 모든 이상이 파국을 맞은 것은 아니다. 그가 품었던 이상 중엔 오늘날까지 이어지는 것도 있다. 바로 그가 1691년에 제안하고 1694년에 공동 설립한 잉글랜드 은행이다(독자가 고개를 갸우뚱할까 봐 부연하자면, 잉글랜드 은행은 스코틀랜드인이 설립했고, 스코틀랜드 은행은 그 이듬해에 잉글랜드인이 설립했다). 패터슨은 일찍이 무역으로 전 세계가 연결되고 그에 따라 세상이 재편되리라는 예상을 한 선각자였다. 하지만 그는 워낙 낙관적인 데다가("무역은 무역을 늘리고, 돈은 돈을 낳아 세상 끝까지 퍼져나갈 힘이 있다"라고 적기도 했다) 엄청나게 고집이 셌다. 그의 태도가 잉글랜드 은행의 동료 이사들을 얼마나 열받게 했는지, 그는 은행 설립 후 1년이 채 안 되어 이사직에서 물러나야 했다.

그러자 패터슨은 오랫동안 집착처럼 품던 아이디어를 다시 꺼냈다. 그것은 남북 아메리카를 잇는 지점 중에서도 가장 가느다란 띠 모양의 땅, 파나마 지협의 동해안에 위치한 다리엔에 무역 식민지를 건설하는 것이었다. 파나마에 운하가 뚫리기 수백 년 전이었지만, 그래도 파나마는 누가 봐도 대서양과 태평양 사이를 가장 쉽게 오갈 수 있는 길이 분명했다. 물론 그것도 딱히 '쉽다'고는 할 수 없는 게 그곳의 지형은 워낙 험난해 통과하기가 결코 간단치 않았다. 하지만 혼곶을 돌아가거나 마젤란 해협을 통과하는 등 남아메리카 남단을 경유하는 위험천만한 뱃길보다는 더 빠르고 안전할 터였다. 다리엔이야말로 두 대양을 이어줌으로써 "바다의 관문이자 세상의 열쇠"가 될 것이라고 패터슨은 장렬한 필치로 적었다.

당시는 유럽 열강이 거침없는 식민지 확장에 한창 몰두하고 있을 때였고, 스코틀랜드도 여기에 한몫 끼고 싶었다. 1690년대 당시 스페인과 포르투갈은 이미 거의 200년 전부터 건설해온 아메리카 곳곳의 식민지에서 자원을 수탈해 떼돈을 벌고 있었고, 후발 주자인 잉글랜드와 네덜란드도 식민지 쟁탈전에 가세해 큰 재미를 보고 있었다. 유럽 열강은 이제 아시아, 아프리카, 아메리카를 무대로 전 세계에 제국을 건설하려고 각축전을 벌였고, '총 들고 나타나서 다 빼앗는다'는 기본 전략으로 연일 승승장구하며 막대한 부를 챙겨갔다.

제국의 시대는 금융 혁명의 시대이기도 했다. 그 결과 식민주의의 선봉 역할은 국가가 직접 맡기도 했지만, 그 상당 부분은 국가의 지원을 등에 업은 공개 합자회사들이 맡게 되었으니, 이들은 실로 상업과 정치의 경계를 넘나드는 존재였다. 대표적으로 악명을 떨친 거대 기업이 바로 영국 동인도회사와 네덜란드 동인도회사였고, 패터슨이 다리엔 사업의 대략적인 모델로 삼은 것도 바로 그런 방식이었다. 이 회사들은 전 세계에 세력을 뻗치고 있었고, 웬만한 나라를 넘어서는 막대한 부와 권력을 누렸다. 실제로 이 회사들은 그 자체가 마치 국가인 것처럼 행세했고, 본국 정부에도 막강한 영향력을 행사했다. 오늘날의 현실과 많이 다른 것 같지는 않지만.

한편 스코틀랜드인들에게 1690년대는 불확실성과 회의의 시대이기도 했다. 성경 편찬과 마녀사냥의 주인공 제임스 6세가 1603년에 남쪽으로 내려가 스코틀랜드, 잉글랜드, 아일랜드를 한 왕이 통치하는 '왕관 연합' 시대를 연 이후로, 스코틀랜드인들은 심기가 편하지 않았다. 일종의 연합이라고는 해도 스코틀랜드는 여전히 정치적으로 별개의 나라여서, 의회도 따로 있고 법도 따로 제정했으며 별개의 통화도 사용했다. 그러나 스코틀랜드 일각에서는 자국이 푸대접을 받는다는 불만이 점점 팽배해졌다. 한마디로 왕관 연합이란 잉글랜드에만 이익이 되는 농간이라는 것이었는데, 근거 없는 이야기는 아니었다. 그 주장에 따르면 스코틀랜드는 영원히 가난한 사촌 신세를 면치 못할 것이고, 런던에서 왕이 하달하는 명령은 늘 런던에만 이득이고 에든버러에는 손해가 될 것이라고 했다.

한편 일부에서는 오히려 잉글랜드와의 더 긴밀한 연합을 추진하고 있었기에 그 반작용으로 불만은 더욱 고조되어갔다. 분위기를 한층 더 고조시킨 것은 1690년대의 경제적 혼란이었다. 잉글랜드가 통화위기를 겪었고, 어느 왕이 외국에서 벌어진 전쟁에 돈을 대려 했고, 스코틀랜드는 '불운한 7년'으로 불리는 경제 불황에다가 흉작과 기근이 겹쳐 기아가 만연하고 빈곤이 심각해졌다. 경제 위기는 스코틀랜드인들을 위축시켰다기보다는 오히려 암울한 현실을 타개할 누군가를 갈망하게 만들었다. 그러던 중 패터슨의 다리엔 사업계획이 알려지자, 사람들은 이것이 스코틀랜드가 다시 독립을 천명하고 연합의 굴레에서 벗어나 미래를 스스로 개척하게 될 돌파구라 여기고 애국적인 열정으로 달려들었다.

사실 패터슨이 애초에 이 계획을 구상한 것은 조국의 자존심을 세우기 위해서가 아니었다. 이미 다른 나라들에 지원해달라고 설득을 했으나 실패하여 스코틀랜드를 설득한 것이었다. 그는 심지어 1695년에 이 사업이 스코틀랜드의 국가적 사업으로 확정되고 난 다음에도 런던에서 자금 조달 작업을 벌였다. 바로 여기서부터 단추가 잘못 끼워졌고, 이때부터 창업자들은 경고 신호를 무시하기 시작했다.

하지만 처음에는 일이 틀어질 기색이란 없었다. 오히려 아주 잘 흘러갔다. 아니 어쩌면 너무 잘 흘러갔는지도 모른다. 패터슨은 런던에서 명성이 높았고 세일즈맨으로서 능력이 있었으며, 거기에 세계적으로 웅비할 합자회사에 대한 맹목적 열정이 가세했으니, '스코틀랜드회사'는 후원자를 모으는 데 어려움이 없었다. 곧 약 30만 파운드라는 엄청난 액수의 투자 약정을 유치해냈다. 그러나 불행히도 이 폭발적인 관심은 동인도회사의 이목을 끌지 않을 수 없었다.

동인도회사는 경쟁자가 생기는 것이 당연히 달갑지 않았다. 당시 동인도회사는 런던의 다른 상업 회사들과 마찬가지로 경제난에 몸서리를 앓았고, 그해에 엄청난 손실을 기록했다. 그때 '스코틀랜드회사'는 아직 목표를 파나마로 확정하지 않았고(모든 것을 완벽한 비밀에 부친다는 부질없는 의도에서), 아메리카로 원정을 간다는 계획조차 공개적으로 밝히지 않은 상태로 아프리카 또는 동인도 제도에 집중한다고 홍보하고 있었다. 여기에 동인도회사가 보인 반응은 당연한 것이었다. 쉽게 말해 '꿈도 꾸지 마라'였다.

그리하여 부와 권력이 잉글랜드의 국가적 성공과 불가분의 관계에 있던 회사가 영향력을 행사하기 시작한다. 이로써 스코틀랜드회사는 세계 무역의 냉혹한 정치적 현실에 대한 첫 교훈을 배우게 되었다. 그것은 '우리 이제부터 국제 무역 많이 할래' 한다고 해서, 그리고 '조건은 우리가 하고 싶은 대로 할래' 한다고 해서, 다른 나라들이 그냥 '그래 알았어' 하지는 않는다는 사실이었다.

잉글랜드 의회는 스코틀랜드에서 통과된 법에 명시된 조건에 분개했다. '회사'에 관세와 각종 세금을 21년간 완전히 면제받는 극단적 자유무역을 허락해주었으니, 이는 화를 자초한 법이었다. 잉글랜드 의원들은 그렇게 되면 잉글랜드와 스코틀랜드 사이의 관세 및 무역 관계는 어떻게 되겠느냐, 그리고 어떻게 스코틀랜드 의회가 그런 법을 통과시킬 수 있었던 것이냐고 따졌다. 두 나라 사이에 엄격히 통제되는 국경이 없으니, '그러한 상품들이 불가피하게 스코틀랜드인들에 의해 잉글랜드로 은밀히 유입될 것이며 (…) 왕국의 관세 수입에 막대한 해를 끼칠 것'이라고 우려의 목소리를 드높였다.

잉글랜드 의회는 조사를 벌이고 보고서를 요청했으며 스코틀랜드회사에 관여한 자는 누구든 탄핵하겠노라고 으름장을 놓았다. 윌리엄 왕은 잉글랜드 편을 들면서 분노를 감추지 않았다. 이렇게 되자 런던에서 받은 모든 투자 약속이 신비롭게도 온데간데없이 사라졌다.

스코틀랜드회사는 해외의 암스테르담과 함부르크 등 무역 중심지에서도 자금을 조달하려고 시도했지만 사정은 마찬가지였다. 네덜란드 동인도회사도 잉글랜드의 동인도회사 못지않게 스코틀랜드의 움직임이 달갑지 않았기에 역시 나름대로 힘을 썼고, 여기에다가 한 교활한 잉글랜드 외교관이 이 사업에 대해 비방 유포 작전까지 벌여 성과를 톡톡히 거두었다. 그 결과 패터슨과 동업자들은 투자자들을 만날 때마다 조사받듯 질문만 잔뜩 듣고 투자금은 건지지 못하며 번번이 허탕을 쳤다.

그러나 스코틀랜드의 꿈을 짓밟으려는 잉글랜드의 이런 공작이 외부 투자를 확실히 차단하는 성과를 거두었을지는 몰라도, 스코틀랜드 내에서는 정반대의 효과를 불러왔다. 부당한 대우에 한껏 분개한 스코틀랜드인들은 스코틀랜드회사를 단순한 경제적 기회가 아니라 국가 정체성을 천명할 기회로 여겼다. 물론 패터슨은 원래 다리엔 사업을 애국 운동으로 기획한 것이 아니었고, 자신의 무역 구상을 실천에 옮기는 데만 관심이 있었다. 뼛속까지 세일즈맨이었던 그는 민심의 물결에 편승해야 할 타이밍을 잘 알았고, 기꺼이 자신의 사업을 국민들의 애국적 열정과 민족주의적 비분에 결부시켰다.

1696년 2월 26일 에든버러에서 회사의 주식 청약자 모집이 개시되자 인파가 구름처럼 몰려들었다. 금융 행사로서는 이례적인 일이었다고 해야 할 것이다. 스코틀랜드인들은 다리엔 사업에 돈을 그야말로 쏟아부었다. 스코틀랜드는 당시 부유한 나라는 아니었지만, 심지어 '불운한 7년'을 거치는 동안에도 그렇게 가난한 나라도 아니었다. 다른 유럽 국가들처럼 중산층이 급성장하고 있었고, 이 계획을 가장 열렬히 후원한 것도 중산층이었다. 이는 동인도회사 같은 다른 합자회사들이 거의 귀족과 부유한 상인만 투자를 했던 것과 대조적이었다. 역사학자이자 작가 더글러스 와트가 저서 『스코틀랜드의 값The Price of Scotland』에서 밝힌 연구 결과에 따르면, 후원자 중 가장 많은 직업군은 귀족 신분이 아닌 소지주들이었다. 하지만 그뿐이 아니었다. 사회 각층의 사람들이 회사에 투자를 약속했고, 여기엔 작위가 있는 귀족, 변호사, 의사, 목사, 교사, 재단사, 군인, 시계공, 최소 1명의 비누 제조공, 심지어 재산이 좀 있는 하인들까지 있었다.

열기는 들불처럼 퍼져나갔다. 식민지 사업을 통해 큰 부를 쥘 수 있다는 이야기가 장안의 화제가 되었다. 사람들은 회사를 찬양하는 노래와 시를 썼고, 회사의 행운을 기원하는 기도를 올렸다.

사료의 불확실함과 당시 스코틀랜드에서 두 가지 통화가 쓰였다는 점 때문에 정확한 계산은 어렵지만, 와트의 추산에 따르면 당시 스코틀랜드라는 나라가 가진 모든 돈의 6분의 1에서 절반 정도가 회사 금고로 들어갔다. 투자 약정금 전체를 포함한다면(선납금은 일부만 요구되었으므로) 나라 안의 돈 전체 가치를 넘어섰을 가능성도 있다.

이건 당연히 잘한 일이 아니었다.

패터슨은 금융 광풍을 부추기는 방법을 잘 알았던 것으로 보이고, 이를 자신의 필요에 맞게 활용했다. 그가 자기 계획을 논한 글을 읽어보면 묘하게도 오늘날의 '바이럴 마케팅'이 연상된다. 그가 1695년에 쓴 편지에는 "처음부터 열기가 달아오르지 않으면 자금 조달은 성공할 가망이 희박하니, 대중은 이성보다 본보기에 대개 이끌리기 마련"이라고 적혀 있다. 성공 비결 한 가지는 주식 청약자 명부를 비밀로 하지 않고 공개한 것이었을지 모른다. 더 나아가 명부를 매체에 발표하기까지 해서 누구나 투자자들의 면면을 볼 수 있게 했다. 그리고 일부러 저명한 공인들('SNS 인플루언서'의 역할이랄까)을 초기에 후원자로 확보하여, 대중이 이성보다 본보기에 더 강력하게 이끌리도록 유도했다. 그 결과는 일종의 크라우드펀딩 캠페인을 연상케 했다. 이제 이 회사를 후원한다는 것은 개인의 금융적 선택이 아니라 공공연한 충성의 맹세였고, 후원자 명단에 이름이 빠진 사람이 오히려 더 눈에 띌 정도가 되었다.

자연히 사회적 압력이 눈덩이처럼 불어났고, 반대나 의심의 목소리는 열풍 속에 묻혔다. 1696년, 존 홀랜드(스코틀랜드 은행을 설립한 잉글랜드인)는 이 사업을 비판하다가 동인도회사의 첩자로 몰렸다고 씁쓸하게 기록했다. "나라 전체가 인도 제도와 아프리카 무역에 열광한 나머지 많은 이들이 내게 편견을 갖는다. 문제를 지적하면 대답할 말이 없으니 내가 잉글랜드인이라 믿어서는 안 된다고 한다. (⋯) 이제 이 사안에 대해 개인의 생각을 자유로이 표명하는 것은 위험한 일이 되었고, 사람들은 의견 말하기를 질겁하고 꺼려한다."

　잉글랜드의 훼방에 대한 분노, 애국적 자기 확신의 팽배, 장밋빛 전망과 드높은 이상, 지지 행위의 퍼포먼스화, 일확천금의 유혹까지 겹쳐져 그야말로 광풍이 일어나기에 더없이 좋은 조건이 빚어졌다. 그리하여 1698년 7월 14일, 손 흔드는 군중의 환호를 뒤로하고 다섯 척의 배가 리스 항구를 떠났다. 배에는 윌리엄 패터슨을 비롯해 희망에 부푼 1,200명의 원정대원들이 타고 있었고, 이들의 목적지는 중앙아메리카에 위치한, 패터슨이 한 번도 가보지 못했던 땅이었다.

　아, 그 얘기를 안 했던가? 윌리엄 패터슨은 다리엔에 한 번도 가본 적이 없었다.

　패터슨이 어째서 다리엔에 그리도 꽂혀서 그곳을 자신의 위대한 무역 구상을 펼칠 적임지로 철석같이 믿었는지는 오늘날까지도 풀리지 않은 수수께끼다. 그가 카리브 제도에서 교역 활동에 오래 몸담았던 것은 분명하지만, 그의 평전이나 그가 공개적으로 쓴 글 어디를 보아도 파나마 지협 가까이에 가봤다는 언급조차 없다. 아마 해적들을 통해 파나마 지협 이야기를 들었을 것으로 추측할 따름이다.(당시는 이른바 '해적의 황금기'로, CG가 아닌 실제 카리브해의 해적들이 날도적질을 일삼거나 아니면 본국의 은밀한 지원을 받아 경쟁 식민국들을 혼쭐내주고 있을 때였다.)

또 패터슨이 어떻게 거의 풍문만을 근거로 스코틀랜드회사의 동료 임원들을 꾸준히 설득했고, 다리엔을 제국의 거점으로 삼는다는 계획을 따르게 했는지도 분명치 않다. 임원들은 마음만 먹었다면 노선을 바꿀 기회가 충분히 있었다. 원정대 출범 한 해 전인 1697년, 임원들은 실제로 다리엔 사업 계획을 통째로 폐기하고 목표를 더 소박하게 낮추려고 했다.

회사가 에든버러에서 거금을 조달하고 현금 부자가 된 후에 돈을 너무 펑펑 써버리는 바람에 야심찬 계획을 이행하기에 자금이 모자랄 지경이었던 것이다(경쟁사들은 배를 대부분 임대해 쓰고 있었는데, 스코틀랜드회사는 어리석게도 최첨단 설비를 갖춘 새 배를 유럽 대륙에서 사왔다. 아마 네덜란드와 독일의 투자자들 앞에 내보이기 위해서였던 듯하다. 수익 한 푼 없는 벤처기업이 부자 동네 고급 건물에 사무실을 내는 것처럼). 명망 있는 여러 전문가가 원정 사업의 실현 가능성에 의구심을 표하며, 조달한 자본을 제국주의적 사업보다는 대아시아 무역 사업에 쓸 것을 촉구하기도 했다. 임원들은 다리엔 사업의 여러 문제를 잘 알고 있었고, 아메리카의 다른 몇 곳을 다리엔의 대체 후보로 고려하기까지 했다. 그렇지만 이 똑똑하고 어디 모자란 데 없던 양반들이 결국에는 자기들 원래 생각이 맞다는 결론을 내리고 밀고 나가기로 결정한 것이다.

원정대가 1698년 11월 초에 목적지에 도착하고 얼마 되지 않아, 문제는 하나둘씩 현실이 되었다. 대원들 중 다수는 다리엔이 목적지라는 사실조차 알지 못하고 배에 올라탔고, 배가 출항하고 나서야 임무를 전달받았다. 이는 계획을 경쟁사들에 누출하지 않으려는 회사 측의 부질없는 노력의 일환이었다.

일단 처음 분위기는 꽤 좋았다. 정착민들은 다리엔의 아름다운 자연과 땅거북, 나무늘보, 큰개미핥기 등 낯선 동식물들에 경이로워했다. 원주민 구바족 사람들은 친절해 보였고 몇 킬로미터 근방에 금광이 있다는 이야기도 해주었다. 천연의 항구 조건을 갖춘 약 3킬로미터 길이의 만도 있어 더없이 훌륭한 항구가 될 것 같았다. 휴 로즈라는 정착민은 그곳에 "세계 최상의 선박 1,000척이 정박할 수 있을" 만하다고 적었다. 또 어느 무명의 정착민은 일기에 "흙은 비옥하고 공기는 맑고 온화하며 모든 면에서 건강하고 편리한 환경이다"라고 적었다.

'건강한' 환경이라는 말은 어폐가 있었다. 얼마 가지 않아 병에 걸려 죽는 사람들이 나왔다. 윌리엄 패터슨의 아내도 이곳에 온 지 2주도 되지 않아 죽고 말았다. 그리고 며칠 후엔 이곳 식민지의 마지막 목사도 세상을 떴다.

그러나 이러한 비극에도 불구하고 정착민들은 자신감을 잃지 않았다. 만의 이름을 스코틀랜드의 옛 이름인 칼레도니아로 붙이고, 이곳 식민지 최초의 마을 건설에 착수했다. 마을 이름은 뉴에든버러라고 했다. 정착민들은 새로운 보금자리의 발견이 어찌나 기뻤는지 원정대의 회계 담당자인 알렉산더 해밀턴을 보내, 지나가는 프랑스 해적선을 얻어 타고 가서 기쁜 소식을 어서 고국에 전하도록 했다.

그런데 해밀턴이 탄 배는 항구를 나서자마자 침몰하고 말았다. 뚜렷한 비운의 조짐이었다.

그 순간 어째서 그렇게 큰 천연 항구를 다른 식민 열강들이 방치

해두었는지 그 이유가 분명해졌다. 〈호텔 캘리포니아〉 가사처럼, 들어오긴 쉬워도 나가는 건 쉽지 않았던 것이다. 이곳에 부는 탁월 풍(어느 곳에서 특정 시기에 일정한 방향으로 부는 바람)의 특성상, 배는 잔잔한 만을 빠져나가자마자 바람에 밀려 후퇴하면서 거대한 파도 를 만나게 되어 있었다. 해밀턴을 태우고 간 배는 약 30분 만에 산산 조각이 났고 선원의 거의 절반이 익사하고 말았다(해밀턴 본인은 살 아남아, 결국 스코틀랜드에 돌아가 원정이 성공리에 진행되고 있다고 알 렸다). 경험 많은 뱃사람들이 용골이 얕은 크고 비싼 배는 카리브 해 역의 항해에 영 부적합하다고 일찍이 경고했지만 회사는 이를 무 시했다. 애초 목표가 '무역 거점' 건설이었는데 1년 중 여러 달을 항 구에 묶여야 한다면 이제는 생각을 좀 바꾸었음 직도 하지만, 아니 었다.

이들이 무역할 계획을 제대로 짜서 왔는지도 의심스럽다. 더글러 스 와트의 조사에 따르면 이들은 무역하려고 온 사람들치고 무역할 상품 마련에는 예산을 퍽이나 적게 쓴 듯하다. 주로 직물만 잔뜩 싣 고 왔지만, 가발 200개에 고급 구두도 꽤 싣고 왔고, 빗을 아주 많이 챙겨왔다(아마 세계 어느 곳의 원주민이든 빗만 보면 환장해 땅과 맞바꿔 줄 것이라고 생각해 가져온 것으로 보인다. 그러나 구바족은 빗에 아무 관 심이 없었던 듯). 아니, 목표가 그냥 정착지 건설이었다면 가발은 좀 덜 가져오고 공구를 좀 더 가져왔으면 좋았을 것이다.

뉴에든버러 건설 작업이 시작되자 사기는 급격히 저하되었다. 일 은 허리가 휠 정도로 고되었고, 더위는 스코틀랜드에서 겪어본 적 이 없는 더위였다. 두 달 동안 울창한 정글을 아무리 쳐내며 나아가 도 좀처럼 진척이 없던 차에, 엉뚱한 곳을 작업하고 있었음을 깨달고(패터슨에 따르면 '그냥 습지'였다) 사기는 더욱 가라앉았다. 그러다가 우기가 찾아왔는데, 파나마의 비는 스코틀랜드의 비와 많이 달랐다. 일기를 쓰던 로즈도 이곳에 대한 긍정적 의견을 어느새 바꾸어 이제 이렇게 적었다. "내륙이나 만 둘레나 전부 맹그로브와 늪지대뿐이니, 건강에 매우 해롭다."

늪지대는 건강에 해로운 정도가 아니었다. 패터슨 아내의 목숨을 앗아갔던 그 병에 점점 더 많은 주민이 희생되어갔다. 그 병은 '열병'이라고만 기록되었기에 정확히 무엇이었는지 알 수 없지만, 아마 늪지대의 모기가 옮기는 말라리아나 황열병이었을 것이다(두 질병 모두 물론 구대륙에서 일찍이 유럽인들이 옮겨놓은, 식민화의 유산이었다). 주민들은 아찔한 속도로 죽어나갔다.

열병에 걸리지 않은 사람들도 다른 식으로 건강 악화를 자초했다. 스코틀랜드회사가 개척민들에게 주는 보상으로 주류만큼은 풍족하게 지급하기로 한 것이 문제였다. 칼레도니아 정착민들은 괴로움을 럼과 브랜디로 달래기 시작했고, 자연히 뉴에든버러 건설 작업은 한층 더 지지부진해졌다. 결국 얼마 후 지도자들은 마을 건설을 깨끗이 포기하고, 요새 건설에 힘을 모으기로 결정했다. 스페인이 대규모로 침공해올지 모른다는 우려가 점점 커졌기 때문이다.

그렇다. 스페인이라는 문제가 있었다. 사실 우리는 패터슨의 계획이 가진 최대의 문제점이자 가장 선명한 문제점을 아직 살펴보지 않았다. 그것은 스페인이 다리엔을 이미 자기들 땅으로 알고 있었다는 사실이다.

스페인이 그리 생각할 만한 이유는 몇 가지가 있었다. 우선 자기들이 파나마 지협에서 거의 200년간 활동해왔다는 것. 그리고 파나

식민주의의 화려한 잔치

마 지협이 남아메리카에서 약탈한 금과 은을 본국으로 실어 나르는 데 꼭 필요한 경로라는 것. 또 다리엔이 자기들의 주요 도시 세 곳 사이에 떡하니 놓여 있다는 것. 스페인은 이미 과거에 다리엔을 점유한 적도 있었다. 스코틀랜드인들이 이제야 막 깨달은 그 모든 문제 때문에 버리고 간 것이다. 스페인이 자기들 식민지 한복판에 신흥 무역국이 룰루랄라 들어와 새 식민지를 건설하도록 가만둘 것이라는 생각은 정말이지 어처구니가 없다.

스코틀랜드회사는 도대체 어떻게 스페인이 자기들 계획을 용인하리라는 생각을 했을까? 정말 이해하기 어려운 문제다. 하지만 대략 짐작해볼 수는 있다. 해적들이 일대의 스페인 시설을 습격해 재미를 보았다는 낭만적 이야기에 고무되어, 스페인이 이제는 종이호랑이 좋은 시절 다 지나간 저물어가는 제국이라고 생각한 듯 보인다. 스페인은 해군이 있고 자기들은 해군이 없다는 사실에도 불구하고, 이들은 초기 공격만 물리치면 스페인이 금방 밑천을 드러내고 내뺄 것이라고 생각한 듯하다.

착각도 너무 큰 착각이었다. 우선 스페인은 직접 공격에 나설 필요조차 없었다. 그전까지 잉글랜드가 스코틀랜드의 사업에 훼방을 놓아 피해를 많이 주었다고 해도, 지금부터 벌어질 일에 비하면 아무것도 아니었다. 스페인은 신속하게, 그리고 외교적으로 윌리엄 왕에게 알렸다. 스코틀랜드가 지금 벌이고 있는 일은 누가 봐도 전쟁 사유감이라고 했다. 이제 겨우 잉글랜드와 프랑스 간의 빈번하던 전쟁에서 한차례 빠져나온 윌리엄 왕은 스페인과의 평화를 필사적으로 유지할 생각이었으므로, 즉시 명령을 내려 잉글랜드의 모든 영토와 선박에게 칼레도니아 정착민들을 대상으로 일체의 물자나 구호품 공급은 물론 교신조차 하지 못하게 금지했다.

　이 소식이 칼레도니아에 전해지자 정착민들은 좌절했다. 이곳에 온 후 지금까지 고국 스코틀랜드에서 아무 소식도 듣지 못했고, 꾸준히 요청을 보냈음에도 추가 보급을 받지 못했는데, 이제는 완전히 고립 신세가 된 것이었다. 아무에게서도 도움을 기대할 수 없는 상황이었다.

　잉글랜드의 통상 금지령이 전해지기도 전에 정착민들은 이미 스페인의 소규모 침공을 한 번 물리친 상태였다. 정착민들의 활동을 염탐할 목적으로 파견된 잉글랜드 배의 선장이 침공이 있을 것이라고 미리 경고해주었다(굴욕적이지만 그 선장은 정착민들보다 먼저 당도해 있었다. 모든 것을 비밀에 부치려던 회사의 시도가 얼마나 어설펐는지 알 수 있다). 그 작은 승리로 한동안은 주민들의 사기가 좀 높아졌지만, 그것도 잠깐이었다. 이내 배 한 척이 교역 상대를 찾아 바다로 나갔다가 스페인에 붙잡혀 선원들은 감금되고 화물은 압류되었다.

　이제 정착민 절반이 죽었거나 죽어가고 있거나 잡혀 있고 나머지 절반은 피폐하고 굶주리고 숙취에 절어 있는 상황에서, 칼레도니아가 완전히 고립되었다는 소식은 마지막 결정타나 다름없었다. 정착민들은 자신들이 철저히 버림받았다는 생각에 일제히 다리엔을 버리고 슬픈 귀향길에 오르기로 결심했다.

　그리하여 윌리엄 패터슨은 거의 평생 꿈꿔온 곳에서 아홉 달 만에, 아내를 잃고 자신도 병든 몸으로, 귀환하는 배에 실려 떠났다. 그는 열병을 이겨내고 생존했지만, 이후 다리엔을 다시는 보지 못한다.

　질병에 피폐해진 사람들에게 자메이카와 뉴욕을 거쳐 고국으로 돌아가는 길은 다리엔 체류 못지않게 고생스러웠다. 항구를 벗어나는 데만 거의 일주일이 걸렸고, 가는 길에 수백 명이 더 죽었다. 배 한 척은 침몰했고, 또 한 척은 거의 파선되었다. 결국 단 한 척만이 스코틀랜드까지 간신히 돌아갔다. 그러나 안타깝게도 이들이 도착 했을 때는, 이미 2차 원정대가 다리엔 상황을 알아보기 위해 출발하 고 난 후였다.

그렇다. 스코틀랜드회사는 마침내 뒤늦은 증원 인력을 파견하기 로 결정했지만, 너무 늦었던 것이다.

2차 원정대가 1699년 11월 말에 도착하자 그곳은 '휑한 황무지' 였다. 버려지고 불태워진 뉴에든버러의 흔적이 있었고, 수풀이 무성 한 요새가 하나 있었다. 그곳에는 야트막한 무덤이 수없이 많았다. 새로 온 개척민들은 무슨 생각에서였는지 그곳에 남기로 결정했다. 다리엔을 재건해 끝까지 개척해보기로 하고 본국에는 사람을 보내 보급품을 요청하기로 했다. 그럼으로써 결국 애꿎은 사람들만 더 병 들고 죽어나갔고, 스페인에게는 자신이 한물간 제국이 아님을 증명 할 기회만 주었다. 새로운 세기가 열리고 몇 달 만에, 스페인은 대규 모 함대를 거느리고 나타나 실력을 행사했다. 스코틀랜드인들은 열 병에 시달리면서도 포위 상태에서 한동안 버텼으나, 4월 즈음에는 투항할 수밖에 없었다. 스코틀랜드 제국의 꿈이 끝나는 순간이었다.

꽁무니 빠지게 도주하는 패잔병들이라는 선전 효과를 위해서였 는지, 아니면 그냥 불쌍해서였는지 모르지만, 스페인은 정착민들을 포로로 삼지 않고 놓아주었다. 귀환길에 또다시 수백 명이 열병으 로 죽었다. 거센 폭풍에 배 두 척이 파선되고 100명이 더 죽었다. 사 망자 중엔 회계사 알렉산더 해밀턴도 포함되어 있었다. 첫 난파에서 목숨을 건지고 귀국했지만, 다시 2차 원정대의 일원으로 왔다가 이번엔 불운을 면치 못한 것이었다.

　스코틀랜드에서 다리엔으로 떠났던 인원은 모두 3,000명에 이르렀다. 그중 1,500~2,000명이 칼레도니아만에서 또는 바다 위에서 죽은 것으로 추정된다. 생환자들 중 다수는 스코틀랜드로 돌아가지 않았다.

　다리엔 사업의 실패 소식은 에든버러에도 1700년 들어 차츰씩 전해졌고, 이내 크나큰 충격을 불러일으켰다. 정치권은 양쪽으로 갈려 이 문제를 정치 쟁점화했다. 한쪽 진영에선 망신스러운 실패를 초래한 회사 임원들을 비난했고, 다른 쪽 진영에선 비열한 수작으로 훼방을 놓은 잉글랜드를 비난했다. 회사 지지자들이 에든버러에서 폭동을 일으키기도 했다. 불만을 품은 한 식민주의자는 회사 임원들을 맹비난하는 전단지를 배포했다가 모욕죄로 고소당했다. 회사 지지자 3명은 정부를 욕하는 글을 새겼다가 반역죄로 재판받았으나 무죄 판결을 받았다. 무엇이 사실인지는 더 이상 중요하지 않았다. 중요한 건 오직 '너는 어느 편이냐'였다.

　하지만 정치적 파장이 전부가 아니었다. 경제 위기가 한창이던 중에, 국부의 상당 부분이 날아가 버린 것이다. 개인 투자자들은 거액을 잃었고 이를 되찾을 가망은 없어 보였다. 스코틀랜드는 굴욕과 상처를 입었다.

　물론 정치적 변화란 한 가지 이유로만 일어나지는 않는 법이다. 스코틀랜드를 잉글랜드와의 완전한 통합으로 이끈 동인은 복잡하다. 패터슨의 무모한 계획 때문에 갑자기 생겨난 것이 아니었다. 때는 17세기 말, 국가 간 경계선과 동맹 상대가 걸핏하면 바뀌던 시기였다. 그러나 다리엔 사업이 여기에 일조했음은 두말할 나위 없다.

특히 사태 발생 몇 년 후 잉글랜드가 통합의 조건으로 스코틀랜드에 자금 원조를 제의한 것은 통합의 큰 동기로 작용했다. 스코틀랜드 국가 재정만 지원해주는 것이 아니라, 스코틀랜드회사에 투자한 개인 투자자들에게까지 투자 원금에다 이자까지 후하게 쳐서 돌려주겠다고 했다.

이를 뇌물이라 비판하는 사람도 많았다. "우리는 잉글랜드 금화에 사고 팔렸네"라고 시인 로버트 번스는 80년 후에 시로 쓰기도 했다. 이 모든 것이 스코틀랜드를 사면초가에 몰아넣고 선택권을 빼앗기 위한 잉글랜드의 음모라고 보는 사람들도 있었다. 그런가 하면 그저 잃은 돈을 되찾게 되어 다행이라고 생각하는 사람들도 있었다.

패터슨은 통합을 찬성했다.

1707년 5월, 마침내 연합 왕국United Kingdom이 성립되었다. 8월, 짐마차 10여 대가 삼엄한 호위를 받으며 40만 파운드에 달하는 돈을 싣고 에든버러로 향했다.

이 모든 사건을 정리하자면, 패터슨의 생각 자체는 틀리지 않았다. 파나마는 사실 식민지 건설 후보지로 훌륭했다. 실제로 고고학자 마크 호턴은 2007년에 파나마 지협을 탐사한 후 다리엔을 기점으로 하는 패터슨의 무역로 창설 계획은 현실적이었다는 결론을 내렸다. 그리고 세계 무역의 발전 방향에 대한 패터슨의 예측도 오늘날의 관점에서 상당히 일리가 있었다. 그뿐 아니라 그는 제국의 만행에 대한 비폭력적 대안으로 무역의 중요성을 호소하며, 무역은 "알렉산더나 카이사르처럼 죄를 짓거나 피를 부르지 않고도" 부를 가져다줄 수 있다고 적기도 했다. 당시로서는 정말 깨인 사람이라고 하지 않을 수 없다.(물론 그렇다고 이상화할 일은 아니다. 사업 투자자들이 다리엔의 미개발 금광 이야기에 열을 올렸던 것을 보면 그저 천연자원 약탈 목적으로 뛰어든 사람이 부지기수였음을 알 수 있다.)

이 사업이 망한 근본 원인은, 사업 추진자들이 난제를 제대로 풀어나가지 않은 것이었다. 어떤 종류의 배가 필요할지, 어떤 물자를 챙겨가야 할지와 같은 세부 사항을 도외시했다. 자신들의 행위가 몰고 올 지정학적 여파 등의 큰 그림도 간과했다. 좌절이나 곤경과 마주쳤을 때, 처음에 떠벌렸던 이야기를 고수하고 원래 생각이 틀리지 않았다는 확신에 오히려 더 집착하려 했다. 집단 사고의 전형적 사례다.

오늘날까지도 다리엔 사건은 스코틀랜드를 양분하고 있다. 2014년 스코틀랜드 독립 국민투표 때는 양편 모두 다리엔을 상징적 사건으로 거론했다. 민족주의자들은 다리엔을 잉글랜드가 스코틀랜드를 항상 훼방 놓고 탄압하려 했음을 보여주는 우화로 삼았고, 통합주의자들은 안정을 버리고 비현실적 야망을 좇는 위험성을 보여준 교훈으로 삼았다.

다리엔 이야기가 상징하는 바는 크다. 그것은 한 나라가 지척에 있는 교역 상대국과의 정치적 연합을 외면하고 세계를 혼자 주름잡는다는 환상을 좇는 한편, 이를 부추긴 제국주의적 자유무역 광신자들이 막연한 계획을 애국적 피해의식으로 포장하고 전문가들의 현실적 경고를 시종일관 무시한 이야기다.

그렇다면 오늘날의 상황을 상징할 수 있는 건 무엇일까? 생각해 볼 문제다.

탐험에 실패한 탐험가 Top 5

○

루이 앙투안 드 부갱빌

프랑스인 최초로 세계 일주 기록을 세운 탐험 도중, 그레이트배리어
리프(오스트레일리아 북동부의 산호초 지대)까지 도달했다. 그러나 거
기서 돌아가는 바람에 오스트레일리아 대륙을 발견하지 못했다.

○

존 에번스

웨일스의 탐험가로 1790년대에 5년 동안 아메리카를 탐험하며 어
느 사라진 웨일스 핏줄의 부족을 찾아다녔고, 스페인에 간첩으로 몰
려 투옥되는 등의 고초를 겪었다. 결국 만단족이라는 부족을 찾아냈
는데, 알고 보니 웨일스 혈통이 아니었다.

○

빌하울뮈르 스테파운손

캐나다의 탐험가로 북극도 꽤 살 만한 곳이라 생각하고 1913년에
탐험대를 이끌고 찾아갔다. 배가 얼음에 박혀 움직이지 못하게 되자
먹을 것을 구해 오겠다며 대원 몇 명을 데리고 나서면서, 나머지 일
행을 그대로 버리고 갔다.

○

루이스 래시터

1930년, 래시터는 자신이 몇 년 전에 방대한 금맥을 발견했다고 주
장하며 이를 찾으러 오스트레일리아 중부의 사막에 탐험대를 이끌
고 갔다. 그런 건 없었다. 결국 대원들은 그를 버리고 떠났고, 낙타들

마저 그가 큰일을 보는 중에 도망갔다. 그는 사막에서 홀로 죽었다.

○

S. A. 안드레

스웨덴의 공학자이자 탐험가 살로몬 안드레는 수소 가스를 채운 기구를 타고 북극점에 도달한다는 탁월한 계획을 세우고 출발했지만, 기구에서 가스가 샜다. 그와 대원들은 북극 지역 어딘가에서 죽었다.

바보와
현직 대통령들도
알 수 있을 만큼
쉽게 푼 외교 이야기

외교란 한마디로,
대규모 인간 집단끼리
서로 개자식처럼 굴지 않는 기술이다.

대항해시대에 접어들어 사람들이 전 세계를 누비고 다니자, 나라들끼리 성질 건드릴 일이 많아졌고, 그러다 보니 온갖 전쟁 날 일도 폭발적으로 늘어났다. 하지만 때로는 전쟁을 피하고 싶을 때도 있는 법이니, 그럴 때는 무엇보다 외교가 제일이다(하라파 문명 사람들이 전쟁을 하지 않은 비결은 뭔지 잘 모르겠으니 논외로 하자). 외교란 한마디로, 대규모 인간 집단끼리 서로 개자식처럼 굴지 않는 기술이다. 아니, 그보다는 '뭐, 우리가 다 결국 개자식이긴 한데 그래도 서로 좀 자제하면 좋지 않을까'라고 합의를 보는 기술이라고 해두자.

그런데 그조차도 인간에게는 쉽지가 않다.

국제 외교의 가장 큰 문제는 보다 일반적이고 근본적인 인간관계의 문제에서 연유한다. 그 문제는 인간관계의 대원칙이 다음 두 가지라는 것.

1) 사람을 믿으면 좋다.

2) 그런데 너무 믿으면 안 된다!

이건 인류사에서 두 사회가 만날 때마다 항상 사람들을 딜레마에 빠뜨린 문제다. 역사 속의 사람들에게는 안됐지만 막상 닥쳤을 때는 어느 선택이 옳은지 알 길이 없다. 오늘날까지도 우리는 이 문제의 해법을 찾지 못했다. 그래도 과거 사람들의 선택을 되돌아보고 '에이, 그건 아니지' 하고 이러쿵저러쿵 평가할 수는 있다.

콜럼버스가 나타났을 때 타이노족도 같은 문제에 직면했다. 처음 몇 차례의 만남에서 타이노족은 신뢰를 보였고, 친절하고 후한 대접에 콜럼버스도 감탄했다. 낯선 이들에게서 친절하고 후한 대접을 받았으니 콜럼버스 역시 인간된 도리에 맞게, 이렇게 일기에 적었다. "종으로 부리기 딱 좋겠다." 그리고 며칠 더 생각해보고는 이렇게 또 적는다. "병력 50명만 있으면 이들을 모두 복속시켜 필요한 일을 시킬 수 있을 것이다." 정말 대단한 양반이다.

그로부터 몇십 년 후에는 대략 비슷한 일이 훨씬 큰 스케일로 벌어지는데, 바로 아즈텍의 모크테수마 황제가 스페인 침략자 에르난 코르테스의 뜻을 굉장히 많이 착각한 일이다.

아즈텍인(현지어로는 메시카인)은 오늘날의 멕시코 중부 전체를 차지하며 대제국을 세웠다. 황제가 기거한 중심지 테노치티틀란은 당시 아메리카 대륙을 통틀어 가장 크고 발달한 도시였다(그 위치는 오늘날의 멕시코시티). 그런 메시카 제국이 호시절을 누리고 있던 1519년, 코르테스가 유카탄 반도에 상륙했다.

코르테스는 콩키스타도르(15~17세기에 아메리카 대륙을 침략한 스페인인들을 일컫는 말—옮긴이) 중에서도 깡패 콩키스타도르였다. 애당초 쿠바 총독에게 원정대장으로 임명되었다가 신뢰를 잃어 해임당했으나 명령을 무시하고 배 몇 척과 선원들을 이끌고 원정에 나선 차였다. 상륙하고 나서는 배들을 고의로 침몰시켜 선원들이 배반하고 쿠바로 돌아가지 못하게 막았다. 한마디로 에르난 코르테스는 팀플레이에는 소질이 없는 자였다. 고국 스페인의 군대를 피해 도주 중인데다가 고국에 돌아갈 방법도 없는 상황에서 그가 할 수 있는 일이라고는 사실상 '정복질'밖에 없었다.

모크테수마는 테노치티틀란에서 약 300킬로미터 떨어진 곳에 도착한 코르테스의 소식을 전해 듣고 초조했다. 어찌해야 할지 결정을 하지 못했다. 성대한 선물을 보내야 할지, 아니면 이쪽을 넘볼 꿈도 꾸지 못하게 혼쭐을 내줘야 할지 생각이 계속 왔다갔다했다. 한편 그동안 코르테스는 메시카인들의 약점을 열심히 파고들었다. 메시카인들의 문제는, 제국은 제국이니만큼 상당히 잔혹한 짓을 많이 했다는 것. 그래서 멕시코 땅에는 모크테수마에게 이를 가는 원주민 부족들이 많았다. 코르테스는 내륙 쪽으로 계속 나아가면서 마주치는 부족마다 감언이설과 속임수, 때로는 몰살시키기 등의 수법을 골고루 써가며 자기편으로 포섭했고, 테노치티틀란에 맞서는 동맹을 맺었다.

코르테스가 그냥 친교를 맺으러 오는 게 아님을 모크테수마가 모르진 않았을 것 같은데, 그래도 그는 마냥 기다렸다. 그가 확단을 내리지 못한 이유 중 하나가 당시 코르테스가 하늘의 신 케찰코아틀의 화신이라는 믿음이 널리 퍼져 있었기 때문이라는 설도 있다. 하지만 이곳 사람들이 그리 생각했다는 유일한 근거는 코르테스가 본인의 편지에 잔뜩 써놓은 얘기들뿐인데, 딱 이 사람이 칠 만한 거짓말로 보인다.

코르테스가 마침내 수백 명의 스페인 군사와 대규모의 동맹군을 이끌고 테노치티틀란에 당도하자, 모크테수마는 많은 참모들이 극구 만류하는 결정을 내린다. 사실 이 시점에서 모크테수마가 선택할 만한 좋은 방법이 있었는지는 분명치 않지만, 그가 선택한 방법은 확실히 잘못된 것이었다. 그는 스페인 침략군을 귀빈으로 맞았다. 선물을 가득 안겨주고, 제일 좋은 방을 내주고, 뭐든 다 주었다. 역시 결말은 좋지 않았다. 몇 주 안 되어 코르테스는 쿠데타를 일으켰고, 모크테수마를 황궁 안에서 인질로 잡아 그를 허수아비 황제로 만들었다. 코르테스 일당이 제일 먼저 요구한 것은 저녁 식사였다. 그리고는 곧바로 모크테수마에게 황금을 숨겨둔 곳을 대라고 했다.

사태가 크게 터진 것은 1520년 초였다. 쿠바 총독이 코르테스가 허튼짓을 그만두게 하려고 연대 규모의 스페인군 병력을 보냈고, 코르테스가 이에 맞서 싸우러 가서 공교롭게도 자리를 비웠을 때였다. 코르테스는 부관들을 남겨 테노치티틀란의 치안을 유지하도록 했는데, 그중 한 부관이 무슨 이유에서인지 대신전에서 종교 축제를 벌이던 메시카 귀족들을 몰살시켜버렸다. 메시카 주민들은 이 학살에 격분하여 들고 일어났고, 전투에서 돌아온 코르테스는 반란을 진압하려고 나섰다. 코르테스는 모크테수마를 내세워 백성들에게 폭력을 중단할 것을 명했다. 그러나 황제의 명령은 먹혀들지 않았고, 모크테수마는 최후를 맞는다. 스페인 쪽 사료에 따르면 성난 군중의 돌에 맞아 죽었다고 하나, 아무래도 이용 가치가 없어진 황제를 스페인인들이 살해했다고 보아야 할 듯하다. 이후 1년이 넘게 피비린내 나는 전투를 치른 후 스페인인들은 메시카를 완전히 정복했고, 코르테스는 갑자기 본국의 인정을 받으면서 멕시코 총독으로 임명되었다.

당시 아무도 스페인의 침략을 막을 수는 없었겠지만, 모크테수마가 이들을 귀빈으로 맞아들인 것은 역사를 통틀어 거의 가장 경솔했던 국제 외교 정책으로 꼽을 만하다. 그리고 멕시코 정부도 그로부터 300년 후에 미국인의 텍사스 이민을 장려하기 전에 모크테수마의 실책을 잘 생각해보았더라면, 그래서 '멕시코 땅에 백인들을 들이면 좋지 않다'는 교훈을 새겼더라면 역사는 많이 달라졌을지도 모르겠다.

모크테수마에게는 다행이라 할까, 역사상 최악의 국제 외교 정책으로 꼽을 만한 것들이 또 있다.

'좋은 친구 가려 사귀기'의 중요성을 잘 보여주는 예로, 서기 9년 로마의 게르마니아 총독이었던 푸블리우스 퀸크틸리우스 바루스의 이야기가 있다. 바루스는 현지 귀족들을 포섭해 백성들의 불만을 잠재우려는 고전적 수법을 썼다. 그중 아르미니우스라는 게르만족 족장이 있었다. 바루스는 그가 로마 시민 자격을 수여받았고 로마군 부대장을 맡은 적도 있다는 이유로 신임했는데, 그게 잘못이었다. 주변에서 아르미니우스가 믿을 만한 사람이 아니라고 경고했음에도, 바루스는 아르미니우스가 게르만 부족들이 반란을 진압해야 한다는 말을 곧이곧대로 믿었다. 바루스는 군단을 이끌고 나섰고, 아르미니우스는 고전적인 '제가 먼저 가서 상황 좀 보고 올게요' 기술을 구사한 후 매복해 있던 반란군과 함께 바루스를 덮친다. 이로써 로마군 세 개 군단이 전멸해 로마 역사상 최악의 패배로 기록되었고, 로마 제국의 북방 영토 확장은 가로막히고 말았다.

그런가 하면 '경솔한 과신'의 정반대 실수도 있었다. 폐쇄적인 외교 정책으로 자멸한 중국 명나라의 경우인데 이는 고립주의 정책의 위험을 보여주는 연구 사례가 되었다. 1400년대의 첫 30년간, 중국은 세계 역사상 가장 대규모의 함대를 보유했는데, 이를 이끈 지휘관이 전설적인 항해사 정화鄭和였다. 함대의 규모는 300척에 달했고, 그중에는 돛대가 아홉 개 달린 거대한 배들도 있었으니, 그런 큰 배는 이후 수백 년간 세계 어느 곳에서도 나오지 않았다. 함대에 속한 선원은 3만 명에 달했다. 일부 배는 마치 해상 농장처럼 채소를 재배하고 가축을 사육할 수도 있었다.

그런데 당시 중국은 이 함대를 침략 행위에 쓰지 않았다는 점이 특이하다. 물론 해적 소탕은 꽤 열심히 했고, 이런 대함대는 다른 나라들이 딴마음을 먹지 못하게 적당히 엄포를 놓는 데도 아주 유용했다. 정화는 아시아, 아라비아, 동아프리카 등지에 도달한 총 일곱 차례의 원정을 통틀어 사소한 전쟁에 한 번 연루되었을 뿐이다. 그럼 정화의 함대가 주로 한 일은? 믈라카, 무스카트, 모가디슈 등의 머나먼 항구를 찾아가서 선물 교환하기였다. 귀금속과 고급 직물을 나눠주고 답례로 실로 다양한 물건들을 받아왔는데, 그중엔 동물도 엄청나게 많았다. 한번은 케냐에서 기린 한 마리를 받아오기도 했다.

대제국의 위력을 과시한 것치고는 다른 사례에 비해 참 훈훈하다. 그런데 정화가 1433년에 죽고 나자 명나라는 웬일인지 모든 걸 중단해버린다. 수군을 아예 방기해버리고 만다. 왜구가 계속 활개를 치는 것에 극단적으로 과잉 반응해, 해상 교역 자체를 금지하는 '해금령'이라는 옛 정책을 부활시켰다. 북방 몽골과의 끊임없는 전투에 신경이 팔린 나머지 해외 외교 원정은 불필요한 비용 지출로 간주했고, 그 돈으로 차라리 거대한 성벽을 쌓는 것이 더 낫다고 생각했다.

그 후 중국은 점점 안으로 침잠하여 세계와 문을 닫고 살았다. 중국이 이러고 있던 시기가 바로 유럽 각국의 해군이 세계를 누비기 시작할 무렵이었으니, 이는 두 가지 결과를 낳았다. 하나는 유럽인들이 수십 년 후에 아시아 해역에 나타나기 시작했을 때 아시아에는 이들을 견제할 강대국이 없었다는 것. 또 하나는 중국이 당시 꽃피던 과학기술 혁명의 기회를 상당 부분 놓쳤다는 것이다. 중국이 강대국으로서의 지위를 되찾기까지는 그 후로 아주 오랜 세월이 걸렸다.

여기서 우리는 외교적 선택이란 어찌 보면 세력 판도 변화를 예측하는 일임을 알 수 있다. 그걸 정확히 예측하기란 애초에 불가능하니, 오판이 잦은 것도 놀랍지 않다. 1차 세계대전이 한창이던 1917년 늦봄의 스위스, 우스꽝스러운 수염을 기른 중년의 사내가 독일 정부에 제안을 해왔다. 러시아인인 그는 정변에 휩싸인 고국으로 돌아가고자 간절히 원했지만, 전쟁 통이라 유럽을 가로질러 이동하는 것은 거의 불가능했다. 최선의 귀국 경로는 독일을 통과해 북쪽으로 도달하는 길이었지만, 그러려면 독일의 허가가 필요했다. 하지만 독일 정부는 그의 정치 이념을 달가워하지 않았다.

그가 주장한 논리는 간단했다. 자신과 독일은 여러모로 다르지만 공동의 적을 두고 있다고 했다. 그 적은 그가 타도하고자 하는 현 러시아 정부였다. 현재 여러 전선에서 동시에 싸우고 있던 독일은, 러시아가 뭔가 소요를 겪어 최전선에 자원을 집중하지 못한다면 좋을 것이라 판단했다. 그래서 독일은 그의 요구를 수락했다. 사내와 그의 아내, 그리고 그가 거느린 러시아인 30명을 열차에 태워 북쪽 항구로 보내주었고, 일행은 그곳에서 스웨덴과 핀란드를 경유하는 귀국길에 오를 수 있었다. 대단해 보이는 반군 무리는 아니었지만 없는 것보다는 나을 듯 보였다. 독일 당국은 그들에게 돈까지 쥐어주었고, 이후 몇 달에 걸쳐 계속 자금을 지원한다. 독일은 특이한 이념을 가진 이 정치인이 소란을 좀 피워서 러시아를 한동안 교란시켜준 다음, 결국 세상에서 조용히 잊히리라 보았을 것이다.

그런데 그 사내가 레닌이었다.

독일의 계책은 여러모로 완벽히 먹혀들었다. 오히려 예상보다 큰 성공이었다. 레닌의 볼셰비키는 러시아 당국을 괴롭히고 교란하기만 한 게 아니라, 완전히 박살내버렸다. 6개월 남짓 후, 러시아 임시정부는 전복되었고, 레닌은 권력을 잡고 소비에트 정부를 수립했다. 독일은 휴전을 얻어냈다. 레닌을 열차에 실어 보냈던 4월까지만 해도 가망이 없어 보였던 일이었다.

그러나 조금만 장기적으로 보면 그 계책은 대성공이라고 볼 수 없었다.

일단 동부 전선에서 얻어낸 휴전은 독일이 1차 세계대전에서 승리하는 데 보탬이 되지 않았다. 또 그 후 영토 확장에 열을 올린 소련과 독일과의 관계는 급속히 틀어졌다. 그리고 수십 년 뒤 또 한 차례 세계대전이 지나간 후, 독일 땅의 절반은 소련이 점령하고 만다.

독일은 '적의 적은 동지'라는 흔한 착각에 빠진 것이다. 그게 꼭 틀린 말은 아니다. 동지애의 유효기간이 엄청 짧을 뿐이다. 그리고 이 '적의 적은 동지'라는 착각은 역사상 최악의 결정을 엄청나게 많이 초래했으니, 극히 혼란스러운 수백 년간의 유럽 역사도 그것으로 잘 설명된다.

2차 세계대전 이후 미국의 외교 정책이 그 대표적인 예라 할 만하다. 형편없는 의사결정이 세계적으로 장기간 판을 쳤던 냉전 시대, 미국은 '공산주의자 아님'이라는 기준에만 맞으면 아무하고나 다 동맹을 맺었다. 그렇게 맺은 동맹의 상당수는 한마디로 그냥 나쁜 놈들이었다(예를 들어 아메리카의 온갖 독재자들, 베트남의 형편없는 통치자들). 하지만 문제는 그뿐이 아니었으니, 그 동맹 상대들은 알고 보면 애당초 미국을 별로 좋아하지 않았다.

예컨대 최근 수십 년만 해도 미국은 알카에다와 계속 무력 충돌 중인데, 알카에다는 아프가니스탄의 무자헤딘이 그 기원이고, 무자헤딘은 소련과 싸운다는 이유로 미국이 이전에 지원해주었던 조직이다. 혹시 영화 보다가 "와, 저 구닥다리 설정 좀 봐" 하고 욕하기를 좋아하는 독자라면 1987년 작 〈007 리빙 데이라이트〉를 강력 추천한다. 제임스 본드가 무자헤딘과 힘을 합치는데 그 무자헤딘 우두머리가 용감무쌍한 매력남으로, '영국 상류층 악센트를 구사하는 훈남 빈라덴' 정도로 묘사할 수 있을 듯하다. 그래도 주제곡은 좋다.

같은 시기에 미국은 이라크와도 무력 충돌 중인데, 원래 이라크는 이란과 싸운다는 이유로 미국이 지원했던 나라다. 이란이 미국과 맞섰던 것은 이전의 반소 독재 정권을 미국이 지원했기 때문이다.

미국은 또 ISIS와도 무력 충돌 중인데, ISIS는 전후 이라크 알카에다에서 유래한 단체로, 현재 이들을 포함해 최소 세 편이 시리아에서 전쟁을 벌이고 있다. 미국은 시리아 정권을 지원했는데 그 정권의 적을 지원하려다 보니 시리아 정권과 맞서게 됐다. 그런데 시리아 정권의 적 중 일부가 ISIS와 동지였으니, ISIS는 미국의 적이면서 또 미국의 적의 적인 셈이다. 그런데 그 정권의 적의 또 다른 동지들은 미국과도 ISIS와도 적이다. 아, 러시아도 옛정이 있는데 빠지면 섭섭하다. 같이 끼어 싸우고 있다.

믿기 어렵겠지만 겨우 세계 어느 한 지역의 상황일 뿐이다.

그렇다, 국제정치라는 게 참 어렵다. 숭고한 이상이 설 자리는 별로 없고, 실리를 생각하면 마음에 꼭 드는 상대가 아니더라도 아쉬운 대로 손을 잡아야 할 때가 많다. 하지만 이것만 기억해도 번번이 곤경을 자초하는 일은 피할 수 있을지 모른다. 적의 적도 대개는 처음 적 못지않게 나쁜 놈이라는 것.

이렇게 형편없는 외교적 실책의 장구한 역사 속에서도, 단연 돋보이는 사례가 하나 있다.

제국을 하루아침에 잃는 법 (거의 가만히 앉아서)

1217년, 드넓고 강성한 호라즘 제국을 통치하던 알라 웃딘 무함마드 2세는 동쪽에서 부상 중인 세력의 통치자에게서 우호적인 친서를 받았다. "나는 해 뜨는 땅의 지배자요, 그대는 해 지는 땅의 통치자이니 우리 우애와 평화의 협약을 굳게 맺읍시다." 두 강국 간에 통상 협정을 맺어 서로 큰 이익을 꾀하자고 제안하는 내용이었다.

이때 무함마드 2세는 인류의 국제 외교사를 통틀어 최악의 결정을 내리고 만다.

당시 호라즘 제국은 세계에서 손꼽힐 큰 세력을 떨치고 있었으니, 영토가 동으로는 힌두쿠시산맥, 서로는 흑해 근방, 남으로는 페르시아만, 북으로는 카자흐 스텝에 이르렀다. 그 방대한 영토는 오늘날의 이란, 우즈베키스탄, 투르크메니스탄, 타지키스탄, 아제르바이잔, 아프가니스탄 땅을 모두 합친 것과 비슷했다. 때는 유럽이 아직 르네상스를 맞기 100~200년 전이었고, 호라즘 제국은 문명 세계의 중심지였다. 동서양을 연결하며 문물의 교류를 꽃피웠던 실크로드도 그곳을 지나갔다. 호라즘은 당시 최고로 부유하고 발달한 문화권이던 이슬람권에서도 심장부 중 하나였다. 주요 도시 사마르칸트, 부하라, 메르브 등은 중앙아시아에서 손꼽히는 대도시로, 학문과 기술과 문화의 중심지로 명성이 높았다.

'엥, 그런데 난 왜 호라즘 제국이란 이름 자체가 이렇게 생소하지?' 하고 독자가 고개를 갸우뚱하고 있다면, 그건 그럴 만한 이유가 있다.

무함마드에게 친서를 보낸 이는 칭기즈칸이라는 사람이었다. 그리고 무함마드가 바보같은 실책을 저지르고 단 몇 년 후, 호라즘 제국은 사라지고 만다.

적어도 사료를 판단해 볼 때는, 칭기즈칸이 보낸 우호 메시지는 정말 진심이었던 것으로 보인다. 이 무렵 칭기즈칸은 뜻했던 목표를 사실상 다 이룬 것이나 다름없었다. 북중국과 주변 지역을 무대로 비교적 손쉬운 원정에서 잔학하기 이를 데 없는 원정까지 일련의 정복 활동을 펼쳐, 유목 민족들을 모두 복속시키고 통합해 몽골 제국을 세운 후였다. 동쪽으로는 몇 군데에서 아직 전투를 벌이고 있었지만, 서쪽으로는 더 나아갈 계획이 전혀 없었다. 이미 야심은 채울 만큼 채웠고, 더군다나 나이도 이제 예순에 가까웠다. 이만하면 성공했으니, 이제 은퇴해 편하게 살 준비나 할 참이었다.

칭기즈칸이 호라즘 코앞까지 당도해 몽골과 이슬람권 사이의 새

국경을 형성하게 된 것은 서요를 정복하면서였다. 서요는 중국에서 쫓겨난 유목민족이 세운 제국으로, 오늘날의 키르기스스탄쯤 되는 곳에 위치했다. 국경이라고는 해도 경계선이 정확한 것은 아니다 보니, 몽골군과 호라즘군은 국경 지역에서 이미 한 차례 소규모 접전을 벌이고 소득 없이 물러난 적이 있었다. 무함마드 2세가 군대를 이끌고 적과 전투를 벌이려고 당도했는데, 짜증스럽게 몽골군이 먼저 와서 그 적을 퇴치해버린 후에 벌어진 일이었다.

게다가 이런 일이 처음도 아니었다. 칭기즈칸은 걸핏하면 먼저 나타나서 무함마드가 치르려고 한 전쟁을 이겨버리곤 했으니, 이는 무함마드가 최초 접전 이후에 칭기즈칸이 내민 화해의 손길에 왜 그리 경솔하게 대응했는지 설명해줄 단서일 수도 있다. 무함마드는 몽골이 자기가 세울 공적을 자꾸 가로채는 것에 화도 좀 나고 굴욕감도 느꼈을지 모른다(몽골이 군사 전술에 굉장히 능하다는 것도 눈치 챘을 만한데, 그러진 못한 것 같다).

게다가 여기엔 번역 과정에서 늘 일어나기 쉬운 오해마저 있었던 것으로 보인다. "나는 해 뜨는 땅의 지배자요, 그대는 해 지는 땅의 통치자이니"라는 칭기즈칸의 말은 단순히 나는 동쪽, 너는 서쪽이라는 지리상 위치를 명시하며 둘의 지위를 (대략) 대등하다고 인정한 표현이었을 것이다. 하지만 또 이런 해석도 가능하다. "나는 뜨는 해의 군주요, 그대는 지는 해의 군주요." 그렇게 되면 칭기즈칸이 무함마드를 은근히 깐 것으로 읽힌다. 안 그래도 자기가 하려던 전쟁을 자꾸 뺏겨서 심기가 불편한 무함마드에게 그 말은 "나는 떠오르는 왕, 넌 저무는 왕ㅋㅋ" 정도로 읽히지 않았을까?

무함마드와 칭기즈칸은 사신 교환을 이어가면서 코미디를 방불케 하는 소심한 복수전을 펼친다. 칭기즈칸은 무함마드가 선물로 보낸 고운 비단을 보고 자기를 깔본다는 느낌을 받았다("우리가 이런 걸 처음 볼 거라고 생각한 건가?"). 그리고 답례로 거대한 금덩이를 보냈는데, 자기들이 아무리 천막에서 살아도 있을 건 다 있다고 과시하려고 한 듯하다. 그러면서 칭기즈칸은 평화의 메시지를 거듭 전해 "나는 그대와 평화롭게 공존하길 무척 바라오. 내 그대를 아들처럼 여기리라"라고 했는데, 그 말이 무함마드의 심기를 제대로 건드렸다. 무함마드는 아들이란 말을 결코 좋아하지 않았다.

그래도 격식과 의전은 계속 지켜졌기에(옹졸한 속내는 깔려 있었지만), 칭기즈칸은 평화로운 통상 관계를 맺자는 자신의 요청을 무함마드가 수락했다고 틀림없이 믿은 듯하다. 그렇게 하면 양쪽이 다 윈윈이라는 사실이 너무나 명백했다. 칭기즈칸은 무함마드에게 이렇게 전하기도 했다. "알다시피 내 나라는 전사들이 개미처럼 많고, 은이 노다지인 데다가, 나는 남의 영토를 탐할 이유가 없소. 백성들끼리 무역을 장려하면 양 나라에 고루 이득이 될 것이오."

그리하여 칭기즈칸은 호라즘에 첫 통상 사절단을 보냈다. 자신이 직접 돈을 대고 자신의 특사를 앞장세워, 상인 450명, 병사 100명, 낙타 500필에 은과 비단과 옥을 가득 실은 수레를 보냈다. 목적은 일단 호라즘이 내린 몽골과의 통상 금지령을 확실히 풀고자 하는 것이었다. 다들 그렇게 되기를, 특히 호라즘 땅을 자유로이 넘나들 수 있게 되기를 간절히 바랐다. 칭기즈칸이 북중국을 통일한 덕분에 실크로드를 지나다니기가 원칙적으로는 훨씬 쉬워졌고, 이슬람권 상인들은 중국 시장을 공략하고 싶어 몸이 달아 있었다. 하지만 무함마드가 까다롭게 통제하는 바람에 교역로가 중간에 막힌 상황이었다. 1218년, 교역품을 싣고 호라즘 북부의 오트라르에 입성한 이 상인들은 호시절이 다시 온다는 기대에 부풀었을 것이다.

하지만 일이 아주아주 잘못 돌아가고 만다.

사절단을 환영하고 낙타를 받아주고 차 한잔을 대접하는 대신, 오트라르의 성주 이날축 카이르칸은 예상치 못한 접대를 베풀었다. 사람들을 몰살하고 가져온 물건을 모두 빼앗은 것. 악랄한 기습 공격에 사절단 550명 중 생존자는 단 1명이었는데, 학살 순간에 목욕을 하다가 목욕통 뒤에 숨어 간신히 목숨을 건졌다.

도리와 후의뿐 아니라 상식을 저버린 이 만행은 세상을 경악하게 했다. 이날축의 변명은 이들을 간첩단으로 의심했다는 것인데 도무지 말이 되지 않았다. 심지어 이 상인들은 몽골인도 아니라 위구르족 무슬림이 대다수였다. 이슬람 상인들이 주요 교역로에 위치한 이슬람 도시에 갔다가 어이없는 구실로 몰살당했다는 것은, 다른 건 차치하고서라도 상당히 충격적이고 호라즘의 교역 사업에도 좋을 리가 없었다.

그리고 이날축이 무함마드의 승인이나 명령 없이 무역으로 부와 명성을 유지하는 제국에 끼칠 타격을 감수하고 이런 일을 저질렀으리라고 생각하기 어렵다.

그런데 놀랍게도 칭기즈칸은 오트라르에서 벌어진 만행에도 불구하고 한 번 더 기회를 주고자 했다. 몽골 입장에서 통상협정은 여전히 중요했다(정복 원정에 매진하는 통에 농사가 잘 되질 않았으므로 사야 할 것이 너무 많았다). 그래서 칭기즈칸은 무슬림 1명, 몽골인 2명으로 구성된 3명의 사신단을 보내, 무함마드와 오해를 풀고, 이날축의 처벌과 교역품의 보상 및 평화 체제 복귀를 요구하고자 했다.

무함마드는 사과는커녕 무슬림 사신은 목을 베고 몽골인 사신들은 수염을 불태워 처참하고 굴욕스러운 몰골로 돌려보냈다.

왜 그랬을까? 아니 정말로, 그럴 필요가 뭐가 있었을까? 무함마드는 정말 '해 지는 땅' 운운하는 말에 모욕감을 느껴서 전쟁을 건 것일까?

그랬을 가능성도 있다. 다른 설명보다는 그나마 그럴듯하다. 하지만 무함마드의 피해망상적 사고는 사내대장부 콤플렉스에 그치지 않았음도 주목할 만하다. 그는 튀르크족 출신에 조상이 노비였기에, 같은 이슬람권 주변국의 페르시아계, 아랍계 귀족들에게 멸시를 받곤 했다. 그의 제국은 거의 칭기즈칸의 제국만큼이나 역사가 짧았고, 내부적으로 분열되어 있었다. 자기 어머니와의 관계가 좋지 않았던 것도 도움이 되진 않았을 것이다. 또 바그다드의 칼리프 알나시르에게 오랫동안 불만이 많았는데, 그가 몽골과 모의해 자신을 무너뜨리려 한다고 의심했다(알나시르가 실제로 몽골과 모의하고 있었을 가능성이 없다고는 할 수 없다. 그런 계책은 누구에게도 득이 되지 않았을 것으로 보이지만). 그리고 1217년 군대를 이끌고 바그다드 정벌에 나섰다가 중간에 눈 덮인 산에서 길을 잃어 실패한 일도 있었으니, 그때 자신의 미숙함을 더 아프게 절감하기도 했을 것이다.

더군다나 무함마드는 칭기즈칸의 군사력을 과소평가했을 가능성이 있다. 경솔한 짓을 하려거든 그전에 정보를 좀 알아보고 하면 좋았을 텐데. 수염 잃은 몽골 사신들이 무함마드의 도발 소식을 알리러 돌아가던 그때, 무함마드의 밀사가 몽골군의 위력을 정확히 파악해 돌아오고 있었다. 잠자는 사자의 코털을 건드린 걸 알게 된 무함마드의 반응은, 한마디로 "헉"이었다.

그리하여 칭기즈칸은 전쟁을 고민할 때면 항상 찾아가던 고향의 부르한 할둔산 정상에 올랐고, 그곳에서 3일 밤낮을 기도했다. 그리고 무함마드에게 마지막 통첩을 보냈다. 이번에는 오해할 여지가 없는 내용이었다. "전쟁을 각오하라. 그대가 대적할 수 없는 대군을 이끌고 찾아가리라."

1219년, 칭기즈칸은 호라즘 정벌에 나섰다. 1222년, 호라즘 제국은 지도에서 사라지고 없었다.

양측의 군사 규모는 추정치가 다양한데, 아마 몽골군은 10만 명 남짓, 호라즘군은 그 두 배 이상이었을 가능성이 높아 보인다. 게다가 전장은 호라즘군에게 익숙한 지형이었다. 하지만 다 부질없었다. 무함마드는 홈 어드밴티지를 포기하고 도시의 방벽을 철저히 지키며 그 속에 들어앉아 몽골군이 포기할 때까지 버티는 전법을 썼다. 몽골군이 포위전에 형편없다고 생각했기 때문이다. 그 생각이 틀린 건 아니었다. 몽골군은 포위전에 형편없었다. 하지만 무함마드가 간과한 것은 몽골군의 학습 속도가 엄청 빠르다는 사실이었다. 최초로 포위된 도시는 수개월을 버티다가 함락되었다. 그러나 그다음부터는 대부분 수주나 수일밖에 버티지 못했다.

몽골군은 민첩하고 적응이 빨랐으며, 군기가 잘 잡혀 있고 지략에 능했다. 칭기즈칸은 병력을 여러 분견대로 나누어 기습 공격, 지원군 차단, 복수 목표에 대한 동시다발 공격 등을 효과적으로 벌였다. 몽골군은 의사소통을 신속히 하고 전술을 쉽게 바꿨으며, 점령한 적군의 전략과 병기를 속속 제 것으로 흡수했다. 그리고 그야말로, 참으로, 무자비했다.

몽골군은 호라즘을 무서운 속도로 휩쓸어나갔다. 점령한 도시마다 항복할 기회를 주었고, 항복한 도시는 비교적 너그럽게 처분해주었다('비교적'에 유의). 즉 재물은 남김없이 털어갔지만 주민들 목숨은 대부분 살려주었다. 그러나 항복하지 않거나 나중에 반란을 시도하는 경우에는 잔혹한 처분이 돌아갔다.

니샤푸르라는 도시에서 칭기즈칸이 총애하던 사위가 전사하자, 과부가 된 공주에게 함락된 도시의 운명을 결정하도록 했다. 그 결과 숙련된 장인 몇 명을 제외한 도시의 거의 모든 사람이 남김없이 처형되었고, 17,000개의 두개골이 거대한 피라미드처럼 쌓였다. 열흘 동안의 학살을 끝낸 후, 몽골군은 도시 안 개와 고양이까지 모두 죽여 철저히 본때를 보였다. 수개월 동안 버틴 몇 도시 중 하나인 구르간지에서는, 아무다리야강의 물길을 막고 있던 댐을 개방해 엄청난 물을 흘려보냄으로써 도시를 싹 쓸어버렸다(이 일로 이 강의 물길이 수백 년간 바뀌게 되었다는 설을 몇 장 앞에서 언급했다). 위의 두 사건 다 1221년의 같은 달에 벌어진 일이었으니, 역사적으로 무척 참혹한 한 달이었다고 할 만하다.

칭기즈칸은 공포의 선전 효과를 잘 알고 있었기에, 이슬람권에 글을 읽을 줄 아는 인구 비율이 높다는 사실을 톡톡히 활용했다. 자신의 정복 소식을 전하는 편지가 전파되게 함으로써, 다음에 쳐들어갈 몇 도시가 가급적 싸우지 않고 투항하게끔 유도했다.

칭기즈칸은 그러면서도 종교를 존중해주려고 노력하여, 성소로 꼽히는 곳은 살살 다루곤 했다. 칭기즈칸 치하의 몽골 제국은 온갖 포악한 소행에도 불구하고 놀라울 만큼 관용적인 면이 있었다. 세계 최초라고 꼽히는 종교자유보호법을 제정했을 정도다. 이는 물론 실리적 이득이 있었으니, 적의 입장에서는 지금 싸우는 전쟁이 성전聖

戰이 아니라면 항복할 마음을 먹기가 더 쉬웠고, 어디서나 핍박받는 종교적 소수집단도 포섭에 더 쉽게 응했다. 칭기즈칸은 이슬람 신학의 중심지인 부하라를 1220년 초에 함락했을 때, 도시를 파괴하는 와중에도 대모스크는 그대로 두라고 명령했다. 그리고 그 모스크에 직접 찾아가기도 했는데, 이는 그가 자신이 정복한 도시에 실제로 입성한 것으로 기록된 유일한 사건이기도 하다. 칭기즈칸은 천막과 평원을 좋아하고 '영원한 푸른 하늘'을 섬기는 사람이었던지라, 도시를 정복 대상으로 여겼을 뿐 그 필요성에 대해서는 무관심했다.

그런데 상상을 초월하는 외교적 무능으로 이 모든 사태를 촉발한 장본인 무함마드는 어떻게 되었을까? 부하라의 자매도시인 사마르칸트에 꽁꽁 숨어 있다가, 부하라가 함락되는 순간 패색이 짙음을 직감했다. 바로 빠져나와 그 후 1년 동안, 좋게 말하면 '후미를 방어하며 철수'했고, 쉽게 말하면 도망 다녔다. 칭기즈칸은 2만 병력을 투입해 그를 쫓게 하고, 잡거나 죽이기 전에 돌아오지 말라고 명령했다. 무함마드는 결국 카스피해까지 쫓겨가 이 섬 저 섬을 전전하며 숨어 살았다. 그러다가 1221년 1월 어느 섬에서 무일푼에 누더기 차림으로 실성해가며, 폐렴으로 죽었다.

만약 칭기즈칸이 애초에 자신의 노여움을 촉발했던 무함마드가 죽은 후 진격을 멈췄다면, 무함마드의 이야기는 그저 역사 속 여담 정도로만 남았을지 모른다. 문제는 거기서 멈추지 않았다는 것. 호라즘의 파괴는 1221년 내내 계속되었고, 폭력은 점점 더 극으로 치달았다. 저항하는 도시는 인구 전체를 말살하라는 명령이 여지없이 내려졌고, 니샤푸르, 구르간지, 메르브 등의 도시가 그런 운명을 겪었다.

이렇게 호라즘 제국을 초토화하고 난 칭기즈칸은 멈추지 않고 계속 나아갔다. 해보니까 이거 너무 쉽다 싶었을까? 원래는 제국 땅을 서쪽으로 넓힐 생각이 없었던 그였지만, 이제는 정복할 수 있는 데까지 정복해보자는 야욕이 넘쳤다. 아시아의 이슬람권을 거의 다 손에 넣고는 유럽까지 밀고 들어갔다. 칭기즈칸이 1227년에 죽은 후에는 아들과 손자들이 영토 확장을 이어갔다. 최전성기의 몽골 제국은 인류 역사상 가장 큰 단일 영토를 다스린 제국이었으며, 서로 폴란드까지, 동으로 고려까지 세력을 뻗쳤다.

몽골 제국은 몇 세대 후에 파벌 싸움과 내분에 휘말려 분열됨으로써 제국의 전형적 말로를 맞았지만, 그 유산은 일부 지역에서 계승되어 20세기까지 이어졌다. 칭기즈칸의 직계 후손들이 통치하던 부하라 토후국이 1920년 볼셰비키에게 정복되면서, 칸 왕조는 마침내 막을 내린다.

(1838년, 찰스 스토더트라는 영국 군인이 부하라 토후국을 영국 제국의 우방으로 포섭하려고 외교사절로 방문했다가 공교롭게도 무함마드의 바보 짓을 축소판으로 재현하고 만다. 나스룰라 칸을 별 이유 없이 무심코 모욕하는 바람에, '벌레 구덩이'로 알려진 대단히 불쾌한 곳에 던져진 것. 그곳에서 그는 곤충 떼에 살을 뜯어먹히는 끔찍한 형벌을 몇 년 동안 받다가 결국 처형당했다. 이름에 '칸'이 붙은 사람에게 허튼짓하지 말자.)

몽골이 정복했던 많은 지역은 문화와 역사와 문헌이 모두 파괴되었고, 주민들이 송두리째 추방되었으며 수백만 명이 목숨을 잃었다. 긍정적인 면을 찾자면, 그 모든 사태의 발단이 되었던 교역로가 통합되고 안정화되면서 대륙 전체를 아우르는 문화 교류를 가능케 했고, 이는 유라시아 전역에 근대 문명기를 앞당기는 계기가 되었다. 부정적인 면이라면 그 교역로를 통해 문화뿐 아니라 질병도 옮겨졌다는 것이며, 특히 흑사병은 또 한 차례 수백만 명의 목숨을 앗아갔다.

이 모든 사달은 콤플렉스 덩어리인 한 사내가 외교는 애송이들이나 하는 짓이라 여기고 단순한 통상 요청을 사악한 계략으로 착각했기 때문에 벌어진 일이었다.

그 밖의 대단한 국제 외교 실책 Top 4

○

아타우알파

잉카 제국의 황제로, 모크테수마와 비슷한 실수를 1532년에 답습했다. 다만 그는 술까지 취한 상태로 스페인인들을 만났고, 그로 인해 잉카군은 스페인의 너무나 뻔한 계략에 말려들고 말았다.

○

보티전

5세기 브리튼의 왕. 로마가 철수한 후에 픽트족의 침공에 나라가 무방비 상태에 놓이자 색슨족을 용병으로 불러들여 국방을 맡겼다고 한다. 색슨족은 그냥 자기들이 브리튼을 지배하기로 했다.

○

프란시스코 솔라노 로페스

파라과이의 대통령. 그리 크지 않은 나라인 파라과이를 이끌고 훨씬 큰 나라인 브라질, 아르헨티나, 우루과이와 한꺼번에 전쟁을 벌였다. 그 전쟁으로 파라과이 인구 절반 이상이 사망한 것으로 추정된다.

○

치머만 전보

1917년 독일은 멕시코에 비밀 전보를 보내, 미국이 만약 1차 대전에 참전할 경우 자국과 동맹해달라고 요청하면서, 그 대가로 멕시코가 미국에 빼앗겼던 텍사스, 뉴멕시코, 애리조나를 되찾게 해주겠다고 약속했다. 이 전보 내용을 영국이 중간에 가로채 미국에 알렸고, 결국 미국은 분개해 참전을 결심했다(멕시코는 제안에 관심조차 보이지 않았다).

신기술에
열광하다

과학, 기술, 산업 시대의 태동은
인류에게 새로운 가능성을 열어주었다.
이제 우리는 우주에서도 사고를 칠 수 있게 되었다.

미지의 세상을 탐험하고 개척하려는 강한 욕구는, 이미 앞에서도 말했지만, 인간만의 고유한 특징이다. 미국항공우주국NASA에서 1998년 '화성 기후 궤도선'을 광활한 암흑의 우주 공간에 띄운 것도 바로 그런 탐구심과 지식 추구욕의 발로였다.

그런데 몇 달 후, 화성 기후 궤도선은 어이없게도 바위투성이 화성 표면에 처박히고 만다.

똑같은 실수를 반복해 저지르는 인간의 재주를 이처럼 잘 보여주는 사건이 또 있을까? 콜럼버스가 단위를 착각해 계산을 틀리고 아메리카 대륙에 좌초한 지 500년 후, NASA 기술자들은 단위를 착각해 계산을 틀리고 화성 표면에 우주선을 추락시키고 말았다.

우리가 다음으로 살펴볼 인류의 위대한 발걸음인 과학혁명은 16세기에 유럽 각국의 철학자들이 편지와 책들을 돌려보면서 시작되었다. 아니 처음엔 '혁명'이라기보다는 '따라잡기'에 가까웠다. 대부분 과거 문명에서 예전에 알아냈던 지식들을 그저 재발견한 것일 뿐이었으니까. 하지만 이 과학혁명이 세계적으로 탐험과 정복과 무역이 흥한 시기와 맞물리면서—인간은 늘 새로운 지식과 기술을 갈구했기에—이후 수백 년에 걸쳐 우리의 지식은 폭발적으로 성장했다. 그러면서 인간은 과학적 지식을 깨우쳤을 뿐 아니라, 과학이란 것 자체에 대해서도 깨우쳤다. 과학이란 그저 단순히 '머리를 좀 쓰는 활동' 정도가 아니었다. 나름의 방법론에 입각한 아주 특수한 활동이었다.

기술의 발달 속도가 점점 빨라지던 중, 17세기에서 18세기에 걸쳐 영국 북부의 도시에서는 미국 농장에서 노예들이 생산한 값싼 면화 공급을 발판으로 또 다른 혁명이 일어나기 시작했다. 기계를 사용한 대량생산이라는 이 제조 기술의 혁명은, 곧 전 세계에 확산되어 도시와 환경과 경제를 근본적으로 변화시키면서, 급기야 우리가 새벽 3시에 술에 취해 아마존 쇼핑몰에서 족욕기를 주문할 수 있는 쾌거를 가능케 했다.

과학, 기술, 산업 시대의 태동은 인류에게 선조들이 꿈도 꾸지 못했을 새로운 가능성을 열어주었다. 동시에 예전에는 상상도 하지 못했을 스케일로 망할 가능성도 열어주었다. 콜럼버스가 단위를 착각했을 때는 그 실수가 적어도 지구에 국한되지 않았는가? 이제 우리는 화성 기후 궤도선의 실패 사례가 보여주듯 우주에서도 사고를 칠 수 있게 되었다.

화성 궤도선의 결함이 드러난 것은 발사 후 몇 달이 지나서였다. 관제소에서 우주선의 경로를 미세하게 조정해 항로를 유지시키려고 할 때마다, 의도한 대로 조정이 되지 않았다. 그러나 결함이 치명적이라는 사실이 드러난 것은 더 나중이었다. 우주선이 화성에 도달해 궤도 진입을 시도하는 순간, 지상 관제소와 교신이 끊긴 것이었다.

조사를 한 뒤 원인이 밝혀졌는데, 궤도선은 충격량, 즉 자세 조정에 필요한 추진기 분사량을 표준 미터법 단위인 '뉴턴 초(N·s)'로 계산하고 있었다. 그런데 외부 업체에서 납품받은 지상 컴퓨터 상의 소프트웨어는 야드파운드법 단위인 '파운드 초'를 쓰고 있던 것이다. 그 결과 추진기를 분사할 때마다 그 효과가 예상보다 네 배 크게 나타났고, 우주선은 목표로 했던 고도보다 약 100킬로미터 더 화성 표면에 가깝게 접근하고 말았다. 이어서 궤도에 진입하려는 순간 화성 대기에 강하게 충돌했고, 3억 2,700만 달러짜리 최첨단 우주선은 바로 산산조각이 났다.

NASA 입장에서는 무척 창피한 일이었지만, 과학기술 분야의 어처구니없는 바보짓이라면 자기들이 한 일 외에도 차고 넘친다는 사실이 어쩌면 위안이 되었을지도 모르겠다. 또 다른 사례로는 우주개발 경쟁이 아니라 전혀 다른 분야의 경쟁을 들어보자. 1969년, 미국 과학자들과 소련 과학자들은 어떤 신비한 물질의 비밀을 먼저 밝혀내려고 경쟁적으로 매달렸으니, 그 물질은 일찍이 유례가 없던 새로운 형태의 물이었다.

때는 냉전의 절정기였고, 첨예한 이념 대결의 무대는 지정학적 책략, 핵무기 벼랑 끝 전술, 은밀한 첩보전 등에만 국한되지 않았다. 당시 공산주의 진영과 자본주의 진영 간에는 과학기술 대결도 한창이었다. 자고 일어나면 새로운 발견과 기술혁신이 등장하던 그 시기, 미국과 소련은 적국보다 너무 뒤처지면 안 된다는 불안감에 사로잡혀 있었다. 소련이 최초 우주 비행의 기록을 연달아 세운 데 대한 충격으로, 미국은 1969년 7월 인간을 달 표면에서 걷게 만든다.

이처럼 장대한 스케일의 기술혁신이 한창인 가운데, '새로운 형태의 물'이란 것은 처음엔 별 주목을 끌지 못했다. 처음 발견한 사람은 1961년 소련의 과학 중심지에서 멀리 떨어진 지방의 어느 연구실에서 일하던 니콜라이 페댜킨이라는 연구자였지만, 이후 모스크바 물리화학연구소의 보리스 데랴긴이 그의 연구를 접하고서야 비로소 그 물질의 큰 잠재성이 세상에 알려졌다. 데랴긴은 페댜킨의 연구를 금방 재연해내고는 뻔뻔하게 자기가 발견한 것으로 포장했다. 어쨌거나 소련 밖 세상에선 관심을 보이지 않았다. 그러다가 데랴긴이 1966년 영국의 학회에서 연구 결과를 발표하자 비로소 국제사회는 깜짝 놀라 주목하기 시작했다. 경쟁이 불붙는 순간이었다.

처음엔 '이상수異常水, anomalous water' 또는 '파생수派生水, offspring water'라 불린 이 물은 범상치 않은 특성을 갖고 있었다. 페댜킨과 데랴긴이 발견한 현상은 보통의 물을 극히 가느다란 초고순도의 석영 모세관에 통과시키면 원리는 알 수 없지만 구조 변화가 일어나면서 그 화학적 특성이 크게 바뀐다는 것이었다. 이 '이상수'의 어는점은 0도가 아니라 -40도였다. 끓는점은 더 엄청나서 최소 150도, 어쩌면 650도까지도 될 것으로 보였다. 물보다 점성이 높아 거의 액체라고 보기 어려울 정도로 걸죽하고 끈끈했다. 바셀린과 비슷하다고 묘사하는 이도 있었다. 칼로 베면 벤 자국이 남는다고 했다.

처음엔 영국에서, 곧이어 미국에서, 과학자들은 소련의 이 연구를 재연하려고 나섰다. 쉬운 과정은 아니었던 것이, 모세관을 사용해야 했기에 한 번에 매우 소량밖에 제조할 수 없었다. 일부 연구실에서는 기법을 도저히 제대로 수행하지 못했고, 또 일부 연구실에서는 승승장구하여 이상수를 점점 더 많은 양으로 생산해냈다. 그러던 중 미국의 한 연구실에서 드디어 큰 성과를 냈다. 이상수를 충분히 얻어내 적외선 스펙트럼 분석을 실시하는 데 성공한 것이다. 그 결과가 암스트롱이 달 표면을 걷기 한 달 전인 1969년 6월에 저명한 「사이언스」에 게재되면서, 이 신물질 연구 경쟁은 과열로 치닫는다. 연구 논문은 이 물의 독특한 특성을 확인했을 뿐 아니라 그러한 특성을 갖는 이유까지 설명해냈다. 실험 결과로 짐작할 때 이 물질은 물의 중합체polymer였다. 즉, H_2O 분자가 서로 연결되어 거대한 사슬 구조를 이루고 있어 보통의 물보다 안정된 특성을 띤다는 것이었다. 이로써 이상수는 오늘날 알려진 이름인 '중합수重合水, polywater'로 불리게 되었다.

「파퓰러 사이언스」는 중합수의 발견이 "화학 분야의 대변혁을 예고하고 있다"며 예상되는 다양한 용도를 장문의 기사로 소개했다. 그리고 냉매, 엔진 윤활제, 원자로 감속재 등으로 쓰일 수 있다고 했다. 전부터 알려졌던 자연 현상도 잘 설명됐다. 중합수는 점토에도 함유되어 있으며, 그래서 점토는 평상시에 물렁물렁한 반죽 같은 특성을 띠다가 극고온으로 가열하면 비로소 중합수가 증발하면서 굳는 것이다. 중합수로 기상 현상도 설명이 가능할 것 같았다. 소량의 중합수가 '구름 씨앗' 역할을 하여 구름을 형성하리라는 추측이었다. 인체에도 포함되어 있는 것이 분명했다.

몇몇 연구실에서는 다른 주요 화학 물질로도 폴리메탄올, 폴리아세톤 등의 중합체를 합성하는 데 성공했다는 보고가 속속 나오는 가운데, 이제 화학의 새 분야가 탄생하리라는 기대가 고조되었다. 한편으로는 중합수가 군사 목적으로 활용될 수 있으리라는 우려도 없지 않았다. 그 자체로 무기가 될 가능성도 있었다. 중합수는 구조상 일반 물보다 저에너지 상태인 것으로 생각되므로, 만약 중합수가 물과 접촉한다면 연쇄반응이 일어나 보통의 물도 중합체로 바뀔 가능성이 제기되었다. 누가 주요 저수지나 강물에다가 중합수를 한 방울 떨어뜨리기만 하면, 물 전체가 차츰 변화를 일으켜 결국 통째로 끈적한 시럽이 되어버릴 수도 있다는 가설이었다. 그렇게 되면 국가 전체의 급수 체계가 마비될 수 있는 것이었다.

「사이언스」에 논문이 게재된 후 미국 정부가 나섰다. CIA 요원들이 중합수 연구자들의 연구 경과를 조사하고, 모든 중대 발견은 미국 밖으로 누출되어선 안 된다고 못을 박았다. 「뉴욕 타임스」에서 마을 신문까지 온갖 매체가 '미국이 소련에 뒤처지는 것 아닐까?'라는 우려 섞인 논조로 중합수 문제를 다루었다. 중합수 연구가 최우선 과제가 되고 연구 지원금이 책정되었다. 1970년 한 해에만 중합수 관련 논문 수백 건이 발표되었다. 1969년 연구 지원이 처음 결정되었을 때 「월스트리트 저널」은 '좋은 소식'이라며 안도의 기사를 실었다. "미국은 중합수 분야의 격차를 좁힌 것으로 보이며, 미국이 소련보다 중합수 기술에서 앞서 나갈 수 있도록 현재 국방부에서 자금 지원에 나선 상태다."

이쯤이면 독자도 짐작했을 것이다. 이 책을 여기까지 읽은 독자가, 설마 이 이야기가 대성공으로 마무리되어 다들 서로 등을 두들겨주고 노벨상 수상자가 속출하는 훈훈한 결말로 끝나리라고 생각하진 않을 것이다. 그러나 진실이 분명히 드러난 것은 1970년대 초나 되어서였다. 세계 각지 최고의 연구팀에서 최고의 과학자들이 수

년간 연구에 매달리고 난 후였다.

결론을 말하자면 중합수 같은 건 없었다. 그런 건 애초에 존재하지 않았다.

페댜킨과 데랴긴이 발견했던 것은, 그리고 전 세계 과학자들이 수년간 매달려 재연하고 연구하고 법석을 떨었던 그 물질은, 보다 정확히 말하면 '더러운 물'이었다. 중합수의 그 신비롭다는 특성들은 모두 청결해야 할 실험 장비에 유입된 불순물 때문이었던 것으로 드러났다.

회의론자이던 미국 과학자 데니스 루소는 이런 실험을 했다. 벽에 공치기 놀이를 한 후 푹 젖은 자기 티셔츠를 짜서 얻은 땀 몇 방울을 분석했더니, 중합수의 스펙트럼 분석 특성과 거의 똑같이 나왔다. 냉전 시대 초강대국들이 손에 넣으려고 그토록 필사적으로 매달렸던 신비의 물질. 그것은 땀이었다.

애초에 회의적인 의견들도 적지 않았다. 수많은 과학자들은 중합수의 발견을 믿기 어려웠다. 한 과학자는 만약 중합수라는 게 진짜 있다면 자기가 화학계에서 은퇴하겠다고까지 했다. 하지만 뭔가의 오류를 증명하기란 어려운 법이다. 더군다나 중합수란 것은 만든 후 그 특성이 시원찮아도 내가 제대로 만들지 못해서가 아닐까 하는 의심을 떨치기 어려웠다. 워낙 소량밖에 만들 수가 없었던 데다가, 냉전 시대의 과열된 연구 분위기가 겹쳐, 여러 나라의 똑똑한 과학자들이 남들이 떠벌리는 현상을 자기도 관찰했다고 착각하고 애매한 결과나 실패한 결과를 부풀려 해석하는 함정에 빠진 것이다. 그 모든 과정은 과학이라기보다 '소망적 사고'였다.

심지어 중합수의 존재를 반박하는 논문들이 발표되고 나서도

(1970년, 역시 『사이언스』에), 중합수가 착각의 산물임을 모두가 인정하기까지는 몇 년이 더 걸렸다. 중합수의 허위성을 결정적으로 입증한 회의론자인 엘리슨 테일러는 1971년 오크리지 국립연구소 회보에 이런 글을 기고했다. "(우리는) 처음부터 허위임을 알고 있었고, 관심을 보이지 않았던 사람들도 거의 다 알고 있었으리라 짐작한다. 하지만 중합수 주창자들은 그 누구도 그리 인정할 기색이 없었다." 심지어 『파퓰러 사이언스』는 1973년 6월호에 '중합수 손쉽게 만드는 법'이라는 기사를 싣기까지 했다(부제는 '일부 전문가는 이 희귀 물질이 존재하지 않는다고 주장한다. 하지만 직접 충분한 양을 만들어 관찰할 수 있는 방법을 소개한다').

이런 일은 물론 처음이 아니었다. 과학혁명 후 첫 수백 년 동안은 ('과학'이라는 용어조차 정립되지 않았을 때) 인기 이론이 결국 완전히 틀린 것으로 드러난 경우가 하나둘이 아니었다. 18세기에는 모든 가연성 물질에 함유되어 연소 시에 방출된다고 하는 '플로지스톤'이라는 신비의 물질이 있었고, 19세기에는 빛의 매질로서 우주 공간을 가득 채우고 있는 물질 '에테르'가 있었다. 하지만 그런 것들은 그래도 당시 과학으로 설명할 수 없던 뭔가를 설명하려는 시도였다는 점에서 의미가 있다. 사실 이런 식으로 과학이 발전한다고 볼 수 있으니까.

과학이 지금까지 꽤 성과가 괜찮았던 이유는, 과학은 (적어도 원칙적으로는) '세상의 원리에 대한 우리 짐작은 대부분 틀렸을 것'이라는 현명하고 겸손한 전제에서 출발하기 때문이다. 과학은 대략 옳은 방향으로 조금씩 나아가고자 하지만, 그러기 위해서는 '조금씩 덜 틀려가는' 느린 과정을 밟아야 한다. 즉, 이런 식이다. 내가 세상의 원리에 대한 가설이 하나 있다고 하면, 그게 옳은지 알아보기 위해 그게 틀렸음을 입증하려고 애를 쓴다. 틀렸다는 것을 입증하는 데 실패하면, 또다시 시도하거나, 다른 방식으로 시도한다. 그렇게 한참 하다가 결국 '내가 틀렸다는 걸 입증하는 데 실패했'고 세상에 발표하고, 그러면 이제 남들이 뛰어들어 내가 틀렸다는 걸 입증하려고 애쓴다. 다들 내가 틀렸다는 걸 입증하지 못하면 그때부터 차츰 내가 어쩌면 맞을 수도 있다, 아니 적어도 다른 가설보다는 덜 틀렸을 수도 있다는 걸 사람들이 인정하기 시작한다.

물론 과학이 실제로 그렇게 돌아가지는 않는다. 과학자라고 해도 자기 관점이 옳다고 믿어버리고 그 반대 관점은 무시해버리는 함정에서 자유롭지 못한 것은 세상 여느 인간과 다를 게 없다. 바로 그래서 동료 평가, 재연 등의 과정을 두어 그런 일을 막고자 하는 것이다. 하지만 그 과정이 완벽하다고 생각하면 턱없는 착각이다. 집단 사고, 시류 편승, 정치적 압력, 이념적 맹신 등은 과학계에도 다 있는 현상이니까.

그렇지 않다면 여러 나라 여러 연구소의 수많은 과학자들이 다 동일한 환상의 물질을 확인했노라고 스스로 철석같이 믿는 일이 어떻게 벌어질 수 있었겠는가? 이런 전설적인 사건은 중합수 사태만 있었던 게 아니다. 그로부터 60년 전에는 완전히 새로운 종류의 방사선이 발견되어 과학계의 관심을 사로잡은 일이 있었다. 이 놀라운 신종 방사선은 (결국 허깨비로 밝혀졌지만) 'N선'이라 불렸다.

N선은 처음 프랑스의 낭시라는 소도시에서 발견되었기에 그 머릿글자를 따 이름을 붙였다. 발견자인 르네 블롱들로는 탁월하고 근면한 실험물리학자로 널리 인정받고 있었고, 수상 경력도 있었다.

때는 1903년, X선의 발견이 과학계에 파장을 몰고 온 지 10년이 채 되지 않았고, 다른 새로운 종류의 방사선이 이곳저곳 사방에서 발견될지도 모른다는 기대가 있었다. 더군다나 중합수 사태 때처럼, 여기에도 나라 간 경쟁 분위기가 적잖이 개입되었다. 엑스레이는 독일에서 발견했기에 프랑스도 뭔가 해내려고 기를 쓰고 있었던 것이다.

블롱들로의 N선 발견은 우연한 사건이었다. 사실 그는 X선을 연구하던 중이었다. 그의 실험 장비는 X선을 쏘면 작은 불꽃이 밝게 빛나게 되어 있었는데, 어느 순간 X선을 전혀 쏘지 않고 있는데도 불꽃이 빛나는 것이다. 블롱들로는 이 현상을 파고들어 증거를 수집했고, 1903년 봄에 「프랑스 아카데미 학술지」를 통해 자신의 발견을 세상에 알렸다. 곧 과학자들 사이에 N선 광풍이 불기 시작했다.

그 후 몇 년 동안 120명이 넘는 과학자들이 N선의 놀라운 특성을 다룬 논문 300편 이상을 발표했다(그중 블롱들로가 발표한 것이 26편이었다). N선이 나타내는 특성들은 흥미롭기 짝이 없었다. N선은 특정한 유형의 불꽃, 가열된 철판, 그리고 태양에서 발생된다고 했다. 또 블롱들로의 동료 오귀스탱 샤르팡티에에 따르면 생체에서도 발생되었으니, 예컨대 이두박근과 인간의 뇌 등이었다. N선은 금속과 나무를 통과하고 구리선을 따라 전달되지만 물과 암염은 통과하지 못했다. N선은 벽돌에 저장될 수 있었다.

그러나 안타깝게도 누구나 쉽게 N선을 발생시키고 관찰하는 데 성공하는 것은 아니었다. 블롱들로가 그 방법을 매우 친절하게 설명해놓았지만, 이름 있는 많은 과학자들이 N선 생성에 도전했다가 실패했다. N선이란 것이 워낙 감지하기가 어려우니 그럴 만도 했다. 이 무렵 블롱들로는 이제 N선을 불꽃이 아닌 다른 수단으로 감지하는 방법을 쓰고 있었다. N선에 노출되면 희미하게 빛을 내는 인광성燐光性 판을 사용했다. 문제는 그 발광 현상이 너무 미미해서 빛이 전혀 없는 깜깜한 방에서 봐야 잘 관찰된다는 것. 게다가 실험자가 어둠에 약 30분간 눈을 적응시킨 후에 봐야 한다고 했다. 아, 그리고 똑바로 쳐다보지 말고 곁눈으로 봐야 더 잘 보인다고 했다.

깜깜한 방에 30분 앉아 있다가 아주 미세한 빛을 곁눈으로 봐도, 착시 현상 따위 일어날 리 전혀 없다고 믿은 모양이다.

수많은 N선 회의론자들은 이 N선 열풍의 한 가지 독특한 특징에 주목하지 않을 수 없었다. 이 방사선을 만들어내는 데 성공한 과학자들은 사실상 거의 전부 프랑스인이라는 것. 예외적으로 영국과 아일랜드에서 두어 건 정도 성공했지만, 독일과 미국에서는 아무도 성공하지 못했다. 이제는 의심스러움을 넘어 짜증스럽기까지 한 상황이었다. 프랑스 아카데미는 블롱들로에게 프랑스 과학 분야에서 최고로 꼽히는 상을 수여했지만, 독일 굴지의 방사선 전문가 하인리히 루벤스는 독일 황제에게 불려가 2주 동안 블롱들로의 작업을 재연하려고 시도하다가 굴욕을 안고 포기해야 했다.

결국 로버트 우드라는 미국 물리학자가 학회 참석차 유럽을 방문한 길에 낭시에 있는 블롱들로의 연구실을 찾아가보기로 했다. 블롱들로는 우드를 반가이 맞아주고 최근 발견을 시연해달라는 부탁을 흔쾌히 수락했다. 그러나 우드는 다른 꿍꿍이가 있었다. N선의 특이한 특성 중 하나는 빛이 유리 프리즘에 통과하면 굴절되는 것처럼 알루미늄 프리즘에 굴절된다는 것이었다. 그래서 발광판 위에 스펙트럼이 형성된다고 했다. 블롱들로는 그 현상을 열심히 시연해 보이면서, 나타난 스펙트럼 각 지점의 수치를 우드에게 읽어주었다. 우드는 실험을 한 번만 더 보여달라고 부탁했고, 블롱들로는 기꺼이 수락했다. 그 순간 우드는 적절한 대조 실험 기법을 도입했다. 즉, 재미있는 장난을 좀 쳤다.

깜깜한 어둠 속에서 블롱들로 몰래 프리즘을 슬쩍해 자기 주머니에 넣은 것이다. 블롱들로는 필수 실험 장비가 사라진 것도 모르고, 이제 그 자리에 있을 리가 없는 스펙트럼의 파장 값을 여전히 열심히 읽어주었다.

우드는 1904년 가을 「네이처」에 실린 정중하면서도 가차 없는 기고문에서 자신이 발견한 바를 알렸다. "나는 세 시간 이상 다양한 실험을 목격했지만, 이 방사선의 존재를 추측할 수 있을 만한 관찰을 단 한 번도 하지 못했을 뿐 아니라, 몇몇 실험자들이 얻은 긍정적 결과는 모종의 착각의 소산일 것이라고 굳게 확신하게 되었다." 그 후 N선에 대한 관심은 급속히 시들었지만, 블롱들로를 비롯한 몇몇 열혈 신봉자들은 부단히 연구를 이어가며 자기들이 신기루를 붙잡고 있었던 게 아님을 증명하려고 애썼다.

중합수 사건이나 N선 사건이나 과학자들도 여느 인간과 똑같은 편향에 빠질 수 있다는 교훈을 주는 이야기다. 그러면서 과학이 결국은 제대로 돌아갔던 이야기이기도 하다. 물론 그 과대 선전에 연루됐던 수많은 전문가들 입장에서는 적잖이 창피한 일이었지만, 두 광풍 모두 몇 년 가지 못하고 의심과 확실한 증거 요구 앞에 사그러졌으니 말이다. 인류 파이팅!

앞의 예들이 그래도 비교적 무해한 경우였다면, 사이비 과학의 폐해가 몇몇 사람의 망신에 그치지 않은 경우도 많다. 예컨대 프랜시스 골턴의 연구가 그런 경우다.

신기술에 열광하다

프랜시스 골턴은 천재이자 박식가였지만, 한편으로는 끔찍한 이론으로 섬뜩한 결과를 초래한 괴짜 변태였다. 찰스 다윈의 배다른 사촌인 그는 다방면에서 큰 업적을 남겼다. 상관분석의 개념을 창안하는 등 현대 통계학의 기틀을 닦았고, 기상학에서 법과학에 이르기까지 다양한 분야에서 오늘날까지 활용되는 기법들(일기도, 지문 감식법 등)을 개발했다.

그는 눈에 띄는 것마다 그 속성을 측정하고 과학적 원리를 적용하는 데 집착했다. 「네이처」에 기고한 어느 글에서는 그림 한 점에 들어간 총 붓질 횟수를 추산하기도 했고(초상화 그리는 동안 앉아 있기 지루해서 생각해봤다고), 또 1906년에는 같은 학술지에 '과학적 원리에 기반한 원형 케이크 자르기'라는 제목의 글을 기고하기도 했다(한마디로 요약하면, 케이크를 부채꼴로 자르지 말고 중심부를 11자 모양으로 썰어내라, 그러면 남은 두 반쪽을 맞붙여 케이크가 덜 마르게 할 수 있다는 내용).

하지만 그의 집착은 생활 속 꿀팁 연구에 그치지 않았다. 보다 고약했던 연구의 한 예로는, 온 영국의 도시와 읍을 돌면서 어느 동네 여자들이 가장 매력적인지 조사한 일을 들 수 있다. 공공장소에 앉아 지나가는 여자마다 성적 매력도를 자기 눈으로 평가해 기록했는데, 주머니 속에 '찌르개'라고 하는, 골무에 바늘이 든 도구를 숨기고 그것으로 채점지를 뚫어 점수를 표시했다. 그렇게 조사한 결과 마치 본인이 개발한 일기도와도 닮은 전국의 '미녀 지도'가 나왔다. 런던 여자들이 가장 매력적이고, 애버딘 여자들이 가장 매력이 없는 것으로 나타났다. 주머니에 바늘을 숨기고 여자들을 음흉하게 훑어보며 몰래 평가한 변태 통계학자의 취향에 따르면 그렇다는 것인데, 그리

객관적인 척도는 아닐 것 같다.

골턴은 이처럼 인간의 각종 특성을 측정하려는 욕구, 그리고 그 측정 대상인 인간의 인간성에 대한 존중 결여라는 두 성격을 겸비한 사람이었으니, 이는 그의 과학적 업적 중 가장 악명이 높은, 이름하여 '우생학' 창시로 이어진다. 그는 '우생학eugenics'이라는 용어 자체를 만든 사람이다. 그는 천재성이란 전적으로 유전되는 것이며, 개인의 성공은 행운이나 주변 상황이 아니라 오직 본성에만 기인한다고 굳게 믿었다. 따라서 자손을 번식하기에 적합한 사람 간의 결혼을 장려함으로써(필요하면 금전적 보상도 동원해) 인류를 개량해야 한다고 믿었다. 그리고 지적장애인이나 극빈자 등 부적격자는 자손 번식을 철저히 막아야 한다고 믿었다.

20세기 초, 전 세계적으로 우생학 운동의 바람이 불었고, 그 이론의 기틀을 세워준 이는 (이제 말년에 접어든) 골턴이었다. 미국은 31개 주에서 강제 불임 수술법이 통과되었고, 60년대에 모든 주에서 이 법이 폐지되기 전까지 총 6만 명 이상의 정신질환자가 강제로 불임 수술을 당했다. 그 대부분은 여성이었다. 스웨덴에서도 '인종적 위생'을 증진한다는 명목하에 비슷한 수의 인구가 불임 수술을 당했고, 그 법은 1976년에서야 폐지되었다. 물론 나치 치하의 독일에서는…… 무슨 일이 있었는지 굳이 말하지 않겠다. 골턴이 만약 오래 살아서 자신이 주창한 '과학'의 이름으로 행해진 일들을 눈으로 보았더라면 틀림없이 큰 충격을 받았을 것이다. 그러나 그렇다고 해서 그의 이론이 처음부터 잘못되었다는 사실이 변하지는 않는다.

또 트로핌 리센코의 경우는 어떤가. 완전히 잘못된 이론으로 소련과 중국(3장에서 언급했듯이) 양국에 기근을 일으키는 데 기여한 소런 농학자 말이다. 골턴은 그래도 제대로 된 다른 과학적 업적들이라도 있지, 리센코는 그런 것도 없다. 리센코는 그냥 터무니없는 삽질만 했다.

리센코는 가난한 집안 출신이었지만, 젊은 나이에 소련 농경학계에서 급속히 부상했다. 계기는 춘화처리(농작물의 씨앗을 처리해 겨울 동안 미리 심어두지 않아도 싹을 틔울 수 있게 만드는 것) 연구에서 성과를 낸 것이었다. 결국 스탈린의 신임을 얻어, 자신의 이론을 소련 과학계에 두루 강요할 수 있는 권한을 누리게 되었다.

리센코의 이론들은 맞기는커녕 엉터리에 불과했지만, 권력자들의 편향된 이념에 잘 맞는다는 장점이 있었다. 1930년대에는 이미 유전학이 학문 분야로 정착되어 있었음에도 불구하고, 리센코는 유전학을 전적으로 거부했다. 유전자가 존재한다는 것조차 부인했는데, 그 이유는 개인주의적 세계관을 부추긴다는 것이었다. 유전학은 생물체의 특성이 고정되어 변하지 않음을 시사했지만, 리센코는 환경을 바꾸면 생물체의 형질이 개선되며 그 개선된 형질을 자손에 전달할 수 있다고 믿었다. 심지어 환경만 맞으면 농작물의 종이 바뀔 수도 있다고 했다. 농작물을 심을 때는 더 촘촘하게 심어야 한다고 농부들에게 지도했는데, 이유는 같은 '계급'의 식물인 경우 절대 서로 자원을 놓고 다투지 않기 때문이라고 했다.

그 모든 주장들은 사실이 아니었다. 그것도 사실과 너무 동떨어진 게 자명했으니, 그 주장대로 해보면 작물만 엄청 죽어나갈 뿐이었다. 그럼에도 리센코는 권력을 유지하고 비판을 철저히 봉쇄했다. 어느 정도였냐면, 유전학을 버리고 '리센코주의'를 받아들이지 않는다는 이유로 수천 명의 소련 생물학자들을 파면하거나 투옥하거나 심지어 사형할 정도였다. 결국 흐루쇼프가 1964년 실각하고 나서야 과학자들은 마침내 리센코가 사기꾼임을 설득시켰고, 리센코는 조용히 퇴출되었다. 그가 남긴 유산은 수백만 명의 죽음, 그리고 소련의 생물학 분야를 수십 년 후퇴시킨 것이었다.

그러나 리센코가 저지른 이 생물학 분야의 실수가 철저히 공산주의에 의해 초래된 것이었다면, 다음에 살펴볼 사례는 순수한 자본주의의 실패다. 과학 역사상 가장 참담한 피해를 끼친 실수를 하나도 아니고 둘을, 그것도 10년 안에 다 저지른 한 남자의 이야기다.

납빛 세상

1944년, 천재 공학자이자 화학자이고 발명가이며 오늘날 세상에 어마어마한 영향을 끼친 인물, 토머스 미즐리가 55세의 나이에 자택 침대에서 숨졌다.

자기 집 침대에서 사망했다면 언뜻 생각하기에 편안한 죽음이었을 것 같다. 그런데 그렇지가 않았다. 몇 해 전 소아마비에 걸려 하반신이 마비된 미즐리는, 늘 남의 손에 의지해 눕고 일어나는 자기 신세가 달갑지 않았다. 그래서 본인의 발명 재능을 발휘해 정교한 도르래 장치를 개발했고, 그것으로 혼자 몸을 일으키거나 눕혔다. 그러던 11월의 어느 날, 기계가 오작동을 일으켰고, 그는 자신이 만든 기계의 로프에 목이 졸려 숨지고 말았다.

참 암울하리만치 아이러니한 죽음이다. 하지만 그의 이야기가 이 책에 실린 것은 그 때문이 아니다. 집에 누워 자신의 발명품에 의해 죽었다는 사실은 그가 저지른 일생 최대의 실수 두 가지에 들지도 않는다.

그렇다. 토머스 미즐리는 여러모로, 지금까지 지구에 살았던 모든 인간 중 가장 파국적인 참사를 초래한 인물 몇 안에 들 만하다.

미즐리는 조용하고 영리한 사람이었다. 평생을 주로 오하이오주 콜럼버스에서 살았다. 발명가 집안에서 태어난 그는 정식 화학 교육은 거의 받은 적이 없었지만, 다양한 방면에서 출중한 문제 해결 능력을 보였다. 문제를 체계적으로 연구해서 답을 찾기도 했지만, 이 것저것 되는 대로 걸려들 때까지 끈질기게 던져보는 방법을 쓰기도 했다.

1910년대에서 1920년대까지, 그는 자동차 엔진의 노킹 문제 해결에 매달렸다. 노킹이란 엔진이 부하를 많이 받거나 할 때 딱딱 소리가 나고 울컥울컥 흔들리는 골치 아픈 문제였다. 노킹 현상 때문에 초창기 자동차들은 타고 다니기가 영 별로였을 뿐 아니라 연비가 떨어지는 문제가 있었다. 이는 세계 석유 매장량이 조만간 바닥나리라는 우려가 일고 있던 당시로서는 큰 문제였다.

미즐리와 그의 상사 찰스 케터링은, 노킹의 원인이 엔진 설계상의 근본적 결함이라기보다는 연료의 불균일한 연소 때문일 것이라 짐작했다. 그래서 그런 현상을 줄여줄 첨가제가 무엇이 있을지 찾아나섰다. 이들은 터무니없는 어떤 이유에서 붉은 색깔을 첨가하면 되리라는 결론을 내렸다. 하지만 연구실에 붉은색 염료가 없었다. 그때 마침 요오드가 불그스레하고 기름에 잘 녹는다고 누가 알려주었다. 미즐리는 '에라 모르겠다, 한번 해보자' 하고 요오드를 휘발유에 잔뜩 타서 그것으로 엔진을 돌렸다.

그런데 효과가 있었다.

소 뒷걸음치다가 쥐 잡은 격이었지만, 어쨌든 방향은 제대로 잡은 게 분명했다. 요오드 자체는 너무 비싸고 대량으로 생산하기 어려워 적합한 물질이 아니었다. 하지만 일단 가능성을 확인한 두 사람은 탐색을 계속했다. 회사 자료마다 하는 얘기가 많이 다르지만 그 후 몇 년에 걸쳐 두 사람은 적게는 144종, 많게는 33,000종의 화합물을 실험했다. 너무 차이가 큰 것 아니냐고? 맞다. 이 연구를 지원한 회사들이 그 탐색 과정을 막연하게 얼버무린 데는 그럴 만한 이유가 있었다.

그 이유는, 이들이 마침내 결정한 물질이 납이었기 때문이다(정확히는 사에틸납, 약자로 'TEL'이라고 하는 액체 화합물이었다). 납은 치명적인 유독 물질이다. 납은 대표적인 문제만 꼽아도 고혈압, 신장 질환, 태아 기형, 뇌 손상을 일으킨다. 특히 어린이에게 더 유해하다.

미즐리와 사에틸납 이야기는 종종 '의도치 않은 결과unintended consequences'의 예로 거론되곤 한다. 하지만 아니다, 그렇지가 않다. 물론 그가 '전 세계 인구를 수세대에 걸쳐 납중독시키기'를 목표로 한 게 아닌 건 맞다. 그렇지만 이 유연有鉛 휘발유라는 것을 생산하고 대중화하는 데 연루된 사람들 중 그 누구도, '아 이런, 너무나 끔찍하고 예기치 못한 충격이네요' 따위의 헛소리를 감히 할 수 있는 사람은 없다.

납의 유독성은 새로 발견된 사실이 아니라, 수천 년 전부터 알려져 있던 사실이었다. 1923년 초 미국의 주유소에서 '노킹 방지' 휘발유가 시판에 들어가기 전부터 의학 전문가들은 심각한 경고의 목소리를 내고 있었다. 미국 공공보건국의 윌리엄 클라크는 한 서신에서 사에틸납 사용은 "공공보건에 심각한 해악"을 끼칠 수 있다면서, 이렇게 내다보았다. "교통량이 많은 대로에서는 산화납 분진이 저층부에 그대로 남을 가능성이 매우 높다."

1924년에 나온 예측은 더 소름끼치게 정확했다. 한 유수의 독물학자가 이렇게 내다본 것이다. "납중독은 워낙 은밀히 진행되기에 유연 휘발유는 거의 보편적으로 사용될 것이고 (…) 그렇게 된 후에야 대중과 정부는 상황의 심각성을 깨달을 것이다."

애초에 방법이 납밖에 없었던 것도 아니었다. 미즐리의 연구팀은 요오드 발견 후 수년 동안, 노킹 방지 효과가 있는 물질을 엄청나게 많이 찾아냈다. 그중 하나는 놀랄 만큼 단순한 물질이었다. 그것은 바로 에탄올. 그렇다. 우리가 마시는 술이기도 하고, 그 자체로도 연료로 쓰일 수 있는 에탄올은, 몸의 상처를 소독하고 마음의 상처를 일시적으로 치유하는 데만 효과가 있는 게 아니라, 노킹 방지용 첨가제로도 효과가 좋다. 게다가 대량생산이 엄청나게 쉽고 저렴하다는 이점까지 있다.

사실 미즐리의 연구팀은 엔진 노킹 문제의 완벽한 해결책으로 에탄올을 수년 동안 밀기도 했다. 그런데 왜 에탄올을 버리고 엄청나게 유독하다는 걸 누구나 아는 물질을 택했느냐고? 너무 충격받지 말길 바란다. 돈 때문이었다.

에탄올의 문제는 생산하기가 너무 쉽고 저렴하다는 것이다. 그리고 결정적으로, 특허를 낼 수 없었다. 찰스 케터링의 회사 델코는 거대기업 제너럴모터스에 1918년에 인수된 상태였고, 그의 연구팀은 자기들이 돈 안 되는 연구만 하고 있는 게 아니라 실제로 돈을 벌 수 있음을 보여주어야 한다는 압박감을 받고 있었다. 제조가 너무 쉬워 집에서도 만들 수 있는, 그래서 전매 상품화할 수 없는 에탄올은 그런 면에서 쓸모가 없었다. 연구팀은 납으로 가기로 했다.

혹시라도 토머스 미즐리가 '비열한 기업 논리에 악용당한 착한 발명가'였다고 생각한다면, 그렇지 않다. 납을 사용하는 방안을 제안하고 강하게 주장했던 것은 미즐리였다. 자기가 직접 계산까지 해봤다. TEL 연료는 갤런당 3센트를 더 붙여 팔 수 있으리라는 계산 결과를 얻었고, 광고 캠페인을 공격적으로 벌이면 휘발유 시장의 20퍼센트를 점유할 수 있으리라고 내다봤다. 이번만 그런 건 아니었지만, 본인의 업적이 낳을 파장을 너무나 과소평가한 것이었다. 10여 년 후, 사에틸납 휘발유는 교묘하게 '납' 부분을 뺀 '에틸'이란 상표명으로 미국 시장의 80퍼센트를 점유하기에 이른다.

제너럴모터스와 미즐리는 에틸이 안전하다고 주장했지만, 경고등은 여기저기서 켜지고 있었다. 아니, 번쩍번쩍 요란하게 빛나고 있었다. 1923년 2월 에틸이 시판에 들어갔을 무렵, 미즐리 본인조차 납 가스 노출로 인한 건강 문제로 한 달을 쉬어야 했다. 에틸 제조 공장의 노동자들이 계속 죽어나갔다. 뉴저지의 베이웨이 공장에서는 납중독으로 노동자 5명이 사망, 35명이 입원했으며, 그중 다수는 신경계 장애로 인한 정신이상을 일으켰다. 한 보고서는 이렇게 기록했다. "환자는 난폭한 조증 증세를 보이며, 소리치고 침대에서 뛰어내리고 집기를 부수는 등 진전섬망 증상과 유사한 행동을 보인다." 뉴저지의 디프워터 공장에서는 6명이 사망했고, 그곳 노동자들은 납으로 인한 환각 증상을 워낙 빈번히 겪어 공장을 '나비 집'이라 불렀다. 사망 사고 소식은 「뉴욕 타임스」 1면에 실렸다. 홍보 위기를 맞은 회사는 에틸 판매를 중단했고, 미국 공공보건국은 에틸의 안전성 판단을 위한 위원회를 황급히 꾸렸다.

신기술에 열광하다

여기서 에틸 가솔린사는 향후 20세기 내내 수많은 환경 파괴 기업들이 모범 사례로 참고하게 될 전화위복의 위업을 달성한다. 회사 뒤에 버티고 있던 제너럴모터스, 스탠더드 오일, 그리고 거대 화학 회사 듀폰이 이 홍보 위기를 기회로 바꾸어낸 것이다.

한마디로, 책임 있는 위치에 있는 이들이 문제를 엉뚱하게 규정한 전형적 사례였다. 당시 대중의 우려는 제조 현장에서 일어난 사망 사고에 온통 쏠려 있었기에, 결국 공공보건국 위원회는 딱 그 문제에 대해서만 판정을 내리고 만다. 공장의 안전 조치를 강화하겠다는 기업들의 확약에(미즐리는 사에틸납이 "위험하다기보다는 위험을 경계해야 할 물질"이라고 진술했다), 위원회는 에틸 제조를 금지하지 않기로 결정했다. 배기가스를 들이마시는 대중의 건강에 미칠 영향이라는, 훨씬 큰 문제에 대해서는 아무런 결론을 내리지 않았다. 그건 편리하게도, 향후 연구가 필요한 사안이라고 했다. 그러나 위원회의 결정은 대중과 정치인들에게, 유연 휘발유에 '안전성 합격 도장'을 찍어주기라도 한 것처럼 포장되어 전해졌다.

그 '향후 연구'라는 건 어떻게 됐느냐고? 그 후 40년간 이루어진 연구는 거의 전부가 유연 휘발유 제조사들의 지원을 받아, 또는 그 회사들의 자체 부서에 의해 이루어졌다. 그 결과는 놀랍지 않았다. 특별한 결론이 나오지 않았다. 사에틸납 제조사들은 이를 근거로, 이 문제는 아직 미결 상태이며, 지금까지 수많은 꿈을 현실로 만들어준 이 효자 연료를 판매 금지한다는 것은 너무너무 나쁘고 잘못된 생각이라고 주장했다.

왜냐하면 유연 휘발유는 일단 '안전 도장' 비스무리한 것을 받고 나서 그야말로 끝도 없이 승승장구했으니까. 그 덕분에 자동차 엔진 노킹이 사라진 것은 물론, 더 강력한 차세대 엔진이 속속 개발되면서, 쓸모는 있지만 볼품없는 경운기쯤으로 취급받던 자동차란 물건이 이제 날렵하고 미끈하고 번지르르한 욕망의 대상으로 변신했다. 제조사들은 유연 휘발유를 쓸래, 느려터진 똥차만 몰고 다닐래 하는 식으로 공격적인 광고 캠페인을 벌였다. 그리고 에탄올 등을 사용한 경쟁 제품은(미즐리의 연구팀이 원래 수년간 밀었던 게 에탄올이었음에도) 저급 연료라며 조롱했다. 다른 나라에서 유연 휘발유가 도입되면서 안전성 우려가 제기되자, 미국에서 '오케이'된 기술이니 안심하라고 했다. 휴 커밍 공공보건국장은 심지어 외국 보건 당국에 의견을 보내 엄청나게 안전한 물질이라고 장담하기까지 했다.

경악스러운 사이비 과학, 기업의 탐욕, 강력한 파워의 자동차가 갖는 매력과 장거리 이동성이라는 요인이 겹쳐, 유연 휘발유는 순식간에 세계적 표준으로 자리잡았다. 석유 채굴 기술의 발달 덕분에 애초에 노킹 방지제 연구를 촉발한 계기였던 석유 고갈 사태는 오지 않았으므로, 납 사용으로 인한 모든 혜택은 점점 더 강력한 엔진을 만드는 데 집중되었다. 바야흐로 자동차 시대가 열렸고, 전 세계의 점점 더 많은 인구가 납 가스를 들이마시기 시작했다.

납의 특징은 분해되지 않는다는 것이다. 일부 독소는 시간이 지나면서 위험도가 떨어지지만, 납은 계속 축적된다. 대기 중에, 토양 속에, 식물과 동물과 인간의 체내에 계속 쌓인다. 1983년, 영국 왕립환경오염위원회는 보고서에서 "지구 표면과 지구에 사는 모든 생명체를 통틀어, 인간이 발생시킨 납에 오염되지 않은 것은 없을 듯하다"고 결론지었다. 어린이는 어른보다 납을 체내로 5배 더 많이 흡수하기에 특히 더 위험하다. 미국에서만 1920년대에서 1970년대까지,

7,000만 명의 아동이 중독 수준의 혈중 납 농도를 보유했을 것으로 추정된다.

납이 건강에 미치는 영향은 심각하다. 세계보건기구WHO는 납중독 관련 질환으로 인한 전 세계 연간 사망자 수를 수십만 명으로 추산한다. 납은 신체적 질환을 일으킬 뿐 아니라 아동의 신경계 발달에 피해를 끼친다. 이로 인해 집단적 IQ 저하를 유발하며, 전 세계적으로 지적·발달 장애의 12퍼센트를 유발하고 있는 것으로 추정된다.

납은 또한 반사회적 행동 등의 행동 문제도 유발하므로, 토머스 미즐리가 세상에 남긴 파장은 보다 더 소름끼치는 수준일 가능성이 있다. 물론 이 주장은 현재까지는 입증되지 않은 가설일 뿐임을 분명히 밝혀둔다. 그러나 여러 연구자들의 지적에 따르면, 2차 세계대전 후 전 세계 대다수 지역에서 나타난 범죄율의 엄청난 급증은 납 오염의 증가 추세를 거의 비슷하게 따르고 있다.

지금까지도 많은 사람들의 뇌리에 비행 청소년, 도심 우범지대, 90년대 유행어인 '초포식자(super-predators, 90년대 초 미국의 충동적이고 흉악한 10대 강력 범죄자들을 가리키던 말—옮긴이)' 등의 이미지로 선명하게 남아 있는 과거의 높은 범죄율은, 사실 역사적으로 이례적인 현상이었다. 전 세계적으로 반짝한 후 이제는 (아마도) 지나간 듯한, 설명하기 어려운 현상이다. 그런데 사회적·정치적 상황이 각기 다른 수많은 나라에서, 범죄율이 치솟기 시작한 시점이 어째 다 유연 휘발유가 그곳에 도입되고 약 20년 후부터다. 다시 말해 최초로 유연 휘발유에 다량 노출된 아이들이 10대에서 20대 초반에 이르렀을 무렵이다. 그리고 상관관계는 반대 방향으로도 나타난다. 최근 수십 년간은 전 세계 대부분 지역에서 그 나라의 사회 정책에 관계 없이 강력 범죄가 꾸준히 줄어들었다. 그런데 각 지역마다 범죄율이 하락세로 접어든 시점은, 그 지역에서 유연 휘발유를 금지하고 나서 하나같이 약 20년 후인 듯하다. 더 일찍 금지한 곳일수록 더 일찍 범죄율이 하락했고, 갑작스럽게 금지한 곳은 서서히 퇴출한 곳보다 더 급속히 하락했다.

거듭 말하지만 상관관계가 곧 인과관계는 결코 아니며, 이 이야기는 아직 정보에 근거한 추측에 불과하다. 아마 인과관계 유무는 앞으로도 증명이 불가능할지 모른다. 수많은 아이들에게 납을 주사하고 20년 후에 범죄를 얼마나 저질렀나 보는 실험을 할 수는 없으니까. 그렇지만 아마도 수백만 명이 사망했고, 확실히 지구 구석구석이 남김없이 오염되었고, 분명히 수세대의 아이들이 혈중 독소로 지능이 저하된 것도 모자라(참고로 그 수세대의 아이들이 바로 최근 40년간 세상을 주도했던 사람들이다), 어쩌면 수십 년간 세계적으로 범죄가 기승을 부리며 그 결과 사회적 편견이 더 강하게 고착된 이 상황까지도, 모든 게 토머스 미즐리가 갤런당 3센트를 더 벌려고 했기 때문이라고 생각하면…… 차라리 이 모든 게 아주 길고 아주 악랄한 농담이었으면 좋겠다.

미즐리 본인은 유연 휘발유를 발명하고 나서 그 일을 계속 하지는 않았다. 늘 이것저것을 궁리해야 직성이 풀렸던 그는 곧 다른 연구 분야로 관심을 옮겼다. 아직도 파국적 실수를 저지를 게 하나 더 남아 있었다.

휘발유 개선 연구는 수년이 걸렸지만 이번 것은 얼마 걸리지 않았다. 아니 얼마 안 걸린 정도가 아니고, 전해지는 이야기에 따르면 과제를 받은 후 3일 만에 답을 찾아냈다고 한다. 그리고 납 사태와는 달리, 이번 일은 정말로 '의도치 않은 결과'가 맞다. 불길한 경고 신호를 무시한 것도 없고, 위험을 은폐한 것도 없었다. 그저 이렇다 할 증거가 없으니 다 잘될 것으로 간주한 죄밖에 없었다.

이번에 미즐리가 해결하려고 나선 문제는 '냉각'이었다. 때는 1928년, 냉각 기술이 발명된 지 얼마 안 되었을 무렵이었다(그전에는 얼음 채취가 아주 큰 사업이었다. 추운 지방에서 얼음을 엄청난 양으로 캐서 실어 와 따뜻한 지방에서 냉장 보관용으로 썼다). 문제는 냉매로 쓰이는 물질이 모두 비싸고 극도로 위험했다는 것이다. 까딱하면 불이 붙고, 누출되면 대규모 중독 사태가 났다. 미즐리가 냉각 연구를 시작한 이듬해에는 클리블랜드의 한 병원에서 냉각장치의 염화메틸이 누출되어 100명이 넘는 사망자가 발생하기도 했다.

이런 점이 냉각장치의 대중화에 적잖은 걸림돌이 되었다.

목표는 간단했다. 값싸고, 불연성이고, 무독성이면서, 현재 쓰이는 냉매와 같은 효과를 내는 물질을 찾는 것이었다. 제너럴모터스는 최근에 한 냉각업체를 인수한 터라, 이 문제를 풀 수만 있다면 떼돈을 벌 수 있었다.

미즐리가 이번에 시도한 방법은 전보다는 체계가 있었다(하긴 이제 화학 분야 경력이 10년이 넘은 그였다). 그는 이미 알려진 냉매들의 화학적 특성을 연구해보고는, 불소를 유력한 후보 성분으로 금방 낙점한다. 그리고 불소의 독성을 중화시키려면 탄소와 결합된 화합물 형태가 바람직했다. 그리하여 그는 거의 한방에 답을 찾아낸다. 그의 연구팀이 만들어 시험했던 처음 몇 개의 물질 중 하나가 바로 이 염화이불화메탄(CCl_2F_2)이었다. 오늘날은 그 상표명인 '프레온'으로 더 잘 알려진 물질이다.

미즐리는 프레온의 안전성을 미국 화학회에서 시연해 큰 갈채를 받았다. 프레온 가스를 가득 들이마시고 불어서 촛불을 끄는 드라마틱한 시범을 보였다. 무독성, 불연성이고 냉각 특성도 탁월했다. 그야말로 완벽했다. 그리고 그가 발견한 화합물은 하나가 아니라, 비슷한 구조에 비슷한 특성을 갖는 몇 가지 화합물이었다. 그러한 종류의 화합물을 모두 가리켜 염화불화탄소chlorofluorocarbon, 약자로 CFC로 부르게 되었다.

불행히도 1930년대 초에는 '오존층'이란 것을 아는 사람이 거의 없었다. 성층권에 오존이라는 산소 분자가 얇은 층을 이루고 있다는 것도, 그것이 해로운 태양 자외선을 지표면에 도달하지 않게 막아주는 중요한 역할을 한다는 것도 알지 못했다. 지상에서는 무해한 CFC가 대기층 상부로 올라가면 문제를 일으킨다는 것도 알 리가 없었다. CFC가 강한 자외선을 받으면 개별 원소로 쪼개지고, 그중 한 원소인 염소가 오존을 파괴해 지구의 보호막을 갉아먹는다는 사실을 어떻게 알았겠는가.

뿐만 아니라 CFC가 냉매를 넘어 아주 다양한 용도로 쓰이리라는 것도 미즐리는 알지 못했다. CFC라는 이 참신하고 안전한 물질은 여러모로 쓸모가 많다는 것이 속속 밝혀졌다. 특히 에어로졸 스프레이의 분사제로 제격이었다. 참으로 공교롭게도, CFC는 2차 세계대전 중에, 그리고 그 후에 살충제 스프레이에 널리 쓰였는데, 그때 사용된 살충제 중 하나가 바로 또 하나의 고전적인 대규모 화학 참사 사례이자 선천성 기형을 일으키는 끔찍한 물질 DDT였다.

전후에 에어로졸은 락카 스프레이에서 체취 제거제까지 다양한 제품의 성분으로 새롭게 떠올랐다. 그러면서 진짜 하늘로 둥실 떠올랐다. 방대한 양이 살포되면서 성층권까지 올라가 오존층을 열심히 파괴했다.

희소식이라면, 이번에 인류는 대규모 인명 피해가 일어나기 전에 문제를 깨달았다는 것이다. 야호! 인간이 한 건 했다! 1970년대 유연 휘발유 퇴출 운동이 막 벌어지기 시작할 무렵, 오존층에 구멍이 나고 있다는 사실도 발견되었다. 원인이 CFC인 것도 밝혀졌다. 그리고 인간은 깨달았다. 오존층 파괴가 현재 속도로 계속된다면, 인간은 해로운 자외선에 점점 더 많이 노출될 것이며, 수십 년 안으로 암과 시력 상실 환자가 치솟으리라는 것을.

그래서 1970년대에서 1990년대까지, 세계는 토머스 미즐리가 남긴 유산을 제거하는 작업에 착수했다. 그의 두 주요 발명품이 모두 전 세계 대다수의 나라에서 금지되거나 퇴출되었다. 환경 속에 이미 엄청난 양으로 퍼진 납은 현재 그대로다. 납은 분해되지도 사라지지도 않으며, 제거한다는 것은 어마어마하게 힘든 작업이다. 하지만 좋은 소식은 적어도 세계 대부분의 지역에서는 아이들이 예전처럼 납을 많이 들이마시고 있지 않다는 것, 그리고 아이들의 혈중 납 농도가 이제 대부분 중독 수준 밑으로 떨어졌다는 것이다. 만세다. 한편 오존층은 CFC가 널리 금지된 이후로 서서히 회복되어가고 있다. 앞으로 별 문제 없으면, 오존층이 미즐리 이전 수준으로 회복되는 시점은 아마도, 음, 2050년쯤일 것으로 보인다. 인류 파이팅!

어쨌거나 미즐리는 확고한 명성을 남겼다.「뉴 사이언티스트」에 따르면 그는 "그 자체가 환경 재앙이 된 인간"이었다. 역사학자 J. R. 맥닐은 저서 『20세기 환경의 역사 Something New Under the Sun』에서 그를 "지구 역사상 환경에 가장 큰 영향을 미친 단일 생명체"라고 했다.

그런가 하면 그가 현대 세계의 모습을 예기치 못한 여러 면으로 바꾸어놓은 것 또한 사실이다. 노킹 방지 연료의 보급으로 자동차는 세계적으로 주요한 교통수단으로 자리 잡았을 뿐 아니라, 단순한 이동 수단을 넘어 지위의 상징으로 자리매김함으로써 개인의 정체성과 개성을 강력히 드러내는 심볼 역할을 하게 되었다. CFC는 우리가 집에서 쓰는 냉장고뿐 아니라 에어컨이란 물건을 가능하게 했으니, 그것이 없었더라면 세계의 대도시들은 현재와 같은 모습이 될수 없었을 것이다. 그의 두 발명품은 서로 결합해 시너지를 일으키기까지 했다. 강력한 파워의 자동차와 차량용 에어컨이 결합하면서, 일상적인 장거리 운전이 어렵지 않고 즐겁기까지 한 일이 되었다. 예컨대 광활한 미국 서부와 중동 지역 대부분의 땅만 생각해보아도, 토머스 미즐리의 발명이 없었다면 세상의 모습은 아마 지금과 많이 달랐을 것이다.

또 문화 전반적으로도 파급 효과가 있었다. 예컨대 미국에서는 영화관이 냉방 시설을 초창기부터 도입한 덕분에 대공황 시절 여가 활동으로 영화가 인기를 누릴 수 있었고, 영화 산업은 황금기를 맞으며 문화적 영향력을 굳혔고 실로 20세기를 대표한다고 할 만한 엔터테인먼트 장르로 자리매김할 수 있었다. 한마디로 말해 토머스 미즐리는 LA를 통째로 발명해낸 것이다. 자동차와 에어컨으로 돌아가는 도시, 영화 산업의 중심지 LA 말이다.

그러니 다음에 영화관에 앉아 범죄 조직과 맞서 독불장군처럼 싸우는 경찰 이야기가 나오는 심심풀이 땅콩용 할리우드 영화를 보게 되면, 그 모든 것이 다 토머스 미즐리가 자기가 발견한 화학물질이 별 탈 없을 것이며 갤런당 3센트를 더 벌 수 있으리라 생각한 덕분임을 잊지 말자.

과학 연구로 죽은 과학자 Top 6

○

제시 윌리엄 러지어

미국 군의관 제시 윌리엄 러지어는 황열병이 모기에 의해 옮겨진다는 것을 확실히 증명하기 위해 몸소 모기에 물렸다. 그는 사망했고, 그의 가설은 입증되었다.

○

프란츠 라이헬트

오스트리아계 프랑스인 재봉사로, 1912년에 자신이 제작한 낙하산 비행복의 효과를 검증하기 위해 에펠탑 위에서 직접 착용한 채 뛰어내리는 시험을 감행했다(원래는 인체 모형으로 실험하기로 했었다). 그리고 그대로 떨어져 죽었다.

○

다니엘 알시데스 카리온 가르시아

페루의 의대생 카리온은 카리온병의 원인을 규명하려고 나섰다. 물론 그때는 다른 이름으로 불리던 병이었다. 그가 환자의 사마귀에서 뽑은 혈액을 자기 몸에 주사하고 나서 죽은 후, 그 병은 카리온병으로 불리게 되었다.

○

에드윈 캐츠키

1936년, 의사 에드윈 캐츠키는 당시 마취제로 쓰이던 코카인이 왜 해로운 부작용을 나타내는지 알아보고자 했다. 자기 몸에 코카인을 대량 주사했고, 밤새 연구실 벽에 알아볼 수 없는 메모를 끄적이다

신기술에 열광하다

가 죽었다.

○

칼 빌헬름 셸레

스웨덴의 천재 화학자로, 산소, 바륨, 염소 등 많은 원소를 발견했는데, 새로 발견한 원소마다 맛을 보는 습관이 있었다. 결국 납, 불산, 비소 중독으로 1786년에 숨졌다.

○

클레멘트 벌랜디검

법과학 분야에 선구적 업적을 남긴 변호사. 살인죄로 기소된 피고인의 변호를 맡고, 희생자가 자기 권총을 자기 몸에 실수로 쏘았을 가능성을 증명하려다가, 자기 권총을 자기 몸에 실수로 쏘았다. 그는 사망했지만, 그의 의뢰인은 무죄 선고를 받았다.

미래를 못 내다본
실패의
간략한 역사

———

인간은 과거에 했던 실수를
점점 더 빠른 속도로 반복하고 있다.

———

인정하자. 현대 세계란 참 혼란스럽다.

　우리는 어지러울 정도로 기술과 사회가 빨리 변해가는 시대에 살고 있다. 우리가 사는 모습은 한 세대 만에, 아니 10년 만에, 때로는 1년 동안에도 몰라보게 바뀌곤 한다. 모든 게 쉴 새 없이 새로워지는 듯하다. 그러나 또 한편으로는, 인간은 과거에 했던 실수를 점점 더 빠른 속도로 반복하고 있을 뿐이라는 느낌을 지우기 어렵다. 똑같은 실패를 죽어도 예견하지 못하는 것이다.

　제일 첫 장에서 얘기했듯이, 인간은 미래를 제대로 내다보고 대비하는 능력이 원래부터 떨어진다. 하지만 최근 수백 년 동안 기술과 사회의 변화가 점점 더 빨라지고 있는 현실은 문제를 더 부채질하고 있다. 자고 일어나면 듣도 보도 못한 멋진 것들이 새로 쏟아지는 상황에서, 우리가 판단을 내릴 때 쓰는 휴리스틱들이 제대로 돌아갈 수 있을까? 정보가 폭증하다 보면 처리가 버거워지기 마련이니, 결국 기존에 있던 우리 편견에 들어맞는 정보만 골라서 취하고 말기 십상이다. 날이면 날마다 새로운 것을 배워야 하는 상황이라면, 누가 더닝 크루거 효과에 빠지지 않는다고 장담할 수 있을까?

그러니 우리가 사는 세상은 '최초'가 끝없이 쏟아지지만, 그 대부분은 우리가 예견하지 못했거나, 예견한 사람들을 무시한 결과들이다. 그리고 안타깝게도 그 '최초'들이 다 좋은 건 아니다. 메리 워드가 겪은 일을 보면 알 수 있다.

메리 워드는 다방면의 선구자였다. 1827년 아일랜드 오펄리의 귀족 집안에서 태어났는데, 평범한 집안은 아니었다. 가족과 친척들, 집에 드나드는 지인들이 전부 과학자였다. 그들 덕분에 그녀는 과학에 관심을 가질 수 있었고 물질적으로 지원을 받는 복을 누렸다. 어린 나이에 자연에 관심을 갖는 것을 보고 부모님이 현미경을 사주었다. 당시 아일랜드에서 제일 좋은 제품이었다. 참 좋은 선물이었던 것이, 메리는 현미경으로 관찰한 표본을 그림으로 그려내는 솜씨가 탁월했다. (그녀는 10대 때 '파슨스타운의 괴물'이라 불린 거대한 72인치 구경 반사망원경의 구조를 그림으로 그리기도 했다. 왕립학회 회장을 지낸 사촌 오빠 윌리엄 파슨스가 제작한 이 망원경은 세계 최대의 망원경으로 1917년까지 그 기록을 유지했다.)

메리는 성년이 되면서 많은 과학자들과 교류했고, 그녀의 그림 재능을 알아본 과학자들은 자기 책에 들어갈 삽화 작업을 맡겼다. 그러던 1857년, 그녀는 의뢰받은 현미경 관찰 도감의 부실한 내용에 실망해 자기 그림을 모아 책을 내기로 마음먹는다. 저자가 여자라는 이유로 아무 출판사도 받아주지 않을 듯해(이는 기우가 아니었다), 자기 손으로 250부를 출판했다. 책은 매진되었고, 한 출판업자 눈에 띄었다. 출판업자가 보기에 그림이 워낙 아름답고 글솜씨도 좋으니 성별 문제는 한 번쯤 그냥 넘어가도 될 것 같았다. 책은『현미경으로 바라본 신비의 세계The World of Wonders as Revealed by the Microscope』라는 제목으로 출판되었고, 출판계에 작은 돌풍을 일으켰다. 10년간 8쇄를 찍으며, 오늘날 '대중과학서'로 분류될 거의 최초의 책이 되었다.

그녀의 대중과학 분야 경력은 거기서 끝이 아니었다. 책을 두 권 더 썼는데 그중 한 권은 현미경 도감의 자매편으로, 1862년 영국 세계박람회에 전시되기도 했다. 또 저명한 과학자들 저서의 삽화를 숱하게 많이 그렸다. 학술지 몇 곳에 논문도 게재했는데, 그중 내터잭 두꺼비 연구로 좋은 평가를 받기도 했다. 그리고 왕립천문학회의 우편물 수신자 명단에 이름을 올린 여성 세 명 중 한 명이 되기도 했다(다른 두 명 중 한 명은 빅토리아 여왕이었다). 하지만 학위는 따지 못했다. 여성은 학위 취득이 허용되지 않았다.

그런데 지금까지는 배경 설명이었을 뿐이다. 메리 워드가 뛰어난 재능으로 남다른 삶을 산 여성이었음은 틀림없지만, 오늘날 우리가 그녀의 이름을 기억하는 이유는 다른 데 있다. 안타깝지만 1869년 8월 31일 파슨스타운에서 일어난 사건 때문이다. 그날 마흔두 살의 그녀는 남편 헨리 워드 대위와 함께 증기자동차를 타고 있었다. 누가 과학자 집안 아니랄까 봐, 자동차는 집에서 만든 것이었다. 만든 사람은 사촌 오빠 윌리엄 파슨스의 아들들이었다.

당시 이런 물건을 타본다는 것은 미래를 앞서가는 새로운 경험이었다. 증기자동차가 처음 발견된 것은 이미 100년 전 프랑스에서였지만, 당시는 아직 오늘날과 비스무리한 자동차가 나오기 여러 해

전이었다. 당시에 자동차는 덩치가 산만 하고 움직임이 투박해 도로를 망가뜨리는 주범으로 의심받던 물건이었다. 그래도 꽤 선풍적 관심을 일으켜 몇 해 전인 1865년에는 영국에서 관련법도 통과되었지만, 아직은 어쩌다 드물게 보는 신기한 문물이었다. 지금까지 지구에 살았던 수백, 수천억 명의 사람들 중 메리 워드는 자동차를 처음 탄 0.000······001퍼센트 안에 든 사람이었을 것이다.

기록에 따르면 메리가 탄 자동차는 시속 6킬로미터의 속도로 느릿느릿 파슨스타운 몰을 지나, 성당이 있는 컴벌랜드 거리 모퉁이에서 급회전을 했다. 어쩌면 그냥 운이 나빴던 것인지도 모른다. 어쩌면 마차와 달구지만 달리던 길이니 노면이 고르지 못했던 것일 수도 있다. 아니면 '급회전'이란 개념에 무지했을지도 모른다. 자동차와 말은 조작성이 완전히 다르고 그 위험성도 많이 다르니까. 그것도 아니면 메리는 그냥 미래 신기술의 앞선 체험에 신이 나, 지나가는 길을 보려고 몸을 너무 많이 내밀었던 것인지도 모른다.

이유가 무엇이었건 간에 자동차가 커브를 돌면서 차체가 살짝 옆으로 기울었고, 그 순간 메리는 차에서 떨어져 바퀴에 깔렸다. 그녀는 목이 부러져 즉사했다.

메리 워드는 인류 최초의 자동차 사고 사망자가 되었다.

다방면의 선구자였던 그녀이지만, 자신이 선구자가 될 분야를 꼭 자신이 정하지는 못하는 법이다. 오늘날 전 세계 교통사고 사망자는 연간 130만 명으로 추산된다. 미래는 늘 우리 생각보다 빠르게 찾아오고, 우리는 늘 예측에 애를 먹는다.

이를테면 1825년, 「쿼털리 리뷰」는 기차에 미래가 없다고 예견했다. "기관차가 역마차보다 두 배 더 빠른 속도로 달리게 된다는 것만큼 황당무계한 생각이 있을까?"라고 했다.

몇 년 뒤 1830년, 영국 국회의원이자 전임 장관인 윌리엄 허스키슨은 리버풀·맨체스터 철도 개통 행사에 참석했다. 그는 웰링턴 공작을 비롯한 여러 고위 인사들과 함께 리버풀에서 맨체스터로 향하는 열차를 시승했다. 중간쯤에서 증기기관에 물을 채우려고 열차가 잠깐 섰고, 객차에서 내리지 말라는 안내가 있었지만 승객들은 무시하고 내렸다. 허스키슨은 웰링턴 공작과 최근에 사이가 틀어진 일이 있었던지라, 공작이 앉은 자리에 찾아가 악수를 청하려고 했다. 그러다 보니 맞은편 철로 위에 섰는데, 그때 다른 열차가 이쪽으로 달려오고 있었다. 열차가 접근 중이니 다들 물러나라고 외치는 소리가 들렸지만, 허스키슨은 난생처음 맞닥뜨리는 상황에 당황해 어디로 몸을 피해야 할지 정하지 못했다. 다른 승객들은 다 철로를 가로질러 건너편 쪽에 가서 섰는데, 그는 웰링턴 공작이 탄 객차를 붙잡고 올라타려 했다. 그러나 필사적으로 매달렸던 문이 밖으로 홱 열리면서, 그는 마주 오는 열차에 정면으로 치이고 말았다. 그리하여 윌리엄 허스키슨은 역사상 최초의 열차 사고 사망자 중 한 명이 되었다.

1871년, 알프레드 노벨은 자신이 발명한 다이너마이트에 대해 이렇게 말했다. "어쩌면 나의 공장이 그대의 의회보다 전쟁을 더 일찍 종식시킬 것이오. 어느 군대든 적군을 삽시간에 섬멸할 수 있게 되는 날, 모든 문명국가는 엄습하는 공포감에 군대를 해산할 수밖에 없을 것이오."

1873년, 투기 거품이 마침내 꺼지면서 전 세계 주식시장이 폭락했다. 경제 불황이 전 세계적으로 여러 해 동안 이어졌다.

노벨보다 몇 년 뒤인 1877년, 개틀링 건(최초의 기관총)을 발명한 리처드 개틀링은 자신의 발명이 인도적 전쟁의 시대를 열 줄 알았다고 편지에 적었다. 그는 친구에게 자신의 발명 동기를 이렇게 이야기했다. "날이면 날마다 군인들이 전장으로 떠나고 다치고 병들고 죽어서 돌아오는 것을 지켜보았고 (…) 이런 생각이 들었네. 내가 만약 어떤 기계를(즉 속사가 가능한 총을) 발명해 전장에서 군인 1명이 100명의 몫을 할 수 있도록 한다면, 큰 군대가 꼭 필요하지 않게 될 것이고, 그러면 전투와 질병을 겪을 일이 크게 줄어들지 않겠는가."

같은 1877년, 웨스턴 유니온사의 칼 오턴 사장은 알렉산더 그레이엄 벨이 자신의 전화기 특허를 팔겠다고 제안하자 거절하면서 이렇게 말했다. "우리 회사가 이런 장난감을 어디에다 쓰겠소?"

1888년, 시카고의 한 감리교 선교단체는 돈이 궁해 '순회형 헌금함'이라는 개념을 생각해냈다. 똑같은 내용의 편지를 1,500통 부쳤는데, 이 편지를 받는 사람은 동전 한 닢씩만 보내달라, 그리고 똑같은 내용의 편지를 지인 3명에게 보내달라고 하는 내용이었다. 6천 달러가 넘는 돈이 들어왔다. 다만 같은 편지를 여러 번 받고 크게 화내는 사람들이 많았다. '행운의 편지'의 탄생이었다.

1897년, 저명한 영국 과학자 켈빈 경은 "무선통신은 미래가 없다"고 했다. 같은 1897년, 「뉴욕 타임스」는 하이럼 맥심이 발명한 맥심 건(최초의 자동 발사 기관총)을 가리켜, 무시무시한 위력으로 전쟁을 막는 역할을 할 것이라며 칭찬했다. 맥심 건을 "평화를 불러오고 유지하는 공포의 대상"이라 일컬으며, "그 가공할 파괴력 덕분에 각국 통치자들은 정복 사업을 벌이기 전에 전쟁이 가져올 결과를 더 신중히 생각하게 되었다"라고 했다.

1902년, 저명한 영국 과학자 켈빈 경은 또 인터뷰에서, 대서양 횡단 비행은 불가능하며 "기구나 비행기란 것은 절대 성공할 수 없다"라고 못 박았다. 18개월 후, 라이트 형제가 최초의 비행에 성공했다. 동생 오빌 라이트는 1917년에 쓴 편지에서 이렇게 회고했다. "형과 내가 최초의 유인 동력 비행기를 만들어 비행에 성공했을 때, 이 발명품으로 세상에서 전쟁이 사실상 사라질 줄 알았네. 우리만 그렇게 생각한 게 아니었는지, 프랑스 평화협회에서도 우리 발명을 치하하는 상패를 주었다네."

1908년, 토머스 셀프리지 중위는 오빌 라이트가 조종하는 비행기의 시험 비행에 동승했다. 버지니아주의 포트 마이어 기지에서 이륙해 활주로 주변을 다섯 바퀴째 돌던 중, 프로펠러가 부서지면서 비행기가 추락했고, 셀프리지는 숨졌다(오빌은 목숨을 건졌다). 그는 역사상 최초의 비행기 추락 사고 사망자가 되었다.

1912년, 무선통신의 발명자 굴리엘모 마르코니는 "무선 시대의 도래와 함께 전쟁은 사라질 것이다. 무선 기술은 전쟁을 무의미하게 만들기 때문"이라고 했다. 1914년, 세계는 전쟁에 돌입했다.

1929년 10월 16일, 저명한 예일대 경제학자 어빙 피셔는 "주가가 영구히 지속될 고원 지대에 도달한 것으로 보인다"고 했다. 8일 후, 손쉬운 대출 관행이 재촉한 투기 거품이 마침내 꺼지면서 전 세계 주식시장이 폭락했다. 경제 불황이 전 세계적으로 여러 해 동안 이어졌다. 금융 위기 이후 많은 민주국가에서 대중 영합적, 권위주의적 정치인들이 부상했다.

1932년, 알베르트 아인슈타인은 "(핵에너지를) 장차 획득할 수 있으리라고 볼 만한 근거는 조금도 없다"라고 했다.

1938년, 네빌 체임벌린 영국 총리는 아돌프 히틀러와 협정을 맺고 돌아와 이렇게 말했다. "이제 우리 시대에 평화가 왔다고 믿습니다. (…) 집에 가서 발 뻗고 주무십시오." 1939년, 세계는 전쟁에 돌입했다.

1945년, 로스앨러모스에서 원자폭탄 개발 계획을 이끈 로버트 오펜하이머는 이렇게 적었다. "이 무기가 인류에게 전쟁 종식의 필요성을 설득하지 못한다면, 앞으로 그 어떤 과학 발명품도 그리하지 못할 것이다." 그의 바람에도 불구하고, 그리고 노벨, 개틀링, 맥심, 라이트의 바람에도 불구하고, 전쟁은 아직 사라지지 않았다. 다만 그래도 핵전쟁은 아직 벌어지지 않았으니(이 글을 쓰고 있는 현재까지는), 그 점에서는 오펜하이머의 판정승이라 볼 수도 있겠다.

1966년, 저명한 디자이너 리처드 버크민스터 풀러는, 2000년 무렵이면 "전반적인 풍요 속에서 정치란 것은 차츰 사라질 것"이라고 예견했다.

1971년, 러시아 우주인 게오르기 도브로볼스키, 빅토르 파차예프, 블라디슬라프 볼코프는 우주정거장에서 귀환하던 중 소유즈 캡슐의 공기가 누출되어, 우주에서 사망한 최초의 인간이 되었다.

1977년, 디지털이큅먼트코퍼레이션DEC사의 켄 올슨 사장은 컴퓨터 사업은 영원히 틈새시장에 불과할 것이라며, 이렇게 말했다. "개인이 가정에 컴퓨터를 들여놓을 이유가 전혀 없다." 1978년, DEC사의 마케팅 담당자 개리 튜어크는 인터넷의 모체가 된 아파넷ARPANET상으로 약 400명의 수신자에게 자사 제품을 홍보하는 이메일을 일방적으로 보냈다. 세계 최초의 스팸 메일이었다(본인에 따르면 효과가 있었던 듯. 이메일 홍보를 통해 DEC사는 장비를 수백만 달러치 팔았다).

미래를 못 내다본 실패의 간략한 역사

1979년, 포드 자동차 회사의 미시건주 공장에서 일하던 노동자 로버트 윌리엄스는 로봇에 의해 죽은 최초의 희생자가 되었다.

2007년 12월, 금융분석가 래리 커들로는 「내셔널 리뷰」에 실린 글에서 이렇게 주장했다. "경기침체는 오지 않는다. 비관론자들은 틀렸다. 그런 일은 일어나지 않는다. (…)'부시 호황'은 여전히 건재하다. 현재 6년째 호황기가 이어지고 있고, 앞으로도 더 이어질 것이다. 그렇다, 유례없는 번영기가 여전히 계속되고 있다." 2007년 12월, 미국 경제는 침체기에 들어갔다(이 글을 쓰고 있는 현재, 래리 커들로는 미국 국가경제위원회 위원장으로 재임 중이다). 2008년, 손쉬운 대출 관행이 재촉한 투기 거품이 마침내 꺼지면서 전 세계 주식시장이 폭락했다. 경기 침체가 전 세계적으로 여러 해 동안 이어졌다. 금융 위기 이후 많은 민주국가에서 대중 영합적, 권위주의적 정치인들이 부상했다.

2016년 8월, 시베리아 야말반도에서 순록을 모는 유목민들 사이에 탄저병이 돌아, 12세 소년 1명이 죽고 최소 20명 이상이 입원했다. 이 지역에서 75년 만에 처음으로 발생한 탄저병이었다. 이 무렵이 지역의 기온은 여름철 이상고온현상으로 평년보다 25도까지 더 올라갔다. 시베리아를 덮었던 영구동토가 폭염에 녹으면서 수십 년 전에 형성되었던 얼음층이 차츰 드러났고, 그 속에서 1941년 마지막 탄저병 유행 때 죽은 순록들의 사체가 노출된 것이다.

병원균은 얼음 속에 냉동된 상태로 수십 년, 수백 년, 아니 어쩌면 훨씬 더 오랫동안 생존할 수 있다. 탄저균은 러시아의 겨울에 히틀러 군대가 패퇴했던 시절 이래 영하의 동토 속에 동면하면서 깨어날 때만 기다리고 있었다. 그러다가 마침내 2016년(그때까지 기상 관측

사상 가장 더운 해로 기록된 해였다), 따뜻해진 세상에 탄저균이 다시 풀려나 순록 2,000마리를 감염시키고 인간에게까지 옮겨진 것이다.

언뜻 생각하면 이렇게 희한한 재앙을 누가 예견할 수 있었겠나 싶지만, 사실 5년 전에 과학자 두 명이 정확히 예견했다. 기후변화가 점점 심해지면서 영구동토가 차츰 녹아 사라짐에 따라, 오래전에 역사 속으로 사라졌던 질병들이 다시 세상에 등장하리라 내다본 것이다. 앞으로 기온이 더 오르면서 이런 일은 계속 일어날 수밖에 없고, 이는 역사를 되돌리는 기이한 효과를 낳는다. 토머스 미즐리가 실험실에서 연구를 하던 시기보다 더 전으로, 유진 시펠린이 공원에서 새장을 열던 순간보다 더 전으로, 윌리엄 패터슨이 제국을 꿈꾸던 시절보다 더 전으로 거슬러 올라가, 산업혁명 이래 누적되어온 무언가가 우리에게 영향을 미치기 시작하는 것이다. 기후변화가 앞으로 100년간 얼마나 많은 사람의 목숨을 앗아갈지, 우리 사회를 어떻게 변화시킬지 우리는 알지 못한다. 하지만 한 가지는 확실하다. 적어도 그 한 명의 죽음은, 인류가 내린 결정이 탄저병의 망령을 무덤에서 불러내는 의도치 않은 결과를 낳음으로써 초래된 것이었다. 그 한 명의 죽음이 마지막은 아닐 것이다.

2016년 5월 7일, 메리 워드가 드라이브를 나갔던 그 운명의 여름날 아침으로부터 약 150년 후, 조슈아 브라운은 플로리다주 윌리스턴 부근 도로에서 드라이브를 했다. 그의 차 테슬라 모델 S는 자율주행 모드로 세팅된 상태였다. 이후 조사 결과, 브라운은 37분간 차를 모는 동안 핸들을 단 25초간 잡았고 그 외에는 자동차에 장착된 소프트웨어에 운전을 맡겼던 것으로 드러났다. 마주 오던 트럭 한 대가 좌회전하느라 앞을 막았는데 브라운도, 소프트웨어도 알아채지 못했고, 차는 그대로 트럭에 충돌했다.

조슈아 브라운은 인류 최초의 자율주행 자동차 사고 사망자가 되었다.

미래에 온 것을 환영한다.

○

바보짓의 미래

2018년 4월 오스트레일리아에서, 문을 닫았던 석탄 화력발전소 한 곳이 재가동된다는 소식이 들려왔다. 누가 봐도 이상한 얘기였다. 기후변화 때문에 세계적으로 화석연료 사용을 점점 줄여나가는 추세인데, 석탄을 땔감으로 쓰는 발전소를 다시 가동한다니 말이다. 하지만 정작 더 이상한 건 재가동하는 이유였다. 암호화폐를 채굴하는 회사에 값싼 전력을 공급하려는 게 주목적이었기 때문이다.

　가장 잘 알려진 암호화폐는 비트코인이다. 하지만 여러 회사에서 새로 내놓는 종류들이 거의 기하급수적으로 늘면서, 그 생태계가 끝없이 확장되고 있다. 디지털 화폐 광풍에 편승해 한몫 잡아보려고 하는 심리가 그 배경이다. 이런 화폐들을 '채굴'한다고 하지만, 물론 진짜 금을 캐듯 채굴하는 건 아니다. 실물이 아니라 그냥 컴퓨터 코드니까. 대부분 블록체인 기술이라는 것에 기반하고 있는데, 이에 따르면 가상화폐 하나하나는 어떤 상징적 가치를 갖는 코드일 뿐 아니라 자기 자신의 거래 이력을 담은 장부이기도 하다. 이 화폐들은 처음 생성하는 데, 또 날로 복잡해지는 거래 기록을 처리하는 데 엄청난 컴퓨터 연산 능력이 소요된다. 그래서 전기를 어마어마하게 잡아먹는다. 나날이 덩치가 커지는 채굴용 데이터 센터를 운용하고, 또 그 장비에서 발생하는 열기를 식히고 하는 데 모두 전기가 들어가니까.

암호화폐는 내재가치가 없고, 대부분 그 설계 방식상 중앙은행처럼 규제하고 관리하는 주체가 없다. 제약은 단 하나, 생성하고 거래하는 데 필요한 컴퓨터 자원을 감당할 비용이다. 그런데 이게 미래의 화폐로 인식되면서 각종 암호화폐들의 가치가 치솟기 시작했다. 이게 뭔가 가치가 있다고 다들 생각한 것이다. 아니, 누군가 나보다 이걸 더 가치 있게 생각하는 호구가 금방 나타날 거라고 생각했다는 게 맞겠다. 갑자기 그런 사람이 더 나타나지 않게 되면…… 그럼 안 되지만. 그래서 그 가치가 전적으로 시장 분위기에 좌우되다 보니 극심한 변동을 보이고 있다. 전형적인 금융 광풍이고, 거품이 끊임없이 부풀어올랐다가 터지는 현상이다. 노래가 끝나는 순간 휴지 조각을 안고 있는 사람이 되지 않으려고 눈치 보는 게임이다.

하지만 모든 광풍이 그렇듯이, 이것도 실제 세상에 영향을 미치고 있다. 오스트레일리아에 발전소 하나가 재가동되는 게 전부가 아니다. 미국 서부 농촌 지역에는 170년 전 일확천금의 꿈을 좇아 사람들이 몰려왔던 골드러시가 다시 재연되고 있다. 암호화폐 회사들이 값싼 전력, 값싼 임대료, 넓은 유휴 공간을 찾아 워싱턴, 몬태나, 네바다 등지의 작은 시골 마을로 몰려와 수억 달러를 투자해 거대한 채굴 시설을 짓고 있는 것이다. 이 현대판 금광 채굴꾼들이 몰려온 어느 마을에서는 주민들 사이에 불만이 높다고 한다. 24시간 돌아가는 서버의 소음 때문에 밤에 잠을 못 자는 등 건강 문제가 심각하고 야생동물들이 다 도망가고 있다는 것이다.

2018년 말경에는 비트코인 채굴에 사용되는 에너지만 해도 오스트레일리아 전체에서 사용하는 에너지에 맞먹을 것이라는 예측도 있다.

지금까지 이 책에서 우리는 인간이 과거에 저지른 실수와 실패를 알아보았다. 하지만 우리가 지금 저지르고 있는 실수는 무엇이고, 앞으로 미래에 저지를 실수는 무엇일까? 미래의 바보짓은 과연 어떤 형태로 벌어질까?

그러나 미래를 예측한다는 건, 이미 살펴봤듯이, 후대 역사학자들에게 멍청이처럼 보이기 딱 좋은 일이다. 어쩌면 다가올 수십 년, 수백 년은 인류가 지금까지와는 또 다른 참신하고 획기적인 실수를 줄줄이 저지르는 시대가 될지도 모른다. 또 어쩌면 실수를 전혀 저지르지 않는 방법을 찾을지도 모른다. 하지만 만약 내기를 걸어야 한다면, 아무래도 과거에 저질렀던 것과 똑같은 실수들을 계속 저지를 것이라는 데 거는 게 현명할 것 같다.

그럼 일단 자명한 것부터 얘기해보자.

우리는 '뭐, 별 탈 없겠지' 하는 생각으로 지금까지 온갖 것들을 주변 환경에 아무렇지 않게 내버려왔지만, 그중 가장 심각한 건 탄소다. 산업혁명 이후로 우리가 신나게 태워대고 있는 그 탄소가, 우리 모두에게 퍽 안 좋은 결과로 돌아올 전망이다.

인간이 기후변화를 일으키고 있다는 것은 사실이다. 기후변화가 세계 여러 지역과 문명의 존망을 좌우할 수 있다는 것도 사실이고.

에필로그

이미 워낙 충분히 입증된 과학적 사실이기에 그 증거를 일일이 드는 것조차 지루한 일일 듯하다. 이미 상황은 중합수나 N선의 경우처럼 몇 년 지나면 주장했던 사람들이 다 망신스러워지는 게 아닐까 의심할 만한 수준을 한참 초월했다. 그렇지만 아직도 수많은 사람들이 여러 이유로 (경제적, 정치적 이유로, 아니면 그저 딴지를 걸려는 청개구리 심보로) 이를 부정하고 있다. 그래서 '뭔가 조치를 좀 해보자' 단계가 겨우 진행될 듯하다가도 꼭 번번이 '사실인지 토론부터 해보자' 단계로 되돌아가곤 한다. 예전에 유연 휘발유 제조사들이 썼던 전술과 별 차이가 없다. 해악을 부정하는 증거를 찾을 필요가 뭐 있나? '결론이 나지 않은 문제'라고 최대한 오랫동안 주장하면서, 그동안 부지런히 돈을 긁어모으면 되지.

다시 말해 우리는 지금 단체로 '귀 막고 딴청 피우며 못 듣는 척' 하고 있다. 그럴 게 아니라 자기 집에 불난 것처럼 혼비백산해 뛰어다녀야 하지 않을까? 그게 사실이나 다름없으니까. 기상관측 사상 가장 더웠던 18번의 해 중 17번이 2000년 이후였다. 현 지질시대에 들어 처음으로, 2018년 4월 대기 중 이산화탄소 농도가 410ppm 수준을 넘어섰다. 대기 중 이산화탄소 농도가 마지막으로 그 수준에 이르렀던 것은 320만 년 전 따뜻하던 홍적세 중기였다. 바로 루시가 나무에서 떨어졌을 즈음이다. 뭐, 전에도 그렇게 높았던 적이 있었다면 그렇게 나쁜 일은 아니겠네 하는 생각이 든다면, 그 시절 해수면 높이는 지금보다 20미터 더 높았다는 사실을 알아두자.

그리고 이산화탄소가 초래하는 결과는 기후변화가 다가 아니다. 사실 대기 중 이산화탄소 농도 상승을 저지하는 것 중 하나는 바다다. 바다는 이산화탄소를 일부 흡수해주고 있다. 좋은 소식 같기도

하다. 그런데 알고 보면 그렇지 않다. 바닷물이라는 것은 원래 상당히 염기성을 띤다. 다시 말해 산성보다 알칼리성에 가깝다. 그런데 그 많은 이산화탄소를 흡수하다 보니 바다는 점점 더 산성이 되고, 바다가 산성이 될수록 해양생물에 미치는 파급효과는 점점 커져, 조그만 연체동물에서 커다란 물고기까지 모두 큰 피해를 입게 된다.

게다가 그 현상은 바닷물 온도가 올라가는 현상과 맞물리면 더 심각해진다. 물론 바닷물 온도는 올라가고 있다. 지금 바닷속 상황의 심각성을 보여줄 한 예로, 대자연의 신비로 꼽히는 세계 최대의 산호초 지대 그레이트배리어리프가 아찔한 속도로 죽어가고 있다. 심각한 수준의 백화현상이 2년째 일어나 산호의 상당수가 새하얗게 사멸해가고 있다.

우리, 이미 좀 많이 망친 것 같다.

물론 우리가 열심히 끈덕지게 써가고 있는 파멸 시나리오는 그게 다가 아니다. 기특하게도 우리는 다양한 시나리오를 구비해놓았다. 한 예로 2018년 5월, 과학자들은 CFC 배출량이 급격히 증가했음을 발견해냈다. 세계 어디에선가, 아마 아시아로 추측되는 어딘가에서, 이미 금지된 줄로만 알았던 토머스 미즐리의 발명품을 누군가가 다시 제조하기 시작한 것이다. 이로써 오존층 회복은 10년이 더 늦어질 가능성이 있다. 우리 인간들의 '과거 실수를 통해 배우기' 솜씨, 이만하면 어떤가?

아니면 항생제 내성 문제도 있다. 항생제와 기타 항미생물제는 20세기 최고의 발명품으로도 꼽힐 만하며, 지금까지 수많은 생명을 살려냈다. 하지만 문제는 이스터섬 주민들이 나무 베듯 너무 많이, 너무 자주 사용한 것이다. 항생제란 것은 한 번 쓸 때마다 어떤 균이 항생제에 내성을 갖게 될 확률을 높여준다. 그렇게 해서 내성균이 출현하면, 그때는 항생제를 써봤자 그 균의 경쟁 상대만 죽일 뿐이다. 이렇게 항생제는 균의 진화를 촉진하여 웬만한 항생제가 듣지 않는 '슈퍼박테리아'를 출현시키기에 이르렀고, 이로 인해 과거에 기승을 떨쳤던 온갖 질병들이 다시 창궐할 가능성이 있다(시베리아 동토가 녹을 필요도 없다).

현재 전 세계에서 효과적인 항생제가 급속히 씨가 말라가고 있으며, 여기엔 항생제가 수익성이 높지 않기에 제약회사들이 새로운 항생제 개발에 자금과 노력을 충분히 투자하지 않는 현실도 한몫하고 있다. 한 추정에 따르면, 이미 연간 70만 명이 항생제 내성균으로 인한 질병으로 사망하고 있다.

아니면 우리는 인간이 결정할 일을 컴퓨터 알고리즘에 점점 많이 위임함으로써 파멸을 맞을지도 모른다. 뭔가 더 현명하고 나은 결정을 할 수 있으리라는 바람에서, 그리고 만약 잘못되더라도 우리 잘못이 아니기에, 그런 경향은 가속화되기 쉽다. 자율주행 자동차를 제어하는 알고리즘은 하나의 예에 불과하다. 이미 알고리즘은 주식 매매, 우리 SNS 페이지에 뜨는 뉴스 선택 등에 쓰이고 있고, 범죄자가 재범을 저지를 확률을 판단하는 데도 쓰이고 있다. 우리는 알고리즘이 인간보다 더 합리적인 결정을 하리라고 생각하는 경향이 있다. 그러나 알고리즘은 인간이 주입한 그 모든 편향과 그릇된 전제를 더욱 증폭시킬 뿐이다.

우리가 할 결정을 컴퓨터에 맡길 때 우려되는 것은 그뿐이 아니다. 최근 인공지능 기술은 급속도로 발전해가고 있다. 만약 우리가 인간보다 훨씬 똑똑하고 유능한 인공지능을 만들어내게 된다면, 그

인공지능이 과연 항상 우리 편일까? 자신의 목적 달성을 위해 인간을 자기 뜻대로 조종할지도 모르고, 인간을 적으로 간주해 파괴하려 할지도 모른다. 아니면 인간이 중요하다는 것을 알지 못하고, 우리가 시킨 작업(예를 들어 클립 많이 만들기)을 더 잘하기 위해 인간을 한낱 수단으로 삼을지도 모른다. 창조자가 자신의 발명품에 의해 파멸을 맞으리라는 시나리오는 황당해 보일지 모르지만, 똑똑하다는 사람들 중 그 가능성을 꽤 진지하게 간주하는 이들이 우려스러울 만큼 늘어나고 있다.

아니면 그 모든 일이 일어나기 전에 인류는 핵전쟁으로 멸망할지도 모른다.

아니면 우리가 맞을 참사는 그리 드라마틱한 게 아닐지도 모른다. 그냥 조용히, 우리의 게으름 덕분에 영 후진 미래를 맞게 될지도 모른다. 인간은 지구를 간신히 벗어나 우주 시대에 접어든 이후로, 우주에서 뭔가 필요 없는 게 생기면 지구에서와 똑같은 방법으로 늘 처리했다. 즉, 그냥 내버렸다. 우주는 워낙 광활하니, 그런다고 무슨 문제가 되겠는가?

그런데 케슬러 증후군이라는 것이 있다. 일찍이 1978년 NASA의 과학자 도널드 케슬러가 처음 예견한 현상이다. 그 후로도 우리는 우주에 잡동사니를 계속 열심히 버려왔지만. 문제는, 궤도상에서 뭔가를 버리면 그게 어디로 가지 않는다는 것. 차창 밖으로 과자 봉지 휙 버리고 잊어버리는 것처럼 생각하면 안 된다. 우주선에서 던진 쓰레기는 우주선이 돌던 궤도와 똑같은 궤도를 거의 비슷한 속도로 돌게 된다. 그러면서 다른 쓰레기와 충돌하기도 한다.

이게 왜 골치 아픈 문제냐 하면, 궤도를 도는 속도란 워낙 엄청나기 때문에 충돌의 파괴력이 실로 어마어마하기 때문이다. 아주 조그만 물건과 한 번 충돌하는 것만으로도 대참사가 벌어질 수 있다. 위성이나 우주정거장이 산산조각 날 수 있는 것이다. 그리고 충돌 사고가 한 번 나면…… 그렇다, 수천 수만 개의 우주 쓰레기가 새로 생긴다. 그것들이 다 이제 충돌을 일으킬 수 있다. 그래서 도널드 케슬러는 이렇게 내다보았다. 언젠가 결국 우주의 쓰레기 밀도는 어떤 임계점에 도달하게 된다는 것. 그때부터는 매번의 충돌이 걷잡을 수 없이 더 많은 충돌로 이어져, 결국 우리 지구는 초고속 쓰레기 미사일의 거대한 장막으로 덮이게 된다는 것이다. 그렇게 되면 위성은 쓸모가 없어지고, 우주로 나간다는 것은 치명적 위험을 안게 된다. 사실상 지구에서 영원히 못 나가는 신세가 되는 것이다.

어떻게 보면 참 묘하게 시적인 결말인 듯하다. 수백만 년 전 루시가 나무에서 떨어졌을 때부터 시작된 인류의 여정이, 그 모든 탐험, 그 모든 발전, 그 모든 꿈과 위대한 사상들을 거쳐서, 결국 우리 손으로 만든 쓰레기 감옥에 갇혀 사는 운명으로 귀결된다니.

앞으로 1년 후, 10년 후, 100년 후에 우리 미래가 어떻게 펼쳐질지, 어떤 뜻밖의 변화가 일어날지는 몰라도, 우리는 기본적으로 똑같은 짓을 계속할 가능성이 많아 보인다. 우리가 처한 불행을 남의 탓으로 돌릴 것이고, 정교한 환상의 세계를 구축해 우리가 지은 죄를 잊으려 할 것이다. 경제 위기가 터진 후에는 대중 영합적 정치인들에게 표를 줄 것이다. 돈을 더 벌려고 아웅다웅할 것이다. 집단 사고와 광풍과 확증 편향에 빠질 것이다. 지금 우리 계획이 아주 좋은 계획이고 잘못될 리는 전혀 없다고 거듭 되뇔 것이다.

아니, 어쩌면 그러지 않을 수도 있을까? 어쩌면 지금 우리는 바뀔

지도 모른다. 과거를 통해 배우기 시작할지도 모른다. 어쩌면 지금 한 얘기들은 다 과도한 비관일지도 모른다. 오늘날 세상이 아무리 어이없고 절망스러운 면이 있을지라도, 사실 인류는 지혜와 분별력을 점점 키워가고 있고, 우리는 바보짓이 사라질 새 시대의 여명기에 사는 행운아들인지도 모른다. 어쩌면 우리는 과거보다 더 나아질 수 있는 능력이 있는지도 모른다.

어쩌면 언젠가는, 우리가 나무에 올라가 떨어지지 않는 날이 올 것이다.

감사의 글

이 책은 여러 사람의 도움 없이는 쓸 수 없었다. 우선 제일 먼저 에이전트 앤터니 토핑에게 감사하고 싶다. 그가 아니었다면 난 이 책을 쓰지 않았을 것이다. 헤드라인 출판사의 앨릭스 클라크, 케이트 스티븐슨, 엘라 고든, 베키 헌터, 로버트 칠버, 그 외 모든 분들 덕분에 즐겁게 일할 수 있었고, 마감일을 지키지 못해 많이 죄송하다. 풀팩트사의 윌 모이와 다른 분들에게도 여러 가지로, 특히 너무 오래 기다려준 데 감사드린다.

　먼저 가족들에게 고맙다. 부모님, 그리고 제대로 역사를 공부한 우리 형 벤은 내게 줄곧 힘이 되어주었다. 해나 주얼은 역사책과 관련한 재미있는 아이디어와 의견을 주고, 공통 관심사인 유령 이야기도 해주었다. 케이트 아클리스그레이는 똑 부러지는 조언을 해주었고, 내 불평을 잘 들어주었으며, 무엇보다 빈집에서 즐거운 시간을 보낼 수 있는 기회를 주었다. 마하 아탈과 크리스 애플게이트는 홍미로운 논의를 함께 해주고 수많은 제안을 해주었다. 니키 리브스도 마찬가지다. 트위터에서 만난 역사학자들의 믿음직스러웠던 조언과 성원에 감사드린다. 특히 그레그 제너, 펀 리델에게 감사드린다. 그분들 책도 사주기 바란다. 여기서부터는 나한테 친구가 많은 것처럼 보이게 계속 더 적어나가야겠다. 데이미언과 홀리 카히아 부부, 제임스 볼, 로즈 뷰캐넌, 암나 살림, 그 밖의 많은 분들이 현명한 조언과 맥주를 제공해주었다. 원고 집필 막바지에 켈리 오크스와 번번이 마주친 것이 마음을 다잡고 정진하는 데 큰 도움이 되었다. 톰 치버스와 결국 점심 한번 같이 먹지 못해 미안하다. 원고 집필 중에 처치스CHVRCHES란 밴드가 훌륭한 앨범을 내주었다. 여기 언급하는 이유는 다른 게 아니고, 누군가는 감사의 글을 이름만 대충 훑어보고 나를 아주 잘나가는 사람으로 착각할 것 같아서다. 그런 의미에서 비욘세, 케이트 블란쳇, 데이비드 보위의 유령에게도 감사드린다.

이 책에 담긴 잘못은 다 내 잘못일 뿐, 위에 언급한 누구의 잘못도 아니다. 데이비드 보위의 유령은 빼고.

이 책의 몇몇 부분은 특히 많이 참고한 책들이 있어 여기 밝혀두고
자 한다(일부 책은 본문에서 이미 언급했다). 이 책에서 자세히 다루지
못한 주제와 사건들을 더 깊이 알아보고 싶다면 이 책들을 추천한다.

대니얼 카너먼의『생각에 관한 생각』은 인지 편향을 다룬 부분에
서 언급한 책으로, 우리의 사고가 작동하는 방식을 이해하는 데 많
은 도움이 된다. 또 로버트 E. 바살러뮤의『대중적 착각의 화려한 역
사A Colorful History of Popular Delusions』는 광풍, 열풍, 유행, 공황 등의
현상을 다룬 아주 흥미로운 책이다.

재러드 다이아몬드의『문명의 붕괴』역시 본문에서 언급한 책으
로, 이스터섬에 대한 이야기를 쓸 때 매우 많이 참고했다(그뿐만 아
니라 그 내용 전체에 그에게서 받은 영향이 고스란히 담겨 있다).

폴커 울리히의『히틀러Hitler, Volume I』를 히틀러 이야기를 쓸 때
상당 부분 참고했다.

본문 중에 몇 번 언급한, 더글러스 와트의 『스코틀랜드의 값The Price of Scotland』은 윌리엄 패터슨의 실패를 예리하고 세심하게 파헤친 책이다.

프랭크 매클린의 『칭기즈칸Genghis Khan』, 그리고 잭 웨더포드의 『칭기스칸, 잠든 유럽을 깨우다』는 호라즘 제국 이야기에 중요한 자료가 되었다.

빌 포셋의 『역사를 바꾼 100가지 실수』, 그리고 칼 쇼의 『실패자들의 역사The Mammoth Book of Losers』, 이 두 권은 재미있었을 뿐 아니라 이전에 알지 못했던 훌륭한 바보짓 몇 가지를 알게 해주었다.

지은이 **톰 필립스**

런던에서 활동하는 언론인이자 작가다. 인터넷 뉴스 사이트 「버즈피드」 영국판 편집장으로 있으면서 중요한 이슈에 대한 매우 진지한 기사와 우스갯소리 기사를 골고루 맡았다.

케임브리지대학교에서 고고학 및 인류학, 그리고 역사 및 과학철학을 공부했고, 뜻밖에도 공부한 것을 실제로 써먹는 책을 쓰게 되어 흐뭇해하고 있다.

옮긴이 **홍한결**

서울대 화학공학과와 한국외대 통번역대학원을 나와 책 번역가로 일하고 있다. 쉽게 읽히고 오래 두고 보고 싶은 책을 만들고 싶어 한다. 옮긴 책으로『인듀어런스』,『오래된 우표, 사라진 나라들』,『진실의 흑역사』,『소리 잃은 음악』,『당신의 특별한 우울』,『걸어 다니는 어원 사전』등이 있다.

인간의 흑역사
인간의 욕심은 끝이 없고 똑같은 실수를 반복한다

펴낸날 초판 1쇄 2019년 10월 10일
　　　　신판 1쇄 2024년 3월 25일
지은이 톰 필립스
옮긴이 홍한결
펴낸이 이주애, 홍영완
편집장 최혜리
편집3팀 장종철, 강민우, 이소연
편집 양혜영, 박효주, 문주영, 한수정, 홍은비, 김하영, 김혜원, 이정미
디자인 박정원, 김주연, 기조숙, 윤소정, 박소현
마케팅 김태윤
홍보 정혜인, 김철, 김준영, 김민준
해외기획 정미현
경영지원 박소현

펴낸곳 (주)윌북 출판등록 제2006-000017호
주소 10881 경기도 파주시 광인사길 217
전화 031-955-3777 팩스 031-955-3778
블로그 blog.naver.com/willbooks 포스트 post.naver.com/willbooks
트위터 @onwillbooks 인스타그램 @willbooks_pub
ISBN 979-11-5581-705-6 03900